흙수저 부모의
감동 자녀교육

흙수저 부모의 감동 자녀교육

1판 1쇄 발행 | 2023년 3월 1일

지은이　　|　김기영
펴낸이　　|　김기영
펴낸곳　　|　리더스입시교육원
편　집　　|　우정민 · 김푸름
디자인　　|　배서연 · 김미호
마케팅　　|　김태호

등　록　　|　제2015-000040호
주　소　　|　서울특별시 송파구 송파대로 260(제일, 1601호)
전　화　　|　(02)567-2367
Mobile　 |　010-6678-3668
E-mail　 |　gswc21@naver.com

ISBN 979-11-979989-1-1

이 책은 저작권법에 따라 보호받는 저작물이므로 무단전재와 무단복제를 금지하며,
이 책 내용의 전부 또는 일부를 이용하려면 반드시 저작권자의 서면동의를 받아야 합니다.
잘못된 책은 교환해 드립니다.

SKY 합격생과 그 부모 30인이 초·중·고 학부모에게
들려주는 성공적인 '자녀 교육 방법' 서른 가지

흙수저 부모의 감동 자녀교육

김 기 영 지음

'스카이캐슬' 드라마보다 더 드라마틱한
흙수저의 SKY 합격 도전과 성취(열공, 전략)

프롤로그

훌륭한 부모, 훌륭한 자녀

자녀를 키우고 교육하는 데 있어 가장 중요한 것은 무엇일까?

우리는 흔히 '훌륭한 부모가 훌륭한 자녀를 만든다'라고 말하곤 합니다. 그렇다면 과연 훌륭한 자녀를 만드는 훌륭한 부모는 어떤 사람일까?

저는 이 책을 준비하면서 '훌륭한 부모'란 바로 자녀 교육에 관심을 쏟으며 그에 걸맞은 생활 태도를 보이는, 확고한 교육관을 지닌 부모라는 것을 알았습니다.

물론, 이 정도는 자녀를 키우는 부모라면 누구나 다 알고 있는 사실일 것입니다. 그러면 자녀들이 커가는 동안 부모들은 이를 얼마나 잘 실천하고 있을까요?

부모들 대부분이 시간이 흘러 돌이킬 수 없는 시점에 이르렀을 때, 즉 자녀의 대학 입시에 당면해서야 후회하며 다시금 그 중요성을 깨닫는 것이 현실입니다.

바쁘다는 핑계로 자녀에게 무관심한 부모, 시대 변화를 따라가지 못하고 자신의 주관만을 내세우는 부모, 또 너무 지나치게 관심을 보여 자식의 의타심만 키우는 부모, 이러한 부모들은 결코 훌륭한 부모가 될 수 없습니다.

그렇다면 어떻게 해야 자녀를 잘 키운 부모가 될 수 있을까?

저는 그간 대학 입시라는 어려운 관문을 성공적으로 통과한 수십 명의 명문대학 합격생들과 그들의 부모님을 만났습니다. 그리고 먼저 학생들과 이야기를 나누어 보았습니다.

그들은 어릴 때부터 명문대학에 들어가기까지 부모님의 적절한 관심과 격려가 공부에 매진토록 한 밑거름이었다고 이구동성으로 말했습니다. 그것이 그들이 그 어려운 과정을 또래들보다 조금 더 강한 의지로 겪어낼 수 있었던 비결인 셈입니다.

다시 말해 이 학생들의 부모가 자녀를 훌륭하게 키우는 데 필요한 특별한 노하우를 갖추고 있었던 것은 아니었습니다. 그저 우리가 알고는 있지만 소홀히 하기 쉬운 것들을 정말 중요하게 여기고 아이를 위해 챙겼을 뿐입니다.

여기 30명의 SKY 대학 합격생과 그들 부모가 실천한 자녀 교육과 그들의 생생한 공부 비결은 그래서 의미가 큽니다. 자녀가 아직 어리든, 아니면 이미 다 자라서 고등학생이 되었든, 정말 중요한 부모의 역할이 무엇인지, 작고 평범한 것들이 얼마나 놀라운 힘을 발휘하는지 가슴 가득 느끼게 될 것입니다.

그리고 이 이야기들을 행동으로 옮긴다면, 자녀를 SKY 대학에 보내는 것은 따 놓은 당상일 것입니다.

올바른 자녀 교육의 첫걸음

올바른 자녀 교육의 첫걸음은 부모가 자녀를 객관적으로 이해하는 데서 출발해야 합니다. 그러고 나서 관심과 사랑에 초점을 맞춘 인성교육을 통해 자녀를 키워야 합니다. 마음의 문을 열고 진솔한 대화를 통해 자녀의 고민거리를 알고자 하는 부모의 적극적인 자세가 바로 인성교육의 첫 단계입니다.

집 안에서 보이는 아이의 모습(태도와 언행 등)을 주관적으로 이해하려는 태도가 아니라, 또래 집단 속의 내 아이를 객관적으로 알려고 노력해야 합니다. 부모들은 자녀를 지나치게 주관적이고 맹목적으로 키웁니다. 대학에 가기까지 필요한, 물질적인 모든 것을 뒷바라지해주면 되리라 생각하곤 합니다.

그러다 오랜 기간에 걸쳐 시행착오를 겪고 난 후, 자녀가 대학에 진학할 때쯤 자신의 교육 방법이 잘못되었다고 느낍니다. 다시 기회를 준다면 정말 잘 키울 수 있을 것 같다고 후회하면서 말이지요. 하지만 때늦은 후회가 무슨 소용이 있겠습니까?

모든 부모가 자식의 짐을 조금이라도 덜어주고 싶어 합니다. 그렇지만 어떻게 접근해야 할지 몰라 자녀와의 대화를 힘들어하거나 꺼립니다. 이런 현상은 부모 자신이 자기 자녀를 잘 모른다고 인정하고 싶어 하지 않는 데서 비롯됩니다.

그러나 한 번만이라도 그 사실을 인정하면, 그 순간부터 부모는 자녀에게 정직해지게 됩니다. 부모 스스로가 자신의 위치를 알고 자녀 앞에 설 때, 서로에 대한 믿음이 두터워지고 대화가 잘 통하게 됩니다.

　부모가 자녀에게 하는 말에는 '공부해라, 무엇은 하지 마라' 등 대체로 부정적인 표현이 많은 것이 사실입니다. 이 불편한 사실을 깨우치려면 며칠만이라도 이스라엘의 부모처럼 해보시기 바랍니다.

　예를 들어, 영어 공부를 하는 모습, 또는 독서하는 모습을 보여주며 어머니, 아버지로서의 모범을 보이면 아이들이 달라집니다. 또한, 자녀에게 마땅히 해야 하는 부분과 하지 말아야 할 부분을 명확하게 구분시어 주어야 합니다. 이 세상의 제일가는 스승은 바로 부모이기 때문입니다. 이러한 모범적인 행동들은 자식을 기르면서 너무나 당연히 갖추어야 할 부모의 자세입니다.

　여기 SKY 대학에 진학한 학생들을 보면, 모든 자녀의 마음이 거의 비슷하다는 것을 알 수 있습니다. 부모의 작은 관심에서 비롯된 모범적인 행동이 자신들을 성공으로 이끌었다는 깨달음 말입니다. 이 책에 실린 이런 이야기들은 소중할뿐더러, 부모들이 마음 깊이 새겨야 할 명제라고 생각합니다.

지은이　김 기 영

CONTENTS

프롤로그 ··· 4

(1)
자녀 교육의 서막, 초등 공부와 독서의 힘

항상 책을 가까이 하라. 세상을 배우는 만능키는 바로 책이다 ············ 12
발표와 질문을 많이 하게 하라 ·· 20
자기 자신을 다스릴 수 있도록 가르쳐라 ································ 28
의지를 강하게 단련시켜라. 모든 것은 마음먹기에 달렸다 ············ 36
손해 보는 법도 가르쳐라 ··· 46
자신이 원하는 길을 선택할 수 있는 용기를 가르쳐라 ················· 54
엄하게 가르치되, 부드러움을 잃지 마라 ································ 62
자신의 위치를 정확히 알게 하라 ··· 70
스스로 깨닫게 하라. 어렵게 얻는 것이 오래가는 법이다 ············· 78
가끔은 딸에게도 져주어라 ·· 86

(2)
꿈과 목표가 있다면, 불가능이란 없다

아들과 함께할 수 있는 취미를 가져라 ··································· 98
세상의 그늘도 알게 하라 ··· 106
학교 밖의 많은 걸 배우고, 많이 경험하게 하라 ······················· 114
평생 잊지 못할 감동을 선물하라 ·· 126
가족의 소중함을 느끼게 하라 ·· 136
자녀를 독립된 인격체로 대하라 ·· 144
하루하루의 일상을 소중히 여겨라 ······································· 152
딸과 더 많은 시간을 가져라 ··· 160
다른 사람에 대한 배려와 책임감을 가르쳐라 ·························· 168
칭찬을 많이 하라 ··· 176

(3)
SKY 대학을 향한 질주, 도전과 성취

때로는 과보호도 필요(?)하다 ·· 188
자신의 의견을 당당히 말하게 하라 ··· 196
가난하더라도 사랑에 굶주리게 하지 마라 ································ 206
자녀를 믿고 맡겨라. 자유를 누리는 만큼
책임도 무겁다는 걸 깨닫게 된다 ··· 214
딸을 사랑하고 있다는 걸 느끼게 해주어라 ······························· 224
결과보다는 과정을 중시하게 가르쳐라 ···································· 232
그저 묵묵히 지켜볼 줄도 알아야 ··· 240
잘못을 꾸짖기보다 깨닫게 하라 ··· 248
'해라' 하기보다 '왜 해야 하는지' 깨닫게 하라 ·························· 256
어릴 때의 꿈을 격려하고 키워주어라 ······································· 264

지은이 칼럼
자녀 지도를 위한 부모교육

자녀들의 가장 큰 고민은 '공부' ··· 274
부모가 자녀에게 줄 수 있는 것은 용기, 격려, 칭찬 ·················· 278
자녀와의 대화, 왜 어려운가? ··· 282
자녀의 성공은 부모가 자녀의 기를 언제 살려주느냐에 달려 있다 ········ 287
갈수록 다양해지는 청소년 문제와 부모의 역할 ························ 296
내 자식에게 느끼는 콤플렉스 ·· 300
에필로그 ·· 302

자녀의 성적이 떨어졌을 때,
부모는 위로해 주어야 한다.
시험을 망치고 싶거나 성적이 떨어지는 것이
목표인 학생은 이 세상에 아무도 없다.
그런데도 부모들은 이 역할을 잘 못하고 또 안 한다.
지금 자녀들에게 필요한 것은
'왜 성적이 그 모양이냐?' 라는 질책이 아니라
'성적이 떨어져서 참 속상하겠구나!' 라는
따뜻한 위로의 말이다.

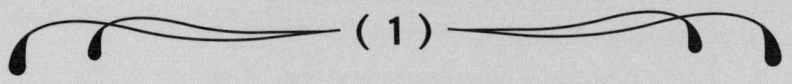

자녀 교육의 서막, 초등 공부와 독서의 힘

공부에 왕도는 없지만, 책 읽는 습관이 공부의 지름길이다

항상 책을 가까이하라.
세상을 배우는 만능키는 바로 책이다

제가 책을 통해 세상을 배울 수 있었던 것은,
늘 책을 읽으시던 어머니 덕분입니다.
제 독서 습관은 곧 공부 습관이 되었습니다.

> 서울대학교 공과대학에 합격한 원희는 대전에서 태어났다. 여행하며 사진을 촬영하던 취미가 특기로 발전했다. 스스로 선택한 항공우주공학 분야에서 여성 항공기계 전문가로 우뚝 서는 게 꿈이다.

    어머니는 제가 어렸을 때 잠들기 전에 항상 책을 읽어주셨습니다. 초등학교 6학년까지 9시 뉴스를 한 번도 보지 못하실 만큼 열심히 제게 책을 읽어주셨지요. 또한, 시간이 나면 항상 책을 읽는 모습을 보여주셨습니다.

    그 때문에 책 읽기가 자연스럽게 제 몸에 배었고, 지금까지도 책 읽는 것을 무척 좋아합니다. 영화를 보는 것도 좋아하지만요. 책 읽기를 싫어하는 제 친구들은 이런 저를 엄청 부러워합니다. 어머니가 길러주신 독서 습관은 저에게 마음의 양식과 건전한 사고를 키워주는 밑거름이 되었습니다.

    고등학생이 되자 이러한 독서 습관은, 주어진 시간 안에 빨리

지문을 파악해야 하는 국어 시험에서 빛을 발했습니다. 그동안 독서를 통해 쌓은 지식과 속독이 공부에 많은 도움이 된 게 사실이에요. 자연스럽게 다른 아이들보다 좀 더 유리한 고지에서 공부하게 되었다고 해야 할까요….

저는 정말 책을 통해 많은 것을 배웠습니다. 저 자신에 대해서, 세상의 일들, 사람들의 삶의 모습에 이르기까지…. 사실, 수능은 제가 책을 통해 얻은 것 중 아주 작은 것에 지나지 않습니다. 저는 지금도 여전히 책을 읽으며 많은 것을 배워나가고 있습니다. 어릴 때 어머니가 읽어주셨던 동화책에서 비롯된 책 읽기가 이제 세상을 배워나가는 만능키가 되고 있는 셈입니다.

아버지는 엄하기보다는 자상하시고, 언제나 저를 친구처럼 대해주십니다. 공부보다는 건강을 강조하시고 항상 바르게 자라기를 바리시면시요. 이비지는 늘 지를 허물없이 대해주시지만, 비릇없이 구는 것만큼은 용서하지 않으십니다. 어렸을 때 버릇없이 굴다가 아버지에게 매를 맞은 적도 있으니까요….

제가 비교적 또래 친구들보다 의지가 강하고, 저 자신을 잘 컨트롤할 수 있는 것은 아버지가 보여주신 부드러움과 엄함의 조화에서 비롯되었다고 생각합니다.

중학교 2학년 때까지 제가 싫어했던 과목은 수학입니다. 초등학교 때부터 단순 반복적인 수학의 계산이 싫어서 시험공부를 할 때도 항상 수학만 빼놓고 공부했었습니다. 당연히 수학 시험 문제만 많이 틀렸지요. 당시의 문제집을 보면 항상 수학 문제 부분만 깨끗하게 비어있습니다.

이런 제 버릇은 중학교 때까지 이어져, 장래 희망도 수학 공부가 상대적으로 작은 비중을 차지하는 인문계 쪽으로만 생각했었습니다. 이런 제 생각을 바꾸게 된 계기가 있었으니, 다름 아닌 제 자존심 문제 때문이었습니다.

부모님은 "너 스스로 수학을 잘하기는 어려울 것 같구나. 어디 괜찮은 학원이 있음 다녀보도록 해라"라고 하시며 학원을 알아봐 주셨습니다.

그래서 중3 때 학원에서 중3 과정의 수학 시험을 치르게 되었습니다. 그때 제가 받은 수학 성적은 꼴찌인 20점이었습니다. 그때나 지금이나 지기 싫어하는 성격인 저는 제 점수에 무척 충격을 받았습니다. 너무 자존심이 상하고 창피해서 견딜 수가 없었어요. 당장 서점으로 달려가 수학 문제집 세 권을 사서 매일같이 풀었습니다.

그런 걸로 미루어 저도 꽤 오기가 있는 편이었나 봅니다. 의지를 불태우며 수학을 열심히 공부한 결과, 다음 시험에서는 높은 점수를 받을 수 있었습니다. 그 이후로도 수학 성적은 계속 잘 나왔고요. 그렇게 수학 실력이 일취월장하면서 제가 가장 좋아하는 과목은 수학이 되었습니다.

고등학교에 올라오자 저를 가장 곤혹스럽게 만든 과목은 수학 대신 물리였습니다. 화학은 저와 참 잘 맞는 과목인지, 한 번만 설명을 들어도 쉽게 이해되었습니다. 하지만 기초가 부족해서인지 물리는 아무리 설명을 들어도 이해가 안 되어 무조건 외우기만 했습니다.

고2 때까지는 화학이 선택 과목이어서 별문제가 없었지만, 제가 항공우주공학 분야를 전공하리라 마음먹은 이상, 물리는 피할 수 없는 과목이 되었지요.

저는 중학교 때 부족한 수학 과목을 극복했던 불굴의 의지 그대로 물리 과목에 도전하기로 마음먹게 됩니다. 고1 때 선택하지 않은 과목이어서 배우지 못한 부분도 꽤 많았습니다. 그래서 매일 한 시간 이상씩 물리 문제집을 붙들고 있었습니다.

여학생들은 거의 물리 과목을 선택하지 않은 터라, 친구들의 도움을 받기도 어려웠습니다. 물리 때문에 울기도 많이 울었고, 도중에 포기할까, 하는 생각도 참 많이 했어요. 그럼에도 불구하고 그 어려움과 힘듦을 감내할 수 있었던 것은, 항공우주공학을 공부해보고 싶다는 욕망과 물리의 묘한 매력 때문이었습니다.

그렇게 어느 정도 기초는 잡혀갔지만, 제게 물리는 여전히 어려운 과목이었습니다. 그럴수록 저는 더 물리에 공을 들였고, 꼭 정복하겠다는 각오를 다졌습니다. 이처럼 물리에는 제가 쉽게 생각한 화학을 공부할 때 느끼지 못했던 매력이 있었습니다.

수학과 물리를 정복하며 제가 배운 진리가 있다면, '어려운 길일수록 더욱 재미있게 갈 수 있다'라는 것입니다.

저는 몸이 약해서 자주 아팠습니다. 한 달에 한 번꼴로 몸살을 앓은 데다, 고3이 되자 신경성 장염에 걸려 늘 배가 아팠습니다. 그 때문에 아침에는 거의 아무것도 먹지 못했고요. 저의 아침 식사 문제로 인해 어머니가 고생을 많이 하셨습니다.

어머니는 어떻게든 제가 좋아하는 음식을 만들어 조금이라도 먹여서 학교에 보내려고 애쓰셨습니다. 그런데도 제대로 먹지 못할 때면 어머니에게 너무나 죄송한 마음이 들었습니다. 제가 배가 아프다고 할 때면 어머니는 제 배를 어루만져주셨지요. 그러면 마치 어릴 때 그랬던 것처럼 거짓말같이 배앓이가 사라지곤 했습니다. 제가 아프다고 투정만 부리는데도, 어머니는 피곤하거나 몸이 불편하실 때도 단 한 번 힘든 내색을 하지 않으셨습니다. 오로지 제 건강만을 걱정하실 뿐이었어요.

제가 몸이 약하고 자주 아프다 보니, 부모님은 제가 한의대에 진학하길 원하셨습니다. 식품 관련 일을 하시는 아버지는 우리나라 전통 건강식과 한의학에 관심이 많으세요. 그런 만큼 제가 한의학을 전공해 함께 건강식을 연구하기를 바라셨습니다.

딸과 함께 건강식을 연구하는 모습을 꿈꾸시는 아버지의 마음을 저도 잘 알고 있었지만 제가 하고 싶은 것은 따로 있었습니다. 항공기계, 항공우주공학 분야가 그것이었는데, 부모님 두 분 모두 여자가 공부하기엔 힘든 분야라며 반대하셨습니다. 그 계통에 진출한 여성이 드문 만큼 공부가 힘들 것이다, 그러니 좀 더

편한 길을 택하는 게 어떻겠냐는 것이었습니다.

그렇지만 저는 이미 수학과 물리를 정복하면서 느꼈던 바가 있었습니다. 어려운 길일수록 매력도 있고, 재미있다는 것을요.

"저는 생명을 살리는 의학 공부보다 기계를 통해 인류에게 도움이 되는 일을 하고 싶어요."

이렇게 제 의사를 강력하게 피력하자, 부모님은 많이 서운해하셨어요. 하지만 결국엔 제 뜻을 존중해주셨습니다.

우여곡절이 있었지만 서울대 항공우주공학 분야에 합격한 지금, 가만히 생각해봅니다. 늘 책을 읽고 계셨던 어머니의 모습, 그리고 저를 이해해주고 제 의견을 존중해주셨던 아버지의 자상함. 그런 면들이 제가 세운 목표를 이룰 수 있게 해준 가장 큰 힘이 아니었을까요? 아마 미래에도 저를 가장 적극적으로 지지해주실 분들은 바로 제 부모님이 아니실까요?

제게 공부는 단순히 성적이나 지식을 얻기 위한 것이 아니었습니다. 그것은 방금 알을 깨고 나온 새끼 독수리의 날갯짓 같은 것이었습니다. 이젠 더 많은 어려움이 기다리는 세상을 향해 높이 날아오르고자 합니다.

(interview)

작가 : "아버님은 딸과 함께 일하는 멋진 모습을 꿈꾸셨는데 많이 섭섭하셨겠어요?"

아버지 : "원희가 목표를 정하고, 그 목표 달성을 위해 열심히 공

부했는데 우리 부부가 그 꿈을 바꾸려 했으니 안 될 말이지요. 세상을 살다 보면 흔들릴 때가 많은데, 원희가 열심히 해주어 고마울 따름입니다. 앞으로 원희가 흔들림 없이 자신의 꿈을 이루어가도록 응원해주기로 했습니다."

작가 : "끊임없이 독서하시는 어머니의 모습이 원희 양에게 훌륭한 모범이 되었다고 생각합니다. 원희 양을 성공으로 이끈 어머니의 교육법이 있다면 말씀해주시겠어요? 다른 어머니들에게 해주고 싶은 말씀도 부탁합니다."

어머니 : "자신은 TV를 보면서 아이들에게는 책을 읽으라고 강조하는 부모에게서 아이들은 아무것도 배우지 못한다고 생각해요. 우리 부부는 아이들을 키우면서 늘 처음 습관을 제대로 들이기 위해 애썼습니다.

무조건 남들이 좋다고 하는 것을 따르기보다는 아이의 성향을 파악하는 안목을 가지는 게 가정교육의 첫걸음이라고 생각해요. 부모가 변화하는 시대의 흐름을 미리 읽고 아이들에게 최상의 교육 기회를 제공하면 더할 나위 없이 좋겠지만, 우리 부부는 그 정도는 아니었어요.

시대가 바뀐 요즘 부모가 자녀의 멘토 역할을 맡는다면 가장 이상적인 가정교육이 이루어지리라 생각해요. 부모가 학습지도만 하는 것이 아니라, 인생의 스승으로서 수시로 상담자 역할을 해준다면 아이들은 분명 성공할 거라고 믿어요."

작가 : "아버님은 원희 양에게 매를 드셨다고 하는데 그때 마음

이 어떠셨어요?"

아버지 : "부모가 저지르는 잘못 가운데 하나가 아이를 야단쳐야 할 때와 격려해주어야 할 때를 분간하지 못하는 거라고 생각합니다. 아이가 거짓말을 하거나 잘못된 행동을 할 때는 따끔하게 야단쳐야지요. 하지만 실수를 할 때는 모른 척 넘어가거나 격려해주는 것이 좋다고 생각해요. 부모와 자식 간의 교육의 기본은 신뢰에 있다고 믿으니까요.

 부모가 흔히 하는 실수 가운데 하나가 아이들과 무심코 한 약속을 지키지 않는 거지요. 신뢰하지 않는 부모에게 아이는 제 속내를 털어놓지 않을뿐더러 상담도 받으려 들지 않는다고 봅니다. 그런 점에서 우리 부부는 신뢰받는 부모에 방점을 찍고 나름대로 노력했다고 봅니다."

발표와 질문을 많이 하게 하라

항상 발표를 많이 하라고 강조하신 어머니 덕분에 저는
적극적이고 제 의견을 당당히 말하는 자세를 갖게 되었습니다.

연세대학교 사회과학계열에 합격한 선옥이는 서울에서 태어났다. 친구들과 수다를 떨거나 다른 사람들 앞에서 춤추기를 좋아한다. 고등학교 때는 합창부 지휘를 맡기도 했다. 대학 응원단에 들어가기 위해 열심히 체력을 연마하는 중이다.

어머니는 특별한 직업을 가지고 계신 건 아니지만, 분명 보통 가정의 어머니들과는 다른 분입니다. 먼저, 저희 어머니는 고집이 무척 세신 분이에요. 한 번 안 된다고 하신 건 어떤 일이 있어도 허락해주시는 법이 없습니다.

어머니는 TV 드라마 같은 것은 아예 안 보십니다. 요즘에 TV 드라마를 안 보는 엄마라니… 특별하지 않나요?
간혹 강의 프로그램이나 다큐멘터리 같은 것은 보십니다. 그게 저에겐 더 신선하게 다가옵니다. 정말 보기 드문 모습 아닌가요? TV 대신 어머니는 책을 참 많이 보십니다. 어렸을 때부터 책벌레라는 소리를 들으셨다고 할 정도입니다.

우리 집에서는 아버지와 제가 TV 드라마를 열심히 봅니다. 어머니는 소설책을 많이 읽다 보니 드라마의 다음 내용이 어떻게 전개될지 뻔히 보여서 재미가 없다고 하십니다.

그래서인지 어머니는 항상 덤벙거리는 저를 잘 이끌어주시는 편이에요. 제가 생각하지 못한 부분까지도 생각하고 계실 때가 많습니다. 사실 어머니의 말씀에 따라 행동했을 때, 잘못된 일은 한 번도 없었어요. 어머니의 의견에 맞서다가도 제가 결국, 어머니의 뜻에 따르는 이유입니다.

어릴 때부터 어머니가 저에게 가장 중요하게 가르치셨던 것은, '거짓말하지 마라'라는 것이었습니다. '사람은 정직해야 한다. 그래야 무슨 일을 해도 떳떳할 수 있다.' 이것이 어머니의 지론이셨습니다.

어릴 때 저는 집 안에 굴러다니는 동선을 아무 생각 없이 주워서 쓰곤 했습니다. 그것을 본 어머니는 저와 동생에게 철저히 '정직'할 것을 가르치셨어요. 어머니는 일부러 바닥에 동전을 흘려놓기도 하셨습니다. 그러시고는 "너희가 돈을 가져가는지 안 가져가는지 보려고 여기다 동전을 놔뒀다"라고 말씀하시며 저희를 떠보기도 하셨지요. 그렇게 얘기하고 나가시면 동생과 제가 그 돈에 손을 대지 못하는 것은 당연지사 아닐까요?

'어머니가 일부러 거기에 놔두신 건데, 우리가 어떻게 그것을 가져가…'

그런데 그 이후부터는 다른 상황에서도 어머니의 말씀이 자꾸 떠오르곤 했습니다. 어머니가 모르고 돈을 흘려도 '아! 이건 어머니가 우리를 시험하려고 그러신 걸 거야!' 라는 생각이 들 정도였으니까요. 주어서 쓸 마음이 들지 않는 것은 물론이었습니다. 이런 습관이 들어서인지 남의 물건에 손대려고 하거나, 거짓말하려 할 때면 가슴이 두방망이질 쳐서 행동으로 옮길 수 없었습니다.

한번은 초등학교 때 거짓말했다는 이유로 온종일 밥을 굶은 적도 있었어요. 초등학교 4학년 때까지 어머니는 제가 푼 문제집을 일일이 점검하셨습니다. 정해놓은 일주일 분량 치 문제를 다 풀지 못하면 밖에 나가 놀 수도 없었지요. 공부는 하기 싫고 나가 놀고 싶어 우는데도 어머니는 옆에 지키고 서서 끝까지 문제집을 풀게 하셨습니다. 결국, 정해진 범위의 문제를 다 풀어야 했고, 틀린 문제는 또다시 풀고, 그중 틀린 걸 또다시 풀고…. 이런 식의 반복 학습을 일주일에 거의 서너 번씩 치를 정도였습니다.

또 한 번은, 너무 문제 풀기가 싫어 어머니가 숨겨놓은 답안지를 찾아서 동생과 같이 베껴 썼습니다. 그런데 그만 어머니에게 들키고 말았습니다. 어머니는 그 자리에서 부정을 저질렀으니 밥을 굶으라고 하셨어요. 그것도 아침부터 저녁까지 세끼를 다 말이에요.

그 나이 때는 밥을 굶는 게 얼마나 힘든 일인지 아시지요? 제일 겁나는 벌 중의 하나였습니다. 게다가 우리 집에는 과자나 빵 같은 간식이 전혀 없었습니다. 대신 감자나 고구마를 이용해 어머니가 직접 간식을 만들어 놓으셨지만, 그다지 맛은 없었어요.

동생과 저는 온종일 굶으며 엄청난 배고픔을 느껴야 했습니다. 그때 정말 '우리 엄마 맞아?'라는 생각까지 들었어요. 그 이후, 그 일이 뇌리에 박혔었는지, 어쩌다 답안지를 보게 되어도 제가 어머니에게 그 사실을 이실직고하게 되었습니다. 저는 정말 머리가 좋은 편이 아닙니다. 그런데도 제가 계속 공부를 잘할 수 있었던 건, 이때 답안지를 보지 않고 틀린 문제를 계속 풀어보면서 공부하는 습관을 들인 덕분입니다.

어머니는 또 발표를 굉장히 중요하게 생각하셨습니다. 항상 "오늘은 뭐 배웠니?"라고 물어보시는 대신 "오늘은 뭘 질문했니? 오늘은 뭘 발표했니?"라는 질문을 더 많이 하셨습니다.

초등학교 때부터 어머니는 발표를 많이 하라고 무척 강조하셨습니다. 틀려도 좋으니까, 무조건 손을 들고 발표하라는 것이었지요. 아는 걸 발표하는 것보다, 발표하다 틀리는 것을 더 잘 기억하게 된다는 게 어머니의 생각이었습니다.

그래서 저는 수업시간에 알든 모르든 무조건 손을 들었습니다. 한번은 제가 어머니한테 "오늘 질문을 더 많이 하고 싶었는데, 선생님이 안 시켜주셔서 네 번밖에 발표하지 못했다"라고 한 적이 있을 정도입니다. 그만큼 발표가 익숙할뿐더러 중요한 일이라는 생각이 뇌리에 박혀 있었던 것입니다.

그 덕분에 저는 지금도 남 앞에서 얘기하는 게 자연스럽고 즐겁습니다. 틀려도 당당합니다. 어릴 때 제게 발표를 많이 하라고 장려하신 어머니의 가르침이 지금도 아주 큰 장점으로 작용하는 것 같아요. 반장을 많이 한 것도, 공부를 잘하고 적극적인 성격이 된 것도 모두 어머니 덕분이라고 생각합니다.

초등학교 때는 사실 우리 어머니가 '혹시 계모 아니야'라고 생각했을 정도였습니다. 너무 무섭고 다정한 모습이라곤 찾아볼 수 없었으니까요. 제 생활 하나하나를 간섭하시니, 너무 얽매이는 느낌에 숨이 막히기도 했습니다. 그래서 '내 인생 내가 사는데 엄마가 왜 이렇게 참견하냐'면서 대들기도 많이 대들었습니다. 그럴 때면 어머니는 "네가 중학교에 가면 간섭하지 않을 거야"라고 하셨습니다. 그리고 제가 중학생이 되면서부터는 정말로 공부도, 생활도, 제가 알아서 하도록 내버려 두셨습니다.

그러다 중3 때 외국어고등학교에 지원하는 문제로 어머니와 많은 갈등이 있었습니다. 사실 제 성적은 외고에 지원하기에 충분했어요. 저와 비슷한 성적을 거둔 선배들도 모두 외고에 진학했고, 담임선생님도 외고에 가라고 하셨으니까요. 아버지도 제가 원하면 보내주시겠다고 하는데, 유독 어머니만 절대 안 된다며 반대하셨습니다. 남들은 못 가서 안달인데도 말이에요.

어머니는 "넌 앞에 나서서 설쳐야 직성이 풀리는 스타일인데, 외고에 가서 공부 잘하는 아이들 틈에 끼어 있으면 네가 못 견뎌 낼 거야. 또 그곳에는 친구들에게도 10만 원짜리 선물을 할 만큼 부유한 아이들이 많다고 하는데, 너는 그렇지 않잖아! 집안 형편이 그렇게 넉넉한 것도 아닌데 괜히 돈 많이 드는 외고에 가는 것보다 일반고에 가서 평범한 친구들과 지내는 게 더 좋을 거야. 거기에서 너만 열심히 생활하면 더 즐거운 고등학교 시절을 보낼 수도 있을 거야"라고 말씀하셨습니다.

그때는 그 말씀이 제 귀에 들어올 리 만무했습니다. 어머니의 반대로 외고에 못 가는 게 너무 속상했습니다. '내가 그렇게 가고 싶어 하는데 그 정도도 이해해주시지 못하나!' 생각하며 어머니한테 할 말 못 할 말도 많이 했습니다.

결국은 어머니의 뜻대로 저는 일반고등학교에 진학했고, 그때의 서운한 마음이 가신 것은 고1 겨울방학 때쯤이었습니다. 당시 갑자기 외고의 내신 문제가 터졌고, 내신에 불리하다는 이유로 외고 아이들이 일반고로 많이 옮겨왔던 것입니다. 그런가 하면, 외고를 일반고로 전환한다는 뉴스도 선해졌고요. 그런 이슈들을 접하면서 저는 어머니의 말씀을 듣길 정말 잘했다는 생각을 했습니다.

그런 일이 있고 나서, 저는 제 생각과 어머니의 생각이 다를 때면, '나보다 더 날 잘 알고 계시는 어머니인데…'라는 믿음에 어머니의 의견을 진지하게 고려하게 되었지요. 저는 마마 걸은 아니지만, 저에 대해 잘 아시는 어머니의 의견에 대부분 따르려고 노력합니다.

고등학교 때 제가 제일 못했던 과목은 수학입니다. 고3이 되어서야 수학을 열심히 공부해보려고 했지만, 기초가 안 닦인 상태라서 역부족이었습니다. 그때 선생님께서 수학 교과서를 한 달 동안 열 번을 풀어보라고 하셨습니다. 저는 정말 그 말씀에 따라 열 번까지는 아니어도 5~6번 정도는 풀었습니다. 선생님은 또 부교재 한 권을 추천해주시며 모의고사 범위를 따라 그 교재를 풀어나가라고 하셨습니다.

그렇게 교과서 문제만 열심히 풀었는데도 추천받은 교재의 문제 풀이에 자신감이 생겼습니다. 머리에 문제 내용이 그렇게 잘 들어올 수 없었거든요. 수학 성적은 점점 올라가기 시작했고, 나중엔 저도 놀랄 만큼 성적이 좋아졌습니다.

대학 진학 때 어머니는 여자가 차별받지 않는 선생님이 되길 바라셨습니다. 하지만 저는 그보다 더 활동적인 일을 하고 싶었어요. 10년 후쯤엔 평범하기보다는 셀럽 같은 유명인이 되었으면 좋겠습니다. 그러면서도 거만하지 않고, 사람들을 잘 보살펴주는 그런 사람이 되고 싶어요. 또한, 어느 여류 여행가처럼 여행도 많이 다니고, 자신의 의견이 뚜렷한 멋진 여자가 되고 싶습니다.

(**interview**)

작가 : "선옥 양이 초등학생일 때는 그렇게 엄격하시다가 중학생이 되자 스스로 하도록 내버려 두셨다죠? 어머니의 자녀 교육법은 어떤 것이었나요?"

어머니 : "저는 초등학교 때의 공부 습관이 대학 입시 때까지 이어지기를 바랐어요. 그러기 위해서는 어려서부터 집중력과 인내심을 길러야 한다고 생각했고요. 또한, 공부에 대한 열정이 있어야 한다고도 생각했어요. 질문과 발표는 곧 열정을 의미하는 것이므로 아무리 재미없는 공부라 할지라도 그런 열정만 있으면 잘할 수 있잖아요? 선옥이가 초등학교에 들어가기 전 성격이 차분하지 못하고 산만해서 초등학생 때 공부 습관을 들이지 않으면 안 된다고 생각했던 거지요."

작가 : "정말 TV 드라마를 안 보셨어요?"

어머니 : "아이에게 '공부해라' 하면서 부모가 TV를 보고 있다면 아이가 무슨 생각을 하겠어요! 저부터라도 TV를 보지 말아야 떳떳하게 아이에게 공부하라고 이야기할 수 있잖아요? 아예 TV를 안 볼 수는 없어서 거실 한가운데에 있던 TV를 안방으로 옮겨 놓았습니다.

제게 특별한 자녀 교육법이 있었던 것은 아니에요. 그저 맹목적인 사랑을 퍼부으며 아이를 키우고 싶지 않았을 뿐입니다. 밥을 굶기는 벌을 가하기는 했어도, 대신 풍부한 사랑으로 아이를 인도하고, 그 속에서 엄격함을 잃지 않으려 노력했지요.

선옥이가 중학교에 올라가 공부를 잘하게 된 것은 초등학교 때부터 스스로 공부하는 환경을 만들어주어 '공부하는 습관'이 몸에 배었기 때문이라고 생각합니다."

자기 자신을 다스릴 수 있도록 가르쳐라

TV에 빠져 느즈러져 있던 저에게, 아버지는 스스로를
절제하지 못하면 세상을 살아갈 수 없다고 가르치셨습니다.

서울대학교 공학계열에 합격한 영환이는 인천에서 태어났다. 컴퓨터 게임과 책 읽기가 취미다. TV 보는 게 특기에 해당이 안 된다면 영환이에게는 아직 특기가 없는 셈이다.

제 생각에 우리 부모님이 남들보다 특별하다거나 크게 다른 점은 없는 것 같습니다. 그저 아버지는 좀 엄하시고 어머니는 인자하신, 전형적인 '엄부자모(嚴父慈母)'형 부모라고나 할까요? 그러나 두 분은 유난히 저의 행동 하나하나에 관심을 보이셨습니다.

평소 아버지는 화를 내거나 크게 야단치는 법이 없으십니다. 하지만 제가 약속을 안 지킬 때만큼은 무척 화를 내십니다.

저는 초등학교 때부터 TV 보는 걸 무척 좋아했습니다. 뭐 다른 애들도 저와 비슷했으리라 생각합니다. 사실 초등학생치고 공부하는 걸 좋아하는 애가 몇이나 될까요? 그런 제게 아버지는 저 스스로 시간을 정해 TV를 보도록 하셨고, 이 약속을 꼭 지키라고 말씀하셨습니다.

그러나 책상 앞에 앉아 있으면, 좋아하는 만화가 보고 싶어 엉덩이가 들썩거려지고 안절부절못하며 견딜 수 없는 지경이 되었습니다. 역시나 저는 아버지와 한 약속을 지키지 못했습니다. 아버지와 약속한 지 하루도 안 되어 TV 앞에 넋을 놓고 앉아 있는 저 자신을 발견하게 되었지요.

제가 아버지에게 처음으로 매를 맞았던 게 그때였습니다. 지금의 보통 가정에서는 부모가 아이에게 거의 체벌을 가하지 않겠지만, 어쨌든 저는 아버지에게 매를 맞았습니다.

그 이후 저는 아버지와 한 약속은 꼭 지켜야 한다는 경각심을 갖게 되었습니다. 물론 초등학생 때 회초리로 맞아 아팠던 기억은 사라진 지 오래지만, 그때의 그 교훈만큼은 여전히 효력을 발휘하고 있습니다.

어머니는 책을 많이 사십니다. 옷이나 반찬거리를 사는 데는 돈을 아끼시는 분이 책을 사는 데는 주저함이 없으십니다. '좋은 책은 평생의 양식이다.' 이 말이 제 어머니의 지론이십니다.

내성적인 성격 탓에 늘 집 안에서만 놀곤 했던 저는 그런 어머니 덕분에 초등학교와 중학교 시절 책 읽는 재미에 푹 빠지기도 했습니다. 물론 TV를 안 볼 때였지만요. 위인전부터 각종 소설책, 인문사회 서적을 비롯해 시집까지….

때론 제가 책에 너무 빠져 있다고 어머니가 걱정하실 정도였습니다. 하지만 지금의 저를 만든 것은 그때 읽은 책들이었습니다.

중학교를 마칠 때까지 책 읽기에 푹 빠지다 보니 아버지와의 약속도 잘 지키게 되었고, 공부도 잘하는 편이었습니다.

어릴 때 읽은 책들은 유난히 기억에 잘 남을뿐더러 내용이 머릿속에 쏙쏙 박힙니다. 요즘 아이들은 이 학원 저 학원으로 뺑뺑이를 도느라 책을 많이 읽지 못하는 것 같습니다. 학원에 가지 않는 시간에도 책을 읽는 대신 대부분 스마트폰을 만지작거리거나 TV를 시청하는 것 같고요.

저는 책을 안 읽으면 그만큼 세상에 대해, 자기 자신에 대해 생각해보는 기회를 놓쳐버린다고 생각합니다. 책 속에는 자기 자신과 세상에 대한 깨달음을 얻게 해주는 많은 질문들이 숨어 있기 때문입니다. 이는 제가 후배 학생들에게 책 읽기를 권하고 싶은 이유이기도 합니다.

저와 아버지의 두 번째 갈등 요인은 다름 아닌 뮤직비디오 중독이었습니다. TV 보기를 좋아했던 저는 고1 때부터 감각적인 뮤직비디오가 24시간 방영되는 채널에 푹 빠져 버렸습니다.

고등학생이 되어 아버지의 감독이 좀 뜸해지자, 학교를 마치고 집에 오면 버릇처럼 이 채널을 틀어놓고는, 새벽 3시나 4시까지 계속 보곤 했습니다. 그저 멍하니 음악을 들으며 모니터만 쳐다보고 있기도 했습니다.

이러지 말아야지 하면서도 일단 채널을 틀면 새벽까지 계속 보게 되었습니다. 그 탓에 늘 빨개진 토끼 눈으로 학교에 가곤 했습니다. "야! 넌 왜 맨날 눈이 시뻘겋냐? 혹시 만성 눈병 아냐?" 친구들이 이렇게 말할 정도였으니까요….

정말 이래서는 안 되겠다 싶어 아버지와 전 특단의 결정을 내리게 됩니다. 아버지는 그렇게 중독에서 헤어나오지 못하겠다면 TV를 부숴버려도 된다고까지 하셨습니다. 하지만 그 방법은 너무 심한 것 같아 저는 TV 채널을 교육 방송에만 고정해놓기로 아버지와 약속했습니다. 처음엔 너무 갑갑하고 참을 수 없을 정도로 뮤직비디오가 보고 싶었어요. 그런 금단 증상들이 심하게 나타났습니다.

"너 자신을 절제할 줄 알아야 해. 자기 자신도 다스리지 못한다면, 네가 이 세상에서 할 수 있는 일은 하나도 없어! 평생 남이 하라는 대로, 시키는 대로만 하면서 살려고 하니?"

이런 아버지의 말씀이 계속 귓가에 맴돌았습니다. 그런 상태로 몇 주를 흘러보내고서야 저는 학교에 갔다 오면 책상 앞에 앉기나 교육 방송을 보게 되었습니다.

공부하다 보면 가끔 '이렇게 힘들여 공부해서 무엇하나!' 라는 회의가 들 때가 있었습니다. 그럴 때면 저는 수기집을 읽었습니다. 성공한 사람들의 자서전이나 서울대 (수석)합격자의 수기 같은 걸 많이 찾아 읽었습니다. 그런 책들을 읽다 보면 같은 하늘 아래에 사는 사람인데도 얼마나 다른 삶을 살아가는지 느끼게 되고, 색다른 세상에 눈뜨게 되었습니다.

사실 성공인 중에는 좋은 환경보다 어려운 환경을 딛고 성공한 사례가 더 많습니다. 저도 그리 여유 있는 가정의 출신이 아니어서 그런지 그런 사람들의 성공 이야기를 읽으면 괜히 힘이 솟는 것만 같았습니다. 때로는 안일하게 시간을 흘려보내는 저 자신이 참으로 부끄럽기도 했습니다.

제가 고1 때까지 가장 뒤떨어졌던 과목은 수학입니다. 과외도 받아보고, 수학 성적을 올리려고 별짓 다 해봤지만, 그런 저를 비웃듯 수학 성적은 언제나 제자리였습니다. 수포자가 될 뻔했던 그런 상황을 극복한 것은 고2 여름방학 때였습니다.

고1 때는 수학 과목에 완전히 자신감을 잃어버린 상태였습니다. '그래 수학은 포기해야지…, 수학은 아무리 해도 안 돼.' 매일 이렇게 곱씹으며 시간을 죽이곤 했습니다. 조금이라도 만회해보려고 수학책을 펼칠 때면 '이 많은 공식을 어떻게 다 외우지? 이 어려운 문제를 어떻게 풀지?' 그런 절망감에 사로잡힐 뿐이었습니다.

그렇게 제 수학 성적이 곤두박질치는 것을 보다 못한 어머니께서 저를 수학 전문학원에 등록해주셨습니다. 제가 다닌 학원은 매사 엄격하기 그지없고, 강의료와 교재비를 따로 챙기는, 아무튼 돈만 무지하게 밝히는 그런 곳이었습니다. 학생들 성적보다는 돈 버는 데만 혈안이 된 학원이라고나 할까요? 이런 수준의 학원이라면 차라리 집에서 혼자 열심히 공부하는 게 더 낫겠다 싶어 저는 학원을 그만두었습니다.

  그러나 기초도 없는 상태에서 혼자 공부하려니 너무 힘들어 과외를 받기 시작했습니다. 그럼에도 불구하고 아직도 정신을 못 차린 저는 과외 선생님이 내주는 숙제를 거의 해 간 적이 없었습니다. 과외 선생님은 그런 저를 지켜보다 못해 부모님에게 그 사실을 알렸습니다. 이후 저는 숙제를 해 갈 수밖에 없었습니다.

  이렇게 억지로 끌려가듯 한 공부지만, 그나마 수학 성적이 조금씩 나아지기 시작했습니다. 이를 계기로 저는 괜히 학교 진도에 맞춰 어려운 문제를 붙들고 있기보다는, 제 수준에 맞는 쉬운 문제를 풀며 기초를 다져나가기로 마음먹었습니다. 고3이 되어서도 급한 마음을 버리고 공통수학의 기본 문제들을 꼼꼼히 챙겨 풀었습니다.

  제가 택한 문제 풀이 방법은 해설을 보지 않고 모든 문제를 다 맞힐 때까지 틀린 문제를 계속 반복해 푸는 것이었습니다. 그러고 나서 맞힌 문제들은 처음 틀렸을 때의 풀이와 다시 맞혔을 때의 풀이를 비교하며 정리했습니다. 그러자 어느 지점에서 잘못 생각했는지, 어느 지점에서 실수가 있었는지 계속 확인해나갈 수 있었습니다.

  문제 풀이를 하다가 잘 풀리지 않는 문제는 표시해 두고 자투리 시간을 이용해 다시 풀거나, 풀이 방법을 고민했습니다. 자투리 시간이라는 게 집중력 있게 무언가를 할 수 있는 시간은 아닙니다. 하지만 이렇게 고민하는 시간을 갖는 것만으로도 어려운 문제를 해결해 가는 좋은 방법이 되었던 것 같습니다.

또한, 한 문제집만 줄곧 풀지 않고, 거시적 관점을 키우기 위해 다른 유형의 문제집도 반복해서 풀었습니다. 때로는 특별한 목적 없이 반복하고, 연습한다는 느낌으로 무조건 한 문제집을 세 번 이상 풀기도 했습니다. 이러한 방법이 수능 시험에 큰 도움이 되었습니다.

특히, 저는 고3 때 집중력을 향상시키려고 스톱워치를 사용해 하루 공부 시간을 매일매일 체크했습니다. 이렇게 측정한 시간을 매일 플래너에 적어두고 확인하면 제가 집중을 못 한 날이 언제였고, 그 이유가 무엇이었는지 추적할 수 있었습니다.

이 방법은 다음 공부 계획을 세울 때도 참고할 수 있어 크게 도움이 되었습니다. 또한, 구체적인 수치로 얼마나 공부에 집중했는지를 측정하게 되어 저 자신에게 매우 효율적으로 긴장감과 동기부여를 할 수 있었습니다.

저는 2학년 때부터 수능 최저학력기준이 있는 수시모집 전형에 지원할 생각이었기 때문에 내신뿐만 아니라 수능 최저기준을 맞추겠다는 각오로 수능 공부에 임했습니다. 그런데 수능 모의고사 점수가 높게 나와 아예 수능 점수로 정시모집에 지원하기로 결정했습니다.

아무래도 저는 공부에 집중해야 하는 수험생인 만큼, 부모님이 이리저리 뛰어다니시며 많은 입시 정보를 캐와서 저에게 알려주셨습니다. 이렇게 저를 응원하는 서포터 역할도 해주셨지만, 감독의 역할 또한 마다하지 않으신 게 결과적으로 더 성공적인 입시 결과로 이어졌다고 생각합니다.

유혹에도 약하고 공부 의지도 약했던 제가 그나마 여기까지 올 수 있었던 것은, 끊임없이 관심을 기울이시며 저 스스로 공부 방법을 깨우쳐 나가도록 이끌어주신 부모님 덕분입니다.

제게 쏟는 부모님의 관심이 조금만 적었어도 저는 공부와 거리가 먼 학생이 되었을지도 모릅니다. 그렇다고 부모님이 지나치게 간섭했다면 제가 더 공부를 잘했을까요? 아닙니다. 관심과 간섭은 엄연히 다르니까요!

어머니는 늘 제게 '책 속에 모든 길이 있다'라는 가르침을 주셨습니다. 아버지는 저에게 스스로를 다스릴 줄 알아야 한다고 하셨습니다. 두 분의 이 말씀들은 저에게 대학 합격의 기쁨을 안겨주었을 뿐 아니라, 앞으로 제가 더 성숙한 인생을 살아가는 데 중요한 나침반이 되어줄 것입니다. 또한, 저 자신이 커나가고, 발전해나가는 데 기준이 되어줄 것입니다.

의지를 강하게 단련시켜라.
모든 것은 마음먹기에 달렸다

찢어버린 내 성적표를 다시 붙여서 가지고 다니시라던 아버지.
그제야 모든 것이 마음먹기에 달렸다는 그 가르침을 이해할 수 있었습니다.

> 서울대학교 경영대학에 합격한 정욱이는 서울에서 태어났다. 고교 재학 때 문예부장을 맡으면서 한문 공부를 많이 한 것이, 취미인 독서 활동에 큰 도움이 되었다. 특별한 특기는 없지만, 굳이 말하라면 영어 독해를 들 수 있지 않을까 싶다.

'精神一到 何事不成'이 어쨌다고?…. 도대체 아버지는 왜 매일 '정신일도 하사불성' 타령이실까? 잔소리도 꼭 한자성어로 하셔야 되나?

아버지는 '공부해라'라는 잔소리 대신 늘 이 한자성어를 읊으셨습니다. 짜증이 날 정도로요. 그리고 제가 TV를 보고 있을 때면, 꼭 식탁에 책을 펼쳐놓고 공부를 하셨습니다. 그러면 저는 괜히 죄송한 마음에 TV를 끄고 제 방의 책상 앞에 앉았고요. 아버지가 공부하시는데 제가 TV만 보고 있을 수는 없었으니까요.

다른 집 아버지들도 다 이러실까요? 제가 책상 앞에 앉아 딴 생각을 하고 있으면 아버지는 또 한 말씀 하십니다.

"정욱아, 모든 건 마음먹기에 달린 거야. 정신만 집중하면 못 해낼 일이 없는 거야!"

그날만 해도 아버지에게서 '정신일도 하사불성'이라는 한자성어를 다섯 번이나 들었습니다.

우리 아버지는 정말 괴짜이십니다. 아버지의 '정신일도~' 타령이 싫을 때도 있지만, 다른 집에서는 다들 하지 말라고 말리는 걸 우리 아버지는 아예 집에서 하라고 하십니다.

초등학교 2학년 때 친구들과 오락실에 갔다 오자, 아버지는 아예 집에다 오락기를 사놓으셨습니다. 덕분에 방과 후면 오락하러 온 친구들로 제 방이 꽉 차곤 했습니다. 한동안은 게임에 질려 오락실 같은 데는 갈 마음도 생기지 않았는데, 고등학생이 되면서 PC 게임방이라는 새로운 세계에 빠져들게 되었습니다.

그러자 아버지는 이제 PC방만큼이나 성능이 좋은 컴퓨터를 사다 주시며 집에서 게임을 하라고 하셨습니다. PC빙에시는 나쁜 공기는 아랑곳하지 않고 모두 게임에 몰두하는 만큼, 저도 밤새워 게임에 빠져들곤 했으니까요. 그런데 같은 게임인데도 집에서 하니까 몇 주 만에 질려 버리게 되었습니다.

사실 아버지가 하지 마라, 가지 마라, 라고 하셨으면 몰래 하는 재미에 더 빠져들었을지도 모릅니다. 항상 아쉽게 게임을 끝내야 하는 만큼 미련이 남았을지도 모릅니다.

아버지의 전략은 '하고 싶으면 해라, 질릴 때까지 해보면 너 스스로 그만두고 싶어질 거다'라는, 폐부를 찌르는 깨달음을 제게 주시려는 데 있었던 것 같습니다. 덕분에 친구들은 주변의 많은 유혹에도 덤덤한 저를 보며 '불혹(세상일에 미혹되지 않는 나이, 마흔 살)'의 경지에 이르렀다고 말하기도 했습니다.

우리 부모님은 옷은 잘 안 사주시더라도, 책만큼은 원 없이 사주셨습니다. 다른 부모님들은 책을 사달라고 하면 보통 도서관이나 책 대여점에서 빌려 보라고 하시는 듯했습니다. 하지만 우리 부모님은 보고 싶은 책이 있다고 하면 어떤 책이든 두말없이 모두 사주셨습니다.

초등학교 고학년 때와 중학교 때 저는 참 많은 책을 읽었습니다. 친구들이 어쩌다 우리 집에 놀러 오면 "야~ 너희 집에는 도서관처럼 책이 많네~, 빌려 봐도 돼?"라고 묻곤 했습니다. 오히려 고등학생이 되면서 참고서만 사들이자 아버지가 "요즘은 왜 통 책을 안 읽니?"라고 걱정하실 정도였습니다.

제가 몇 번의 고심 끝에 서점에서 산 책은, 한 번만 읽는 것이 아니라 여러 번 읽게 되었습니다. 또한, 한 번 읽더라도 집중해서 읽게 되는 것 같았습니다. 그냥 며칠 빌려서 읽을 때와는 깊이가 다르다고나 할까요…. 저는 대학 입시 때 그 덕을 톡톡히 본 것 같습니다. 학교생활기록부 독서활동란에 기록한 도서 목록이 엄청 길다 보니, 학교 선생님들조차 "진짜 이 많은 책을 다 읽었느냐?"라고 의문을 제기하시기도 했습니다.

독서는 비단 대학 입시에만 도움을 준 게 아니었습니다. 제 생각에 깊이를 더해줬을뿐더러 일상생활에도 많은 도움이 되었습니다. 어른들은 요즘 아이들이 책을 안 읽는다고 걱정들 하시면서도, 책을 사주는 건 왠지 낭비같이 여기시는 것 같습니다.

대학에 오니, 다른 애들이 많은 분량의 책을 읽어야 하는 수업에 금세 적응하지 못하는 걸 보게 됩니다. 어릴 때부터 저에게 책 읽는 습관을 들여준 우리 부모님의 전략(?)이 여러모로 빛을 발하는 걸 느낍니다.

우리 아버지와 어머니의 생활 방식은 정반대입니다. 아버지가 독립적이고 자유분방한 편이라면, 어머니는 절제와 통제, 규칙적인 생활을 하시는 분입니다. 그래서 오히려 두 분이 잘 조화되신다고 하면, 적절한 표현이 되는지요.

어머니께서는 늘 저에게 규칙적인 생활을 강조하셨습니다. 본인께서 너무나 모범적으로 생활하고 계셨기 때문에 저는 그 요구에 이의를 달 수 없었습니다.

어머니는 20여 년 동안 직장 생활을 하셔서 그런지 굉장히 부지런하세요. 시간을 철저히 지키는 게 몸에 밴 분이십니다. 처음에 저는 어머니의 이런 생활 자세 때문에 힘들어하기도 했습니다.

제가 원래 좀 게으르고 느려서 그런지는 몰라도, 어머니는 제게 언제나 규칙적이고 절제된 생활을 강요하셨고, 그런 생활 자세가 어느새 제 몸에 배게 되었습니다. 규칙적인 생활이 오히려 몸을 덜 피곤하게 한다는 것 또한 알게 되었습니다. 처음엔 피곤하지만, 규칙적인 생활에 익숙해지면 훨씬 건강하고 활기차게 살 수 있다는 것도요.

이런 습관 덕분에 저는 고등학교에 다니면서도 지각이나 결석 같은 것을 한 번도 해본 적이 없습니다. 이는 학교 수업 태도에도 영향을 미쳤고, 공부를 꾸준히 해나가는 데도 크게 도움이 되었습니다. 어머니의 그런 노력 덕분에 저는 어떤 환경에서도 흐트러짐 없는 부지런한 생활 태도를 갖게 되었고, 시간 약속만큼은 철저히 지키는 자세를 갖추게 되었습니다.

그렇게 저는 고등학교 2학년이 되었고, 악명 높은 김현호 선생님이 우리 반 담임이 되셨습니다. 애들은 모두 싫어했지요. 김현호 선생님은 우리 학교에서 제일 무섭고, 선생님 반 학생으로 지내는 게 지옥 같다고 할 만큼 어려운 분이었으니까요. 1학년 때 그 선생님 반이었던 친구가 있는데, 하루하루가 너무 괴로워서 전학 갈 마음까지 먹었었다고 하니, 대략 짐작이 갔습니다.

그렇게 무섭기로 소문난 선생님이 담임이 되었으니, 저를 비롯한 우리 반 아이들은 이제 죽었다, 싶었습니다.

'학원엔 갈 수 없다. 독서실에서 공부하는 것도 안 된다. 무조건 학교에서 자율학습을 해야 한다. 쉬는 시간에 뛰어서도 안 된다. 점심시간에 떠들며 밥을 먹어서도 안 된다.'

정말 '안 된다' 투성이의, 악몽 같은 생활이 시작되었습니다. 병원에 가는 것도 허락받기 힘들고, 한 명이 지각이라도 할라치면 학급 전체가 벌서야 했습니다. 그러니 적어도 10분 일찍 등교할 수밖에 없었지요. 선생님의 이런 훈육 방법이 과연 옳은 것이었을까요?

힘든 일이 있으면 좋은 일도 있다고, 우리 반은 2학년 전체 중 가장 성적이 좋은 학급이 되었습니다. 그리고 규칙적인 생활에 익숙한 저는 반 성적 최상위권에 들 수 있었습니다.

처음엔 선생님의 훈육 방식을 무척 힘들어했지만, 마음먹고 공부해야겠다고 한 후부터는 그리 힘들지 않았습니다. 오히려 마음이 흐트러질 때마다 선생님의 야단이 도움이 되었습니다.

여름방학이 시작될 무렵, 선생님은 우리에게 한글 경필쓰기 교본을 한 권씩 다 써 오라는 숙제를 내주셨습니다. 컴퓨터 자판에 익숙한 우리의 글씨가 마음에 안 드셨던 모양입니다. 그때 저는 선생님에게 한글 쓰기 연습을 하기 싫다고 말씀드렸습니다.

"글씨는 그 사람의 얼굴이나 다름없어. 반드시 써 와!"

'아니, 우리가 초등학생도 아니고, 창피하게 이걸 왜 써 오라고 하시지. 게다가 공부할 것도 많은데, 글씨 쓰기 연습이라니….'

도대체 선생님은 이해될 듯하다가도 이해가 안 되는 분이었습니다. 하지만 이는 제가 선생님의 깊은 뜻을 헤아리지 못한 데서 비롯된 오해였습니다. 선생님은 지난해 어느 선배가 글씨를 너무 못 써서 대학 입시 논술고사에서 감점당했다는 에피소드를 들려주셨습니다. 순간 만만치 않게 글씨를 못 쓰는 저로서는 뜨끔하지 않을 수 없었습니다.

'역시 선생님은 아주 작은 부분까지도 신경 쓰시는구나.'

이후 저는 선생님에게 고마움을 느끼며, 선생님이 하라고 하시는 건 좋은 마음으로 잘 따르게 되었습니다. 선생님은 우리가 잘못한 일이 있을 때마다 고전을 한 페이지씩 외우게 하셨는데, 덕분에 《청산별곡》, 《관동별곡》, 《춘향전》 등의 고전을 공부하는 데 많은 도움이 되었습니다.

이렇게 자의 반 타의 반으로 힘들게 2학년을 보내고 나니, 그 결과는 기대 이상이었습니다. 3학년이 되어 본 첫 모의고사에서 제가 전국 4% 안에 드는 성적을 받은 것입니다.

저는 가끔 원망하기도 했던 김현호 선생님이 무척 고마웠습니다. 우리 반 아이들의 투정과 반항을 다 감수하시면서도 자신의 생각대로 우리를 묵묵히 이끄셨던 선생님이니까요. 사실 그냥 편하게 아이들 요구에 맞춰주며 적당히 지내시는 선생님들도 많은데 말입니다.

그리고 5월, 두 번째 모의고사 성적은 급추락해 버렸습니다. 이것이 말로만 듣던 슬럼프인가, 싶었습니다. 그래도 아버지는 저를 나무라시지도 않고 '정신일도 하사불성'만 강조하셨습니다. 다 마음먹기 나름이라면서요. 그러면서 분명 마음과 정신이 해이해진 결과일 테니, 잘 생각해보라고 하셨습니다. 다시 정신과 마음을 추스를 방법을 찾아보라고 하시면서요.

'정말, 내 마음과 정신이 해이해진 걸까?' 솔직히 좀 자만했던 건 사실입니다. 성적이 일취월장하니까 우쭐해서 그랬나 봅니다.

화가 난 제가 성적표를 찢어버리자, 아버지는 오히려 그 조각난 성적표를 일일이 스카치테이프로 붙이셨습니다. 그러곤 이렇게 말씀하셨습니다.

"이걸 항상 갖고 다녀라. 그리고 마음이 흔들리고, 약해질 때마다 이걸 꺼내 보도록 해!"

저는 정말 공부가 하기 싫어질 때면 찢어진 그 성적표를 꺼내 보며 마음을 다잡았습니다. 그게 효력이 있었는지, 성적이 다시 오르기 시작했습니다. 그 뒤에도 저는 그 성적표를 부적처럼 지니고 다녔습니다.

가끔 공부가 잘 안 된다는 친구가 있을 때면, 저는 그 애에게 '정신일도 하사불성'이라는 고사성어를 들려주곤 했습니다.

저는 고2 때 거의 고3과 같은 생활을 해서 그런지, 고3 생활이 다른 애들처럼 힘들지는 않았던 것 같습니다.

저는 수시모집으로 대학에 진학했습니다. 수시모집은 2단계의 면접 점수를 반영해 합격자를 가리는데, 그동안의 독서 활동이 제 합격에 크게 도움이 되었습니다. 면접 때 기본 소양을 평가하는 다음과 같은 질문을 받았습니다.

"학생의 삶에서 가장 중요하게 치는 가치관은 무엇인가?"

이에 저는 이전에 읽었던 카뮈의 철학에세이 《시지프스 신화》를 예로 들어 답변했습니다.

"《시지프스 신화》에서 시지프스는 너무 총명해서 신들의 미움을 받게 됩니다. 결국, 높은 산의 밑바닥에서부터 정상까지 무거운 돌을 밀어 올리는 형벌을 받게 됩니다. 시지프스는 산 정상까지 돌을 밀어 올리지만, 그 돌은 다시 산 아래로 굴러떨어지고 맙니다. 또다시 밀어 올려도 결과는 마찬가지입니다. 카뮈는 이런 엄청난 고통 속의 시지프스가 다시 돌을 밀어 올리려고 산 밑으로 내려오는 순간이야말로 가장 위대하게 주체성을 인식하는 순간이라고 말했습니다. 절망의 고통 속에서 살아있는 자신을 자각하게 된다는 것이지요. 저는 이 글을 읽고 커다란 감명을 받았습니다. 제 가치관도 이와 같기 때문입니다. 가장 절망적일 때 언젠가 찾아올 빛의 그날까지 그 절망을 이겨낼 수 있는 모험정신, 도전정신이야말로 제 인생관의 가장 큰 줄기입니다. 제가 경영학과를 지망한 이유입니다."

면접 담당 교수님은 면접을 끝마치고 나가는 제게 "잘하셨어요"라고 말씀하셨습니다. 순간 온몸에 전류가 흐르는 기분이었습니다. 다시 생각해보아도 정말 멋진 대답이었던 것 같습니다.

"크크, 푸하하하."

저는 면접시험을 끝내고 밖으로 나와 크게 웃어젖혔습니다. 그간의 독서 활동이 이렇게 도움이 될 줄이야! '진짜 그 철학책 하나는 제대로 골라 읽었어….'

이젠 제가 자진해 '精神一到 何事不成'을 읊조립니다.

(interview)

작가 : "어머님은 정욱 군이 보고 싶은 책을 고르면 무조건 사주셨는데, 어떤 내용인지 알고 사주신 건가요?"

어머니 : "아니에요. 제목을 보고 대충 괜찮다고 생각되면 사주었어요. 정욱이가 뭘 알고 사달라고 한 것은 아니지만, 사주면 몇 번이고 읽어보더라고요. 부모가 책을 골라주는 것도 좋지만, 스스로 책을 고른 아이들은 책을 읽을 때 그만큼 능동적인 태도를 보이는 것 같았어요.

책에는 온갖 분야의 별의별 사람들이 다 등장하기 때문에 '독서'는 네트워크를 넓힐 수 있는, 빼놓을 수 없는 방법이라고 생각하고 정욱이가 고른 책이 어떤 책이든 거의 다 사줬습니다."

작가 : "부모님 두 분은 정욱 군의 교육을 위해 따로 세우신 계획이 있으셨나요?"

어머니 : "특별하게 세운 계획은 없었어요. 다만 성욱이 아버지가 자녀 교육에 적극적으로 참여한 점을 들 수도 있겠네요. 어려서부터 '아빠의 본보기 교육'이 큰 도움이 되었다고 봐요. 잔소리를 앞세우기보다 먼저 행동으로 보여줌으로써 자연스럽게 따라 하도록 유도한 것이 효과적이었던 것 같습니다."

작가 : "부모님이 먼저 모범을 보이셨군요. 철저한 '생활교육'을 실천한 것이 정욱 군이 대입에 성공한 비법이라고 봐야겠군요. 인터뷰에 응해주셔서 감사합니다."

손해 보는 법도 가르쳐라

아버지는 늘 조금 손해 보더라도 다른 사람을 먼저 생각하고,
다른 사람을 앞서가기보다 다른 사람과 함께 가라고 하셨습니다.

> 서울대학교 사범계열에 합격한 현주는 서울 동쪽 끝에서 태어났다. 멍때리고 앉아 공상하거나, 사람들 구경하는 걸 좋아한다. 지금은 현실 속 청소년 문제를 심층적으로 연구하는 기초 작업을 하고 있다.

   중학교 때부터 저의 가장 충실한 조언자는 어머니였습니다. 학교에 갔다 오면 저는 아주 사소한 것까지 어머니에게 모두 얘기하곤 했습니다. 때로는 어머니가 귀찮아하실 정도로요…. 어머니가 저의 가장 좋은 친구였다고나 할까요? 제 이야기를 질려 하지 않고 들어 주시는 것만으로도 힘이 될 때가 많았습니다.

   한번은 중학교 때 제 생일날이었어요. 어머니가 다음과 같은 편지를 써넣은 선물을 주신 적이 있습니다.

   "엄마 아빠의 소중한 딸 현주야! 엄마가 표현을 잘 안 하는데도 엄마의 마음을 잘 알아줘서 고맙다. 엄마는 너를 믿는다."

   어머니는 그 이후 제 생일 때면 작은 선물을 준비하시고, 언제나 그 속에 편지를 써넣어 주시곤 했습니다. 편지의 끝머리에는

항상 저를 믿는다는 말씀을 빼놓지 않고 적어놓으셨고요. 그 편지들은 지금까지도 제가 엇나가지 않도록 잡아주는 버팀목이 되고 있습니다. 힘들거나 지칠 때마다 어머니의 그 편지들을 보면서 '나를 이렇게 믿고 계시는데…' 생각하며 기운을 얻곤 합니다.

어머니의 그런 편지 하나하나는 공부하라는 잔소리 몇 마디나 윽박지름보다 제게 훨씬 강력하게 영향을 끼쳤습니다. 때로는 저에 대한 무조건적인 믿음이 부담도 되지만, 제가 쓰러지지 않게 누군가가 꼭 붙잡아주고 있다고 생각하면 마음이 든든합니다.

제가 어렸을 때부터 어머니는 책을 많이 읽으셨습니다. 그땐 별다른 할 일이 없어서 책을 많이 읽으신다고 하셨지만, 어머니의 그런 모습은 제 인생의 방향을 설정하는 데 정말 많은 도움이 되었습니다. 어머니 손을 잡고 서점에 가고, 어머니 옆에서 같이 책을 읽고, 어머니가 일기 쓰시는 걸 구경하고…. 그런 것들이 모두 제게 책 읽는 습관이 배는 원동력이 되었습니다.

어머니가 제게 '책 읽어라'라고 강요하시거나, 책 읽는 습관을 들여주시려고 애쓰신 적은 없어요. 책 읽는 어머니의 모습을 늘 봐왔기 때문에 저도 그 곁에서 자연스럽게 책을 읽게 되었을 뿐입니다. 그렇게 읽은 책들은 지금까지도 저의 가장 소중한 자산이 되어주고 있습니다.

저는 중학교 3학년 때까지 아버지에게서 수학을 배웠습니다. 다행히도 중학교 과정까지는 자신이 가르쳐줄 수 있다고 말씀하시는 아버지가 존경스러웠습니다. 아버지는 저에게 수학 과목만 가르치신 게 아닙니다. 정말 중요한 인생의 가르침들을 제게 전해 주셨습니다.

아버지는 직업과 관련은 없지만 수학을 좋아하셨나 봅니다. 언젠가는 어떤 건물을 쳐다보시면서 "현주야! 저 건물의 높이를 삼각함수를 이용해 알아낼 수는 없을까?"라고 하신 적도 있습니다. 생활 속에서 수학을 가까이하면 재미있는 일들이 많다고 하시면서요. 덕분에 저는 길을 오가며 수학 문제를 생각하는 일이 잦았고, 아버지에게 수학 문제를 계속 질문하기도 했습니다.

우리 어머니와 아버지는 조금 고리타분하시다고 해야 할지, 정말 요즘 사람들 같지 않습니다. 요즘 사람들은 '1등 해라', '남보다 앞서가라', '2등은 누구도 기억하지 않는다' 등등 경쟁을 부추기는 말들을 많이 합니다. 하지만 우리 부모님은 오히려 그 반대이십니다. 항상 제게 "네가 조금 손해 보더라도 다른 사람을 먼저 생각해라. 세상일에 너무 욕심내지 마라. 한발 앞서간다고 좋은 게 아니다. 보통 사람이 되라"라고 말씀하십니다.

사실 어머니와 아버지의 삶의 모습은 이런 말씀들과 별반 다르지 않습니다. 어머니는 몸이 아프시더라도 봉사활동을 절대 빼먹지 않으세요. 아버지는 자신이 손해를 보시더라도 다른 사람 탓을 하시지 않고요. 저는 솔직히 이런 어머니와 아버지의 모습이 조금은 답답하게 느껴집니다. '왜 저렇게 답답하게 사시는 걸까?

맨날 손해만 보시면서, 맨날 사람들에게 치이기만 하시면서….'
 그런 두 분이 제게 하시는 말씀은 한결같이 다른 사람을 먼저 생각하라는 것입니다. 두 분의 그런 점을 존경하지만, 아직 제가 그런 삶의 자세를 갖기엔 욕심이 조금 많은 듯합니다. 그런 문제로 종종 부모님과 부딪칠 때가 있으니까요.
 성품이 대쪽 같으신 아버지는 누구와 타협하시거나, 요령 있게 세상을 사시거나 하는 분이 아닙니다. 언제나 정도를 걸으십니다. 우리 또래가 생각해도 바르게, 똑바로 사는 사람들이 손해를 보는 세상인 것 같은데 말이지요. 잔머리를 굴리고, 요령과 술수를 부리는 사람들이 더 이득을 챙기는 그런 세상 아닌가요?
 아버지는 언제나 먼저 참으시고, 내색을 잘 하시지 않습니다. 화가 나는 일이 있어도 혼자 속으로 삭이실 때가 많습니다. 때로는 그런 아버지의 모습이 답답하게 느껴지기도 합니다. 그냥 솔직하게 화도 내시고, 속내를 드러내 보이시면 좋으련만, 아버지는 그냥 묵묵히 참으실 뿐이에요.

 어머니는 고등학교를 졸업하시고 대학에 붙었는데도 집안 형편을 고려해 대학 진학을 포기하셨다고 합니다. 이 점도 지금의 저로서는 이해가 안 되는 부분입니다. 저라면 그렇게 하지 못할 것 같으니까요. '내 것도 좀 챙기면서 살아야 하지 않을까? 늘 그렇게 손해만 보면서 인생을 살 수는 없지 않나! 어머니 아버지의 삶의 방식이 요즘 시대에는 좀 뒤떨어진 게 아닐까?…'

어머니 아버지의 그런 모습들을 보고 자라서인지 생각은 이렇게 하면서도 저 또한 두 분과 같이 행동할 때가 많습니다. 제가 좀 손해를 보더라도 다른 사람의 입장을 먼저 생각해주는 때가 많은 것입니다. 그런 저 자신이 답답하게 느껴지기도 하고, 부모님의 모습을 따르기도 쉽지 않지만, 그럴 때마다 부모님의 세상 사는 지혜가 얼마나 넓고 깊은지 느끼곤 합니다.

아버지는 저한테 '미안하다'라는 표현을 자주 하십니다. 다른 사람을 먼저 배려하시다 보니 손해 볼 때가 많고, 그 여파가 우리한테까지 미치기 때문입니다.

대학에 지원할 때도 그랬습니다. 제 성적으로는 좀 더 유망한 학과 진학이 가능했지만, 우리 집의 경제 사정을 헤아려야만 했습니다. 제가 등록금이 싸고 취업을 고려한 학과를 선택한 이유입니다. 어쩌면 제가 이런 상황에 불만을 품는 것이 당연할지도 몰라요. 하지만 제게 미안해하시는 아버지의 모습에 제가 너무 욕심만 챙기려 했던 게 아닌가 반성하는 마음도 들었습니다.

고3 여름방학 때 우리 집 분위기는 아주 우울했습니다. 아버지가 지방으로 발령 나셨기 때문입니다. 직장의 특성상 가지 않을 수 없는 상황이었습니다. 게다가 지방으로 내려가시자마자 많이 아프셨습니다. 회사를 그만두고 싶어하기도 하셨습니다.

아버지도 제가 공부하기 싫은 만큼이나 회사에 가시기가 싫으셨나 봅니다. 다른 일을 해보고 싶어 하셨지만, 걸리는 게 많았습니다. 무엇보다 먼저, 제가 곧 대학 진학을 앞두고 있는 상황이었고요. 그런저런 형편을 따져 보니, 함부로 회사를 그만두고 다른 일을 하실 수 없으셨던 것입니다.

저는 아버지의 힘듦도, 병환도 애써 외면했습니다. 화가 나기도 했어요. '왜 우리 집은 부자가 아닌 걸까! 차라리 나라도 돈을 벌러 나설까?' 이렇게 별별 생각을 다 하면서요. 저는 고3 수험생이라는 핑계를 대며 그런 집안 사정을 외면하려고 했던 것입니다. 그러다 이렇게 다짐했습니다.

'그래, 더 열심히 공부해서 부모님을 기쁘게 해드리자. 지금 내가 고민해봤자 별 뾰족한 수가 없잖아. 난 그냥 공부만 열심히 하는 거야. 그 방법밖엔 없어…' 라고 말이지요.

(interview)

작가 : "현주 양은 안 좋은 가정형편을 극복하고 공부에 대한 열의를 불태워 좋은 결과를 빚어냈다고 생각합니다. 어떤 각오였는지 얘기해줄 수 있을까요?"

현주 : [의지력, 유전으로 물려받다] "저의 대입 결과가 어떻든 이 이야기를 하면 부모님이 속상해하실 거예요. 우리 집은 그리 넉넉한 편은 아니었어요. 그렇다고 아주 가난했다는 뜻은 아닙니다. 그저 빠듯하게 생계를 유지하는 서민 가정일 뿐이었지요. 아버지가 직업이 없으시거나 많이 편찮으시거나 하지는 않았습니다. 최선을 다해 정직하고 성실하게 직장생활을 하신 분입니다.

어머니도 제가 대학에 갈 때까지 아침 8시부터 밤 9시까지 시장에서 일하셨습니다. 아주 꿋꿋하고 생활력이 강한 분이시지요.

어머니는 클래식을 즐겨 듣고 항상 독서하시는, 교양있는 분이십니다. 얼핏 보면 부잣집 사모님 같은 느낌을 준다고 하는 사람들도 많았어요. 다만 생활에 찌들려 그런 삶을 누리지 못할 뿐이지요. 저만의 생각일지 모르겠지만요….

저에게서도 그런 느낌이 나는 것 같습니다. 칭찬인지 욕인지는 모르겠으나, 저를 보고 부잣집 외동딸같이 생겼다고 말하는 사람도 있으니까요. 저를 잘 아는 사람들은 이런 겉모습과는 달리 의지력이 무척 강한 제가 잡초 같다는 소리도 많이 하세요. 아마도 어머니의 생활력을 물려받았나 봅니다."

[독하게 친구 포기하기] "저는 고3 때 제 휴대전화를 없앴습니다. 대학 입시에서, 또 수능에서 승리하기 위해서는 친구와의 만남도 피해야 한다고 믿었기 때문이에요. 한편, 저는 성격적으로 거절하는 것을 어려워하고 그런 행동에 스트레스를 받는 측면도 없지 않아 있었어요. 어떤 사람은 저더러 친구에게 '나 공부해야 해, 오늘은 안 돼'라고 그냥 거절하면 되지 꼭 휴대전화를 없애야 하느냐고 했습니다. 하지만 그것도 하루이틀이지 매번 거절하는 것도 찜찜하고 신경이 쓰이는 일이었거든요. 그래서 아예 친구들에게 제 휴대전화를 없앴다고 알린 거예요. 그렇게 연락을 끊는 것이 쉬운 일은 아니었습니다. 그러나 어쩌겠어요. 시간의 밀도가 달라지는데요.

저도 처음에는 외톨이가 될까 봐 무서웠지만, 휴대전화를 없앤 것은 정말로 잘했다고 봐요. 외톨이가 되는 것보다 대학에 합격하지 못하는 게 더 무서웠으니까요. 사실 많이 외로웠고, 많은 친구들이 떨어져 나갔지요. 그래도 진짜 친구는 남았어요. 대학에 합격하고 나니 떨어져 나갔던 친구들도 다시 돌아왔고요."

[공부의 적, 슬럼프 극복] "수험 기간 내내 혼자라는 느낌에 수없이 많은 외로움을 겪었습니다. 그 속에서도 아침 일찍 일어나 학교에 가서 공부할 때는 몸은 피곤해도 마음은 가벼웠습니다. 하지만 느지막한 오후, 도서관에 가서 앉아 있을 생각을 하면 눈물이 나고, 속상했어요.

저는 슬럼프가 한번 덮치면 심하게 앓았어요. 이불 속에 들어가 마구 울기도 했고요. 무엇을 어떻게 해야 할지도 모르겠고, 저를 짓누르고 있는 슬럼프에서 어떻게 빠져나와야 할지도 감이 잡히지 않았습니다. 이대로 죽어버렸으면 좋겠다고 생각한 적도 있었어요. 그럴 때면 '나는 과연 죽을 만큼 공부를 하기는 했나?'라고 자문하면서 슬럼프를 극복해 나갔습니다."

[문제집은 과목별 한두 권이면 충분] "저는 공부하는 데 있어 책은 익숙한 것이 좋다고 생각합니다. 아무리 좋은 책이라 하더라도 5회독 한, 때묻은 책보다 좋을 수는 없기 때문이에요. 한두 권의 문제집을 반복해서 읽고 풀어, 눈을 감아도 대충 어디에 어떤 내용이 있는지 알 수만 있다면, 그 책이야말로 바로 대학 합격을 보장해주는 운명의 책이라고 생각합니다."

자신이 원하는 길을
선택할 수 있는 용기를 가르쳐라

아버지는 제가 진로를 정할 때,
스스로 좋아하는 일을 선택하는 것이 중요하다고
용기를 불어넣어 주셨습니다.

> 서울대학교 사회과학계열에 합격한 연재는 서울 한복판에서 태어났다. 손으로 만지작거리는 걸 좋아하고 기계를 분해하는 게 취미다. 심리학을 전공해서 만지작거리는 걸 좋아하는 심리(?)를 연구해볼 작정이다.

우리 부모님을 한마디로 표현하라면, 극히 '가정적'이라고 말할 수 있습니다. 두 분은 정말 가정적이십니다. 일찍 집에 들어와 온 가족과 저녁을 같이 먹고, 늘 서로에게 관심을 기울이는… 그런 분들입니다.

그렇게 두 분이 앙상블을 이루며 빚어내는 우리 집 분위기는 정말 마음을 편안하게 해줍니다. 물론, 너무 끈끈한 가족애가 때론 지나친 간섭을 부른다고 여겨질 때도 있지만, 그건 배부른 투정이 아닐까요?

저는 학교에서 뭔가 어수선하고 힘든 일이 있을 때면 우리 집을 떠올립니다. 그러면 마음이 편안해지고 위로받는 느낌이 들어요. 부모님 두 분이 꾸려 가시는 우리 집은 정말 마음 놓고 편안하게 쉴 수 있는 곳, 항상 따뜻함과 평화가 넘치는 곳입니다.

아버지는 화초 기르는 걸 무척 좋아하십니다. 정성스레 나뭇잎을 닦아주는 것부터 물 주기, 거름 주기, 화분 갈이까지…. 작은 집이 더 작아 보일 정도로 우리 집은 온통 화분으로 가득 차 있습니다. 그리고 동화책부터 아버지가 읽으시는 책들로 장식된 한쪽 벽은 이런 화초들과 어우러져 숲속의 독서실이라고 해도 과언이 아닐 정도로 예쁩니다.

제가 아버지를 생각할 때 떠오르는 모습은, 언제나 집에서 화초를 정성스레 돌보시는 그런 모습입니다. 하지만 회사 일을 하실 때의 아버지 모습은 그것과 사뭇 다른 느낌이에요. 아버지는 집에서도 회사 일을 많이 하셨는데, 일단 시작하면 정말 치열하게 일하셨습니다. 온 정신을 집중해서 새벽까지 일에 몰두하곤 하셨어요. 아버지의 그런 모습은 제게 무척 인상적이었습니다. 아버지의 모습을 보면서 '나도 열심히 공부해야지' 하고 자극받을 때가 참 많았습니다. 그런 아버지 옆에서 어머니는 제게 책을 건네주시며 같이 읽자고 하셨습니다. 그렇게 저는 어려서부터 책 읽는 습관이 들었습니다.

제가 공부에 흥미를 느끼게 된 건 아마도 숲속의 독서실에서 뭔가를 끊임없이 읽어대던 습관 때문이 아닐까요? 저는 집에 있을 때면 주변의 책이란 책은 모조리 읽어야 직성이 풀렸어요. 하물며 육아서적을 읽기도 했고, 아버지가 구독하시는 시사잡지를 읽기도 했습니다. 정 읽을 게 없을 때면, 백과사전을 뽑아 읽을 정도였으니까요. 지금도 구독하고 있는 두 종류의 신문을 샅샅이 읽곤 합니다.

그러니 교과서를 읽고, 책을 읽고, 공부하는 건 제 일상생활의 연장이었던 셈입니다. 어릴 때부터 책 읽기를 좋아하고, 소설 문고집이나 위인전기 같은, 틀에 박힌 책들에서 벗어나 다양한 책들과 문장들을 접할 수 있었던 것. 그것이 제가 공부를 잘하게 된 비결인 것 같습니다.

중학교에 입학해 처음 본 시험에서 저는 좋은 성적을 받았습니다. 본격적인 공부가 시작되는 중학교 시절은, 저에 대한 주변 사람들의 기대가 한껏 쏟아진 때입니다. 저 자신조차도 저에 대해 많은 기대를 하게 되었습니다. 첫 시작이 좋았으니, 항상 그보다 더 좋거나 나아져야 했습니다. 저는 그 성적을 유지하려고 열심히 공부했습니다.

그때부터 부모님과 선생님에게 저는 '공부 잘하는 아이'로 각인되었습니다. 첫 출발이 좋았던 만큼 저는 계속 그 성적을 유지하려 애썼어요. 주변뿐만 아니라 저 자신에게도 기대를 저버리지 않는 제가 되려 노력했고요.

그러나 제가 누군지, 제가 원하는 게 무엇인지, 저 자신을 탐구

하기 시작할 무렵, 다른 사람들에게 제가 어떻게 비치고 있는지 느끼게 되었습니다. 부모님에게도 선생님에게도 그리고 친구들에게도 저는 '공부만 하는 아이'였습니다.

그건 제가 되고 싶은 모습이 아니었어요. 주변의 기대에 저를 맞추다 보니, 제가 어느새 다른 사람들에게 '공부하는 에너자이저'로 비쳐졌던 것이지요.

그게 아닌데…, 나는 저렇게 보이는 게 싫은데…. 친구들마저도 저를 쉬는 시간에도 책만 보는 아이로 여기고 있었습니다. 저도 공부가 하기 싫거나, 하고 싶은 다른 것도 많은데 말이지요. 제가 공부를 조금만 소홀히 해도 선생님들은 "공부 잘하던 아이가 갑자기 왜 그러니?"라며 실망하는 모습을 보이셨습니다.

저에 대한 기대치가 날이 갈수록 높아져만 가고 있었던 것입니다. 그게 점점 더 저를 부담스럽게 했습니다. 친구들한테 저는 그저 '공부만 하는 아이'였지, 같이 놀거나 이야기하고 싶은 친구는 아니었어요.

그게 아니란 걸 보여주고 싶어서 같이 어울려 놀거나, 공부를 조금이라도 소홀히 하는 모습을 보이면 친구들은 '갑자기 쟤가 왜 저러지?' 하고 의아해하는 반응만 보일 뿐이었습니다. 부모님과 선생님도 그 못지않게 '공부 잘하던 애가 왜 저러지?'라는 걱정만 하실 뿐이었고요.

그런 주위 사람들의 기대, 공부만 하는 아이로 굳어진 이미지에서 벗어나고 싶었지만, 그게 그렇게 쉽게 바뀌는 게 아니었습니다. 그런 면에서 중학교 시절은 제게 참으로 힘든 시기였습니다.

고등학교에 올라가면서 저는 그런 부담감과 이미지로부터 자유로울 수 있었습니다. 저에 대해 스테레오타입 같은 이미지를 갖고 있던 중학교 시절의 사람들과 멀어질 수 있었으니까요….

고등학교 친구들과 선생님들은 선입견 없이 저를 있는 그대로 바라봐 줬어요. 마음이 너무나 편안했습니다. 고등학교에 와서 새로 알게 된 친구들은 저를 '공부만 하는 아이'로 보지 않았어요. 그 친구들에게 저는 그냥 친구일 뿐이었지요. 비로소 저에게도 좋은 친구들이 생긴 것이었습니다.

고등학교에 올라와 처음 본 시험 성적이 좀 낮은 편이어서, 선생님도 친구들도 저를 '원래 공부 잘하는 아이'라는 색안경(?)을 끼고 바라보지 않았습니다.

그런 만큼 첫 시험보다 조금만 성적이 올라도 칭찬을 들었습니다. 저를 그렇게 평범한 아이로 봐주는 게 얼마나 마음 편하던지요. 기대와 부담스러운 시선에서 벗어난 것이 얼마나 좋던지요…. 고등학교 생활이 오히려 중학교 생활보다 훨씬 즐거웠습니다.

아버지는 제게 정말 인생의 조언자 역할을 해주신 분이에요. 아버지와 저는 생각이 비슷한 데가 많습니다. 그건 제가 아버지의 영향을 많이 받았다는 말이기도 하겠지요.

특히, 대학 학과를 결정할 때 아버지의 조언이 정말 큰 힘을 발휘했습니다. 저는 한의예과와 심리학과에 동시 지원했는데, 사람들은 전부 한의예과에 진학하는 게 당연하다는 반응을 보였습니다. 담임선생님과 어머니도, 전망도 밝고 다른 사람들도 모두 좋다고 하는데 고민할 게 뭐 있냐는 식이었어요.

그러나 저는 솔직히 심리학과에 더 끌리고 있었습니다. 제가 인문학적이면서도 자연과학적인 측면을 두루 갖춘 심리학이라는 학문에 매력을 느끼고 있었기 때문입니다. 물론 한의예과보다 전망이 밝지 않아 제 주변분들 모두가 내켜 하지 않을 수 있지만, 제가 전공하고 싶은 학문은 심리학이었습니다. 취업이 잘된다든지, 돈을 많이 벌 수 있다든지, 그런 이유로 학과를 선택하고 싶지는 않았습니다.

담임선생님과 어머니는 사람들이 이구동성으로 좋다고 하는 데는 다 이유가 있다며, 제 의견에 반대하셨습니다. 두 분 다 저보다 오래 세상을 살아보니 뭐가 더 좋은지 알 수 있다고 하시면서요. 그렇게 한목소리로 한의예과를 강요하다시피 추천했지만, 단 한 분 아버지만은 의견이 다르셨어요.

아버지는 "네가 좋아하는 걸 해라"라고 하셨습니다. 제가 바란 바로 그 말씀이었습니다. 아버지는 "다른 사람들의 시선이 어디에 꽂혀 있든지 간에 네가 원하는 길을 선택해라"라고 하셨습니다. 저는 아버지의 말씀에 용기를 내어 심리학과에 지원했습니다.

사람들 모두 다 자신이 좋아하는 일을 하면서 살기를 바랍니다. 그러나 실제로 그런 사람이 몇이나 될까요? 아버지의 말씀대로 자신이 좋아하는 일을 선택하는 데는 '용기'가 필요합니다.

그런 용기를 가져야만 성취나 성공이 가능하기 때문이지요.

아버지의 조언에서 비롯된 이런 기준은 앞으로 제가 인생을 꾸려 나가는 데도 계속 한 역할 해주지 않을까요? 힘든 일이 있을 때마다, 그리고 저 자신에 대한 믿음이 흔들릴 때마다, 저는 아버지의 가르침을 되새길 것입니다.

아버지가 중요하게 생각하시는 또 다른 부분은 '건강' 입니다. 아버지는 몸 건강뿐만 아니라 생활 자체가 건강해야 한다고 항상 강조하셨습니다.

원래 몸이 약한 저는 자주 아팠습니다. 고등학교 때는 신경성 장염으로 입원도 여러 번 했고요. 그렇게 건강을 잃어보아서인지, 아버지가 강조하시는 건강이 얼마나 중요한지 절실히 느낍니다.

"건강해야 뭐든 하고 싶은 일을 할 수 있다"라는 아버지의 말씀처럼, 이제 저는 제 건강을 키워 항상 공부하고 연구하는 그런 사람이 되려고 합니다. 그리고 제가 배운 것을 다른 사람을 돕는 데 썼으면 좋겠습니다.

제가 읽은 책, 또 제가 읽었던 신문에서 75세의 한 수녀님이 다른 사람을 돕기 위해 다시 의대 공부를 시작하려 한다는 이야기를 본 적이 있습니다. 스무 살의 저도, 그런 건강함과 용기로 가득 찬 삶을 꿈꿉니다.

(interview)

작가 : "연재 양은 인터뷰하는 동안 아버님 이야기를 참 많이 했

어요. 인생의 조언자 역할을 해주신 아버지에게서 큰 영향을 받은 것 같은데, 아버님의 자녀 교육 방법은 어떤 것이었나요?"

아버지 : "아이들을 키우면서 어떻게 교육해야 되겠다고 깊이 생각한 건 없습니다. 단지 자식을 믿으며 격려할 줄 아는 부모, 그리고 아이의 판단을 수용할 줄도 아는 부모가 되어야겠다는 믿음을 가진 게 전부입니다.

　부모와 자녀 사이에 '나는 너를 믿는다' 라는 한마디보다 더 진한 감동을 주는 말이 있을까요? 그런데도 아이를 믿고 맡긴다는 게 쉬운 일은 아니더라고요. 정말이지 인내가 필요한 부분 같아요. 연재는 어려서부터 대화를 통해서 생각하고 판단하는 버릇이 들어서인지, 부모에게 믿음을 주었어요.

　연재는 아빠보다 엄마와 대화를 많이 했어요. 연재 엄마는 아이들이 학교에 다녀오면 항상 웃어주는 '미세스 스마일' 입니다. 그래서인지 아이늘이 엄마와의 대화를 꺼려 하시 않았어요. 사실 아이들을 키우면서 아빠 역할, 엄마 역할이 따로 있는 것은 아니잖아요? 우리 부부는 평소 아이들이 못 하는 걸 찾아, 같이 계획을 짜고, 필요할 때 조언해주는 역할을 함께했습니다. 어릴 때부터 잘 관찰해보니 아이들이 부모에게 가장 바라는 건 자신들과 대화해주는 것이었어요. 연재는 무슨 일을 결정하기 전에 꼭 엄마, 아빠에게 자신의 생각을 털어놓고 우리 부부의 의향을 물어왔어요. 그래서 우리도 아이들에게 좋은 멘토가 되어주려 의도적으로 노력했습니다."

엄하게 가르치되, 부드러움을 잃지 마라

아버지의 다그침 속에 오기로 공부에 덤벼들었습니다.
하지만 이제야 아버지의 깊은 뜻을 알 것 같습니다.

> 서울대학교 농업생명과학대학에 합격한 승필이는 서울 외곽에서 태어나 대학에 가기까지 줄곧 한집에서 살았다. 취미로 시작한 수영과 스쿠버다이빙을 특기로 꼽을 만큼 잘한다.

제 영어 공부는 초등학교 저학년 때부터 시작되었습니다. 친구 어머니가 그림으로 된 영어 단어 카드를 만들어, 온 동네 아이들에게 보여주면서 그 단어를 익히게 했거든요.

지금 생각해보면 그저 재미있게만 여겼던 그 놀이 속에서 막연히 '공부'라는 걸 접했던 게 아닌가 싶어요.

그렇게 친구 어머니의 단어 카드 수준을 벗어날 즈음, 아버지가 본격적으로 영어를 가르쳐주시기 시작했습니다. 아버지는 지금도 영어사전을 외우고 계시는 분이에요. 공부라는 주제를 두고 보여주시는 철두철미함은 아마 그 누구도 따라올 수 없을 것 같습니다. 저는 아버지의 방식대로 영어 공부를 시작했습니다.

아버지는 직업상 영어가 필요하신 분은 아니었어요. 청소년 시절 그렇게 공부를 잘하신 분도 아니고요. 그냥 젊어서부터 직업과 상관없이 꾸준히 영어 공부를 해오신 분입니다. 그렇다고 공부 방법에 대한 노하우가 따로 축적된 분도 아니었습니다.

아버지의 그런 딱딱한 공부 방법이 제게 맞을 리 없었습니다. 저는 곧 영어 공부에 싫증을 내게 되었습니다. "저는 이런 공부 하기 싫어요!"라며 고지식한 공부 방법을 강요하는 아버지에게 대들기도 했습니다. 그래도 아버지는 싫다는 저를 붙잡아 놓고 억지로라도 영어 공부를 시키곤 하셨어요.

그쯤 되다 보니, 저에게 영어 공부는 끔찍한 부담으로 다가왔습니다. '어떻게 영어 공부에서 벗어날 방법이 없을까? 영어사전을 모두 버려 버릴까?' 온갖 궁리가 제 머릿속을 꽉 채웠고, 저는 마치 체한 것 같은 기분으로 영어 공부를 꾸역꾸역 하게 되었습니다. 그런 제게 아버지는 재미있고 잘 기억되는 방법들을 동원해 영어를 가르치시려고 노력했습니다.

정말이지 이제야 인정할 수밖에 없는 것은, 그렇게 끔찍했던 '영어 공부'가 저에게 너무나 많은 도움이 되었다는 사실입니다. 중학교에 들어가면서 저는 영어를 꽤 잘하는 아이로 통하게 되었고, 고등학교에서는 별도로 영어 단어를 공부할 필요가 없었을 정도니까요.

간혹 단어를 잊어버렸더라도 어릴 때부터 보아왔던 단어가 주는 느낌은 제 머릿속에 살아있었습니다. 비록 아버지의 공부 방법이 좋지는 않았을지라도, 제 영어 실력의 기초가 그때 다져졌다는 것은 분명한 일입니다.

그런 식으로 영어를 가르치시던 아버지가 수학이라고 빼놓을 리 만무했지요. 아버지는 당연하다는 듯 제게 수학도 가르치셨습니다. 영어와 달리 수학 공부는 효과가 작았는데, 아버지의 교육 방법이 《수학의 정석》이라는 책을 통째로 외우게 하는 것이었기 때문입니다. 책의 풀이 과정을 다 외우라니…, 말도 안 되는 주문이었습니다. 거의 모든 친구와 마찬가지로 제게도 《수학의 정석》을 공부하는 건 매우 따분한 일이었습니다.

시원시원하게 디자인된 좋은 문제집들도 많은데, 왜 아버지는 이렇게 딱딱하고 재미없는 책을 고집하시는 걸까? 저는 결국 다른 문제집들을 구입해서 하나하나 섭렵해나갔습니다.

진정 《수학의 정석》을 꼭 풀어봐야 한다는 건 아버지 시대의 이야기가 아닐까요? 저는 신선하고 느낌 좋은 문제집들을 훨씬 재미있게 풀었고, 모의고사에서 수학 점수를 꽤 잘 받았습니다.

고2가 되자 저는 아버지와 함께 하던 공부도 그만두고 1학기를 흐지부지 보내버렸습니다. 당연히 모의고사 점수는 1학년에 비해 조금씩 떨어졌고, 2학기 때는 더 떨어졌습니다. 아버지는 최선을 다하지 않는 제 모습에 매우 실망하신 것 같았어요.

"아버지가 지금껏 가르친 게 겨우 이런 거였냐?"

"왜 젊은 날을 그렇게 허비하는 거냐? 왜 열심히 공부하지 않느냐 말이다."

"이제 3학년이 되었으니, 죽을 만큼 열심히 공부해서 좋은 대학에 들어갔으면 좋겠다."

그러시곤 아버지는 다시 제 옆에서 같이 공부하기 시작하셨습니다.

"승필아, 아버지는 네가 꼭 명문대학에 가길 바란다. 지금처럼 공부할 거면 재수할 각오를 단단히 해야 할 거다."

아버지의 엄하신 닦달에 저는 숨이 막힐 지경이었습니다. 아버지는 날이면 날마다 재수를 각오하라고 윽박지르셨어요. 그러지 않을 거면 지금 죽도록 공부에 매달리라고 독촉하시면서요.

'누군 서울에 있는 대학에 가기만 해도 감지덕지한다는데, 우리 아버지는 왜 저리 욕심이 많으실까? 도대체 대학이 뭐라고…. 정말 누구를 위해 죽도록 공부해야 한다는 거지?'

저에겐 하루하루가 지옥처럼 느껴졌습니다. 아버지의 닦달에 저도 아예 재수를 택해야겠다, 그래서 명문대학에 한번 가보자, 라고 마음먹게 되었습니다.

'까짓거 한번 해보자!'

재수를 택할 경우 1년이라는 시간을 더 벌 수 있다고 생각하니, 오히려 마음이 가벼워졌습니다. 하면 될 것 같다는 자신감이 붙었다고나 할까요? 아니면 그리 시간이 촉박하지 않으니 여유를 찾았다고나 할까요?

여하튼 그렇게 마음먹고 어떻게 공부 계획을 세울지 적극적으로 궁리하기 시작했습니다. 그러면서 가능한 한 재수까지는 가지 말자, 한번 열심히 해보자, 단단히 마음먹었습니다.

'그래, 우선은 가장 약한 과목인 수학부터 잡고 보자.'

그때 제가 선택한 방법은 학원 수강이었습니다. 학원은 절대 안 된다는 아버지를 설득해 등록하기로 했습니다. 단, 수강생이 많은 학원이 아니라, 비용은 좀 들더라도 과외 공부처럼 가르쳐주는 학원을 선택했습니다. 다행히 학원은 저와 잘 맞았습니다. 혼자서는 어려워하던 문제를 쉽게 풀 수 있었고, 숙제를 제대로 하지 않으면 진도를 나갈 수 없었기 때문에 열심히 공부할 수밖에 없었습니다.

학원 수강 약 100일 만에 제 수학 성적은 40점대에서 70점대로 껑충 뛰었습니다.

"이야호~"

저에게 조금씩 조금씩 자신감이 붙기 시작했습니다. '나도 하면 되는구나.' 기초가 부족했던 수학 과목에 학원 수강은 아주 효과적인 선택이었습니다.

학원 수강을 통해 수학 과목에서 좋은 효과를 본 저는 이번엔 탐구 영역 학원을 찾았습니다. 불과 두세 달뿐이었지만, 그 또한 훌륭한 선택이었습니다. 저는 정말 미친 듯이 공부했습니다. 학원에서 단 한 명의 친구도 만들지 않을 정도로요.

쉬지 않고 촐싹대는 제 성격상 어려운 선택이었고, 견디는 것 또한 쉽지 않았습니다. 학원 수업은 일주일, 하루 4시간 만에 문제집 한 권씩을 끝낼 만큼 진도가 빨랐습니다. 내용과 몇몇 문제에 대한 설명을 들은 후 풀이해야 하는 엄청난 양의 문제들은 모두 학생의 자율에 맡겨지는 숙제였습니다. 그런데 저는 그 숙제들을 빠짐없이 다 했습니다. 정말로 저 자신이 대견스러울 정도였습니다.

집에 오면 늦은 시간까지 옆에서 같이 공부하시는 아버지가 계셨기 때문에 잡생각 없이 공부에 열중할 수 있었습니다.

학원에 가는 시간 이외에는 학교의 보충학습용 문제집을 푸는 방법을 택했습니다. 문제집의 약 100개 문제 중 처음에는 30개 정도씩 틀렸었는데 시간이 흐를수록 틀린 문제 개수가 줄어들었습니다. 나중에는 한두 개씩밖에 안 틀리게 되었습니다. 실력이 느는 게 눈에 보이니, 공부하는 게 재미있었습니다.

사실 이 시기의 공부는 오기로 한 공부였다고 생각해요. "새수를 각오하라!"라는 아버지의 엄포에 오기로 공부에 덤벼들었었는데 의외로 길이 보였던 것이지요. 결국, 아버지의 방식이 또 효과를 발휘한 셈이었습니다.

아버지의 말씀대로 문제의 해결은 제가 마음먹기에 달려 있었습니다. 늘 최선을 다하지 않는다고 저를 꾸짖으셨던 아버지의 사랑이 온몸으로 느껴지는 순간이었습니다.

아버지의 엄격함이 싫어서 반항도 많이 했고, 공부하기가 싫어서 이리저리 피해 다녔던 저였습니다. 그런 저를 눈이 침침해 돋

보기 같은 안경을 쓰시고 작은 글자들을 읽어 가며 가르치셨던 아버지….

 겉으로는 엄격하시지만, 저는 알고 있었습니다. 늘 제가 잠자리에 들고 나서야 아버지도 주무실 준비를 하셨다는 것을. 늘 잠든 제 얼굴을 한참 동안씩 들여다보셨다는 것을….

 그런 아버지가 많이 아프십니다. 그렇게 엄하고 두렵던 분이, 어느새 이렇게 약해지셨나, 가슴이 먹먹해집니다. 누워 계신 아버지의 어깨가 유난히 작아 보입니다. 아마도 아버지의 젊음을 갉아먹으며 제가 이만큼 자란 것은 아닐는지! 마음 깊이 아버지의 사랑을 느낍니다. 벌떡 일어나셔서 저를 꾸짖으시는 아버지의 모습을 다시 보고 싶습니다.

(interview)

작가 : "승필 군은 이야기 중에 '재수를 각오하라' 라는 아버지의 엄포에 오기로 공부했다고 했는데, 그래도 아버님의 노력과 엄격함이 있어 명문대 진학이라는 결실을 맺지 않았나요? 승필 군이 수험생활 동안 느낀 점을 후배들에게 이야기해주고 싶다면 어떤 것이 있을까요?"

승필 : "제 짧은 경험담이 후배들에게 조금이라도 도움이 되었으면 좋겠어요. 우리 아버지는 학창 시절에 열심히 공부하지 않은 것을 늘 후회하고 계셨다고 해요. 제가 커가면서 가끔 그런 말씀을 하시곤, 제게 최선을 다해 공부하라고 독려하시곤 했지요.

제가 후배들에게 가장 먼저 해주고 싶은 말은, 아직 본인만의 뚜렷한 목표를 세우지 않았다면 지금 바로 '목표를 세워라' 라는 것입니다. 제 친구들 중에는 자신이 원하는 직업에는 공부가 필요하지 않다며 공부를 게을리하다가 뒤늦게 후회하는 모습을 보이기도 했어요. 저는 세상에 공부가 필요하지 않은 직업은 없다고 감히 말씀드리고 싶습니다.

공부를 왜 해야 하는지 모르겠다면, 훗날 자신이 어떤 사람이 되었으면 좋겠는지 한번 생각해보세요. 잘 모르겠다면 '나'는 어떤 사람인지 스스로에게 반문해보길 바랍니다. 모든 공부가 입시를 위한 공부일 필요는 없겠지만, 되고 싶은 '나'를 위한 공부는 반드시 하고 있어야 한다고 생각합니다.

공부가 하기 싫거나 성적이 낮은 학생들은 공부 문제가 고민이 될 수 있겠지요. 하지만 당장 목표가 없더라도 학생이라면 당연히 공부해야 하는 것이라고 마음에 새기세요. 밥 먹는 것처럼, 숨 쉬는 것처럼 공부를 삶의 습관으로 만들어 보세요.

자신의 노력으로 삶에서 무언가를 이뤄낸 경험은 어떤 일에서든 큰 자신감과 자부심의 바탕이 될 것입니다. '치열하게 노력했던 경험'을 꼭 가져 보시기 바랍니다."

자신의 위치를 정확히 알게 하라

아버지는 무엇보다 자신이 뭘 원하는지, 무엇을 해야 하는지,
스스로 잘 알고 있어야 한다고 항상 말씀하셨습니다.

고려대 어문학계열에 합격한 희정이는 부산에서 태어나고 그곳 여고를 졸업한 부산 토박이다. 친구들과 예쁜 물건을 보러 다니며 수다 떨기를 좋아한다. 지금은 문자 채팅에 푹 빠져있다.

초등학교에 다닐 때 저는 어머니의 칭찬을 들으려고 공부를 열심히 했습니다. 초등학교 때 매일같이 문제집 두 권을 학교에서 배운 부분만큼 다 풀었을 정도입니다. 아마도 또래 중에서는 공부를 가장 열심히 하지 않았나 싶어요. 그래서인지 반에서 가장 공부를 잘하는 아이로 불렸습니다.

이 모두가 어머니의 욕심 때문이었습니다. 어머니는 제가 시험 문제를 하나라도 틀리면 무섭게 야단을 치셨습니다. 그 결과, 저는 시험은 항상 100점을 받아야 하는 것으로 세뇌되었습니다. 어릴 때부터 부모님은 제게 무섭고 엄한 분들이었어요. 오죽하면 일기장에 '아이스크림처럼 차가운 엄마'라고 적었을까요!

어머니는 공부 이외에도 식사와 수면을 엄격하게 규제하셨습니

다. 밥은 어른용 공기에 가득 담아주셨고, 그걸 다 먹어야 했습니다. 편식은 허락되지 않았어요. 또한, 밤 9시면 어김없이 잠자리에 들어야 했고요. 어머니는 규칙적이고 바른 생활을 무척 강조하셨습니다. 제가 어리광 한번 부려보지 못한 이유입니다. 그 때문인지 초등학교 때 저는 엄청 내성적인 성격이었습니다.

학교에 갔다 와서도 거의 나가 놀지 않았고, 집 안에서 책만 읽었지요. 그래서인지 어릴 때부터 백일장을 휩쓸 만큼 글짓기를 잘했습니다. 제가 글짓기를 잘하게 된 건, 몸에 배다시피 한 책 읽기와 열심히 일기를 썼던 덕분입니다.

어머니는 초등학교 1학년 때부터의 제 일기장을 모두 모아놓으실 정도로 일기 쓰는 걸 중요하게 생각하셨습니다. 그리고 항상 제 일기를 읽어보시고 그 밑에 소감을 써주셨습니다.

내성적인 성격은 저에게 좋지 않은 영향을 끼치기도 했습니다. 늘 집에만 있나 보니, 운동 신경이 발달하지 못한 것입니다. 국어, 수학 시간엔 잘난 척하며 열심히 발표했지만, 체육 시간엔 뜀틀 하나 제대로 못 넘었고, 달리기는 매번 꼴찌였습니다. 저는 콤플렉스 덩어리인 채로 초등학교를 졸업하게 되었습니다. 공부는 잘했지만, 내성적인 성격에 운동은 젬병이었으니까요.

아버지도 어머니 못지않게 엄하신 분입니다. 어머니는 좀 감정적이고 급한 성격이십니다. 대신 아버지는 꼼꼼하고 날카로운 성격이십니다.

아버지는 제가 어릴 때부터 당신이 어떻게 공부했는지 자주 들려주셨어요. 어려운 환경 속에서 어떻게 공부에 매진했고, 또 어떻게 대학에 갈 수 있었는지…. 아버지의 옛날이야기를 듣고 있노라면, 마치 무슨 무용담을 듣는 기분이었습니다.

아버지는 상위권에 속하는 대학을 나와서인지, 제가 공부 잘하는 걸 당연하게 여기셨습니다. 그래서인지 성적이 떨어질 때면 뭐라고 나무라셨어요. 하지만 성적이 잘 나와도 칭찬해주시는 법은 없으셨습니다. 조금만 칭찬해주셨어도 더 잘했을 텐데…. 많이 아쉬운 대목입니다.

지금에 와서 생각해보면, 어머니와 아버지는 자녀 교육에 엄청난 욕심을 가지셨던 것 같습니다. 초등학교 때만 해도 저는 피아노 학원에다 글짓기 학원, 또 서예학원에 다녔고, 중학교 때는 운동도 잘해야 한다는 부모님의 주장에 따라 테니스와 볼링을 배우기도 했습니다.

그러다 보니 초등학교 때부터 중학교 때까지 저는 스스로 해낸 게 하나도 없었습니다. 공부도 부모님에게 칭찬받기 위해 그저 당연히 해야 한다고만 생각했고요. 공부가 재미있었던 게 아니라, 점수가 잘 나와 1등이 되는 게 재미있었던 거지요.

앞에서 말한 대로 아버지는 꼼꼼하고 날카로우신 성격입니다. 제가 어떤 잘못을 해서 혼내실 때도 소리를 지르거나 벌을 세우지 않고 "왜 잘못했다고 생각하니?", "그래서 어쩔 건데?", "다음에는 어떻게 할 거니?"라고 차근차근 체계적으로 물어보셨습니다. 반성문도 꼭 써야 했습니다. 무조건 잘못했다고 쓰는 것이 아니라, 무엇을 잘못했는지 조목조목 써야 했습니다.

가족 여행이라도 갈라치면 "어디로 갈까?", "뭐가 필요할까?", "가서 뭘 할까?"라는 질문을 던지시며 제 의견을 물으셨습니다.

그래서인지 저는 한편으론 생각하는 힘이 큰 아이, 어떤 일이 발생했을 때 나름의 대책도 세울 줄 아는 아이로 성장했습니다.

그러다 중3이 되면서 진경이라는 친구를 만나게 되었습니다. 그 친구를 만나면서 저는 공부 이외의 많은 것들에 새롭게 눈뜨게 되었습니다. 그 친구는 저보다 공부는 못했지만, 훨씬 멋져 보이는 아이였습니다.

진경이는 공부 이외의 것들에도 관심이 많았고, 운동도 잘했어요. 또한, 성격도 밝아서 늘 리더 역할을 하는 그런 친구였습니다. 저는 진경이를 몹시 부러워하며 친한 친구가 되고자 노력했습니다. 진경이와 함께 처음으로 롤러스케이트도 타러 가고, 영화도 보러 갔습니다. 성적은 당연히 떨어지고 있었지요.

그래도 저는 어머니와 아버지의 인정보다 친구들에게 인정받는 사람이 되고 싶었습니다. 어머니와의 갈등은 그때부터 시작되었습니다. 어머니는 여전히 공부 잘하고 말 잘 듣는 딸을 원하셨고, 저는 그런 어머니의 바람에 저를 맞추기 싫었던 까닭이지요.

고등학교에 올라가면서 저는 공부와는 완전히 담을 쌓은 채,

친구들과 어울리는 데 온 관심을 쏟았습니다. 그러면서 성격도 많이 바뀌었습니다. 친구들과의 사이도 좋아지고 성격도 적극적으로 변해갔습니다. 그러다 고3이 되어서는 반장을 맡기도 했어요. 활발해진 성격 덕분에요.

저는 대학에 학생부위주전형으로 진학했습니다. 고등학교 때의 활발한 활동이 종합전형에 유리했기 때문입니다. 제가 만약 공부만 했더라면 어느 수준의 성적을 올렸을까? 생각해봅니다.

어머니는 지금도 제가 계속 열심히 공부했더라면 좀 더 좋은 대학에 갈 수 있었을 거라고 아쉬워하세요. 그렇지만 저는 그렇게 생각하지 않아요. 성적이 떨어진 대신 소중한 인생 경험들을 많이 얻었다고 생각하기 때문입니다.

뚜렷한 꿈을 세우기에 충분한 인생 경험은 아니었지만, 제 대학 입시에는 분명 많은 도움이 되었다고 생각합니다.

제가 어머니와 아버지에게 가장 불만이었던 점은, 두 분이 자주 싸우신다는 것이에요. 그것도 자녀들이 보는 앞에서 서로에게 경멸에 찬 욕을 하시면서⋯. 엘리트이신 두 분은 평소 다른 사람들한테는 참 잘하십니다. 그런데 일단 싸움이 붙었다 하면, 정말 유치하고 저속한 말들을 내뱉곤 하십니다. 성격이 정반대이신 두 분은 한쪽이 져주거나 참는 법이 없습니다.

부모님이 싸우실 때면 동생과 저는 방에서 숨을 죽이고 있곤 했어요. 자식들 앞에서 싸우는 건 정말 삼가야 할 일이라고 고개를 주억거리면서요. 부모님이 서로 사랑하는 모습을 보여주셔야, 우리가 그 사랑 속에서 태어났다는 행복감이 들지 않을까요?

아버지는 가족이라는 울타리를 만드는 데도 욕심이 많으셨습니다. 비록 표현이 서투셔서 우리한테 다정한 말 한마디 건네는 법은 없으시지만, 거실의 벽면이 꽉 차게 커다란 가족사진을 걸어 놓고 흐뭇해하시는 그런 분입니다. 또한, 우리를 데리고 여행을 자주 가시는 편이었습니다.

어린 우리를 푸껫이나 괌 같은, 가까운 해외에 데리고 다니곤 하셨어요. 지금도 그 이국적인 풍경 아래에서 우리 식구가 즐거워했던 여행의 기억이 제 가슴속에 그대로 남아 있습니다. 부모님이 자주 싸우시는데도 동생과 제가 엇나가지 않고 잘 큰 데는 그런 여행의 기억이 남아 있기 때문이 아닐까요? 비록 경제적으로 그리 여유가 많은 편은 아니었지만, 그 속에서도 아버지는 그런 여행 이벤트를 자주 마련하려고 노력하셨습니다.

아버지는 제가 어렸을 때부터 지금까지 자신의 위치에서 '일류'가 되기를 원하십니다. 자신의 분야에서 최고가 되어, 이끌려가기보다는 이끌어가는, 사회의 리더 그룹에 속하라고 항상 말씀하셨습니다. 예전엔 아버지의 그런 일류 의식이 부담스럽기도 했습니다. 그래서 저는 그런 아버지의 바람에 맞추려고 애쓰지도 않았었습니다.

아버지는 이런 바람뿐만 아니라, 또 다른 면도 강조하셨어요.

뛰어나면서도 거만하지 않고, 자신보다 더 낮은 사람들과도 허물없이 지내는 사람이 되라고 말이에요. 여행할 때마다 아버지가 들려주신 이런 이야기들이 생생하게 기억납니다. 때로는 반항하기도 했었지만, 저도 모르게 아버지의 말씀을 되뇌며, 지난 시간보다 더 나은 사람이 되려고 노력하는 게 사실입니다.

어느새 제 머리 깊숙이 어느 분야에서나 최고가 되기 위해 노력하라는 아버지의 말씀이 새겨진 것 같습니다. 아버지는 제게 여자라고 해서 집안 살림에만 만족해서는 절대 안 된다고, 누누이 말씀하셨습니다. 그 덕분에 저는 항상 제 일에서 뭔가를 성취해내려는 강한 의지를 갖게 되었고요. 다른 사람들도 그런 저를 보고 독립적이고, 무엇을 하더라도 잘할 것 같다는 이야기를 해주시곤 합니다.

아버지가 해주신 말씀 중에 또 기억에 남는 것이 있어요. 영어의 'I'는 어디에 놓아도 'I'라는 것입니다. 다른 단어들은 문장 중간에 놓으면 다 소문자로 바뀌지만 'I'만큼은 문장의 앞에 놓이든, 문장의 뒤에 놓이든 항상 대문자로 쓰인다는 것입니다.

그것처럼 어떤 환경에 있든 '나'는 '나' 자신을 똑바로 알고 지켜나갈 수 있어야 한다고 강조하세요. 자신이 원하는 것이 무엇인지, 자신이 어디로 가고 있는지, 어디로 가야 하는지 정확하게 알고 있어야 한다고 하시면서….

저도 그런 사람이 되고 싶습니다. 세상 어디에 있어도 나만의 진짜 모습을 잃지 않는 사람, 사람들과 자연스럽게 어울리면서도 나만의 개성을 잃지 않는 사람, 그런 진짜 '나'로서 존재하고 싶습니다.

이 세상에서 가장 어려운 것 중의 하나가 자신을 제대로 아는 일이라는 생각이 듭니다. 아버지의 말씀처럼 어느 곳에서나, 어느 때나 저 자신을 잃지 않는 그런 사람이 되려고 노력하고 있습니다.

interview

작가 : "희정 양의 초·중학교 때 어머니의 '공부 욕심'이 희정 양이 명문대에 진학한 밑거름이 되었다고 봅니다. 공부를 잘할 수 있었던 비결이 뭐라고 생각하나요?"

희정 : "저는 중학교 때까지 오로지 공부를 위해서 살았어요. 국, 영, 수는 물론 사회·과학 같은 암기 과목도 가리지 않고 열심히 공부했어요. 주로 복습을 철저히 하는 공부 방법을 택했고요. 물론 부모님의 강요에 의한 공부였지만, 그렇게 이를 악물고 공부한 게 밑거름이 되어, 고등학교 때는 제가 하고 싶은 공부를 찾아서 할 수 있었던 것 같아요. 좀 진부한 표현이지만, 제 공부에 왕도가 있었던 것은 아니라고 봐요! 공부를 쉽게 하려고 해서는 절대 발진이 없다고 믿을 뿐이에요. 저는 어머니 때문에 악바리 근성이 생기긴 했어도 전형적인 '공부벌레' 타입은 아니었다고 생각합니다."

스스로 깨닫게 하라.
어렵게 얻는 것이 오래가는 법이다

어머니는 제 몸으로, 제 마음으로 세상을 배워야 한다고 하셨습니다.
그렇게 배운 것들은 지금도 저에게 가장 소중한 것으로 남아 있습니다.

연세대학교 공학계열에 합격한 기윤이는 서울에서 태어났다. 중학교 때까지는 얌전하고 내성적이었으나, 고등학교에 입학하면서 적극적이고 활동적인 성격이 되었다. 취미로 음악을 자주 듣지만, 뮤직비디오 보는 걸 더 좋아한다.

매년 봄이 되면 우리 가족은 산이나 들로 자주 소풍을 가곤 했습니다. 그래서 어릴 때부터 산이며 들에 난 풀과 동물들이 저에게는 익숙한 것들이었습니다. 부모님은 언제나 몸과 마음으로 먼저 느끼게 한 다음, 제 의문을 차근차근 풀어 주셨습니다.

제가 초등학생 때 학교에서는 '자연을 보호하라'라고 가르치며 자연보호 포스터를 그리게 했었습니다. 그 당시 '자연보호'는 제게 딱딱한 교과목처럼 느껴졌던 게 사실입니다. 그러나 우리 부모님은 조금 다르셨습니다. 포스터를 그리기 어려워하고 싫어하는 저를 데리고 이제 막 봄의 초입에 들어선 계곡으로 소풍을

간 것입니다.

바닥의 돌이 다 드러나 보이도록 맑은 물, 졸졸거리는 물소리, 새소리, 노란 꽃망울을 터뜨리던 산유화….

어머니는 제 눈을 가리시고는 "자 한번 들어봐…, 이게 자연의 소리거든" 하셨습니다. 저는 그 순간 저를 감싸고 있는 거대한 숲의 상쾌함을 느꼈습니다. 이후 저는 '자연은 이런 거구나! 자연은 꽃이고, 자연은 물이구나. 상쾌한 이 기분, 자연은 정말 좋은 거구나!' 하며 자연을 사랑하게 되었습니다.

어머니는 저에게 이렇게 속삭였습니다. "너무 좋지? 기윤아. 우리가 사는 아파트와는 다르지 않니? 이런 자연이 있어서 우리가 숨을 쉴 수 있는 거야! 그런데 이런 게 없어지면 어떡하니? 저기 있는 꽃들이 말라 죽고, 물은 더러워지고, 공기도 나빠진다면… 말이야."

그렇게 전 어머니로부터 자연을 배우며 중요한 것들이 무엇인지 깨달아 갔습니다. 인생에서 가장 중요한 것들은 초등학교 저학년 때 다 배운다는 말도 있지 않나요? '자연을 왜 보호해야 하는지, 왜 이웃을 도와야 하는지!' 등을요.

어머니는 이런 것들을 제가 몸소 느끼도록 이끌어주신 것입니다. 어린 제게 영어알파벳보다 소중한 것들이 있음을 먼저 가르쳐주신 어머니. 정말 지혜로우신 분 아닌가요?

우리 부모님은 무엇이든 쉽게 가르쳐주시는 법이 없었습니다.

제가 뉴스를 보다가 "아빠, 청와대가 뭐야?"라고 물으면 아버지는 바로 설명해 주시지 않고, 책꽂이에서 신문이며 책들을 갖고 오셨습니다. 그러곤 청와대에 관한 내용이 있는 곳을 찾으셔서 "직접 찾아서 읽어 보렴. 그래야 기억에 오래 남는 법이야. 읽어 보고, 그래도 모르는 부분이 있으면 물어보렴" 하셨습니다.

처음엔 그런 것들이 귀찮기도 하고, 왜 빨리 대답해주지 않으시지! 라고 불만스러워하기도 했습니다. 그러다 이제야 그것이 얼마나 현명한 교육 방법이었는지 깨닫습니다. 아마 그때 아버지가 "청와대는 이런 데야~"라고 설명해 주시는 것으로 그쳤다면, 저는 지금까지 이렇게 오래 청와대의 전모를 기억하고 있지 못할 것입니다.

저는 조금은 어려운, 청와대에 관한 설명이 실린 백과사전을 더듬더듬 읽어나갔고, 더불어 청와대 관련 사진을 자세히 볼 수 있었습니다.

이런 습관이 몸에 붙자, 저는 항상 궁금하고 모르는 것을 선생님께 바로 묻기보다는, 책을 찾아보고 생각하는 과정을 거치게 되었습니다. 물론 시간이 더 걸리고 어려운 방법이긴 했지만, 결국 이런 방법이 저에게 더 많은 지식을 확실하게 얻을 수 있도록 해준 교육 방법인 셈입니다.

아버지는 제가 공부하다 모르는 게 생길 때마다 좋은 선생님이 되어주셨습니다. 같이 책을 찾아가며 알기 쉽게 설명해 저의 이해를 도와주셨을뿐더러, 예를 들어가며 머릿속에 쏙쏙 박히게 해주셨습니다. 때론 온갖 몸짓을 동원해가며 제가 이해할 때까지 설명해 주시곤 했고요.

"아빠, 종이컵에 물을 넣고 옆면에 구멍을 뚫은 다음, 높은 곳에서 떨어뜨리면, 떨어지는 동안에 물이 새지 않는 이유가 뭐예요?"라고 물으면 "그래 우리 한번 실제로 해볼까?" 하시고는 종이컵을 가지고 와 직접 실연하시기도 하셨어요. 제가 쉽게 그 이치를 깨달은 것은 당연지사 아닐까요? 그뿐만 아니라 아버지의 설명에 힘입은 그런 깨달음은 제 기억에 오래도록 남았습니다. 그로 인해 제가 잘 알지 못하던 과학에 흥미를 가지게 된 건 덤이었습니다.

그렇게 아버지의 도움 속에 초등학생 때 길들여진 공부 습관은, 중학교 때 빛을 발하며 제가 3년 내내 상위권 성적을 유지하는 원동력이 되었습니다. 그 결과 저는 고등학교 1,2학년 때까지도 상위권 성적을 지켰습니다. 하지만 고3이 되면서 엄청난 심적 부담과 저 자신에 대해 상당한 회의를 느끼게 되었습니다.

'내 낙천적인 성격도 한계에 다다른 걸까! 고3 과정을 이겨내는 게 이렇게 힘든 걸까! 항상 모든 일이 수월하기만 하고, 어떤 장애물도 나를 막을 수 없다고 생각해 왔는데…. 내가 이렇게 나약한 사람이었나?'

그러다 고3 첫 모의고사를 치르게 되었습니다. 이후 제 성적은 계속 곤두박질치기만 했습니다. 성적이 잘 나온 친한 친구는 좋아라, 하는데 저는 죽을 맛이었습니다. 자신감은 다 어디로 사라진 걸까?…. 스트레스 때문인지 밥맛도 없고 먹어도 소화가 잘 안 되었습니다.

급기야 저는 스트레스성 장염으로 쓰러지고 말았습니다. 아버지가 직장에 휴가를 내시고 저를 병원에 데리고 가실 정도였습니다. 어머니도 저를 밤낮으로 돌보아 주셨습니다. 제가 봐도 제 얼굴이 반쪽이 되어버린 것 같았습니다. 그 힘들다는 고3 시절을 어떻게 견뎌내야 할지 정말 난감했습니다.

잠이 오지 않아 뒤척이던 밤, 어머니가 제 옆에 앉으시며 말씀하셨습니다.

"기윤아! 너만 힘들다고 생각하지 마. 다른 애들을 한번 둘러봐. 힘들어하는 건 다들 마찬가지 아닐까? 낙천적인 네가 이렇게 힘들어한다면 다른 애들은 더 힘들어할지도 몰라. 엄마가 항상 그랬잖아! 주위를 둘러보며 힘들어하는 친구를 도와주는 사람이 되라고…. 네가 도리어 힘들어하는 친구들을 도와주어야 한다고 생각해봐! 그럼 힘이 날 거야…."

남들에겐 별것 아닌 말일 수도 있겠지만, 어머니의 그 말씀은 제게 무척이나 큰 힘이 되었습니다. 어머니는 같은 상황이라도 다르게 보고, 다르게 느끼는 혜안을 가지신 듯했습니다.

몸이 좀 나아져 학교에 가보니, 얼마 전까지만 해도 저를 빼고는 다 즐거워 보이던 친구들이 오늘따라 힘없고, 풀이 죽어 보이는 것이었습니다!

그랬습니다. 저만 힘든 게 아니었습니다. 밝게 웃어 보이려 애쓰지만, 힘든 건 사실 다른 친구들도 마찬가지였던 것입니다. 고3 수험생으로서 받는 온갖 스트레스와 고통을 저만 느끼는 게 아니었습니다.

'그래! 힘내야지. 새로운 마음으로 다시 시작하는 거야. 더는 쓸데없이 스트레스받으며 나를 괴롭히지 말자! 파이팅!'

그렇게 마음먹으니 마치 마술처럼, 지금껏 차곡차곡 쌓여온 스트레스가 모두 날아가 버린 것만 같았습니다. 정말 마음의 힘이 대단하게 느껴졌습니다. 아니, 그런 마음의 힘을 찾게 해주신 어머니가 대단하다고 느꼈습니다.

그 후 저는 큰 부담감 없이 공부에 열중할 수 있었습니다. 고3으로서 해야 할 학습 계획을 세우고 계획대로 하나하나 착실하게 이행해나갔습니다.

저는 과목별로 플래너에 학습 계획을 짜면서 특정 과목에만 집중하지 않으려 애썼습니다. 제가 플래너에 꼭 기재했던 내용은 하루 동안의 과목별 목표치와 공부 시간이었습니다. 아침에 플래너에 과목별 하루 공부 목표량을 적고, 그것을 달성할 때마다 체크표시를 하며 성취감을 느꼈습니다. 그 덕분에 공부할 의욕을 더 얻을 수 있었습니다.

또한, 자기 전, 하루에 공부한 시간을 기재했습니다. 그러다 보면 열심히 공부한 날에는 뿌듯함이 느껴지고 '내일은 오늘보다 더 열심히 공부해야지!' 라는 목표가 생겼습니다. 그뿐만 아니라 하루 일과를 마무리하며 느낀 점을 간략하게 적어 다음 학습 계획을 세우는 데 참고했습니다.

공부 의욕이 떨어져 학습량이 부진했던 날에도 솔직하게 공부 시간이나 느낀 점을 기록하면 '내일은 더 열심히 해야겠다' 라는 의욕이 생기기도 했습니다.

특히 오늘 공부하지 못한 과목, 공부하면서 부족하다고 느꼈던 점을 적어 놓았더니, 플래너를 들춰볼 때마다 피드백을 쉽게 받을 수 있었습니다. 이는 제 공부의 취약점을 보강하는 데 상당히 도움이 되었습니다.

공부에는 변수가 워낙 많고, 스스로 공부하면서 얻는 깨달음이 크기 때문에 학습플래너 작성이 누구에게나 좋다고 할 수는 없겠지요. 그렇지만 저는 이렇게 수능 준비를 함으로써 좋은 결과를 얻을 수 있었습니다.

이제 대학생이 된 저는 어릴 때 부모님으로부터 배웠던 소중한 교훈들을 가슴에 담고, 더 큰 배움의 길로 나서려 합니다.

지금 와 생각해보면 고3 생활도 나름대로 의미 있고 재미있을 수 있다는, 뒤늦은 깨달음이 듭니다. 정말 자기 하기 나름이고, 마음먹기 나름입니다. 스트레스받으며 억지로 공부하는 것은, 결국 자기 손해일 뿐입니다. 온종일 독서실에서 열심히 공부하는 것이 얼마나 행복한 일인지 지금에서야 깨닫습니다.

(interview)

작가 : "기윤 군은 초등학생 때부터 공부 습관이 잘 든 것 같은데, 부모님이 특별히 세웠던 교육 계획이 있으셨나요?"
어머니 : "그런 건 전혀 없었어요. 다만, 초등학교 때는 암기나 요령만 익히는 공부 방식으로 어느 정도 두각을 나타낼 수 있겠지만, 중·고등학교에 올라갈수록 폭넓은 학습 방법으로 공부한 아이들을 따라갈 수 없다고 보았지요.

그것은 우리 부모들도 학창 시절에 느꼈던 점 아닐까요! 그런 만큼 아이 스스로 답을 찾아가도록 길을 열어주고 싶었어요. 꼭 정답을 찾아내진 않더라도 혼자 답을 찾아가는 과정에서 성취감을 느끼게도 해주고 싶었고요. 저와 제 아이는 그 부분을 잘 이행했을 뿐이에요. 그게 기윤이가 공부를 잘하게 된 동기라고 생각합니다."

가끔은 딸에게도 져주어라

부모님은 고집쟁이인 제 의견에 따라주실 때가 많았습니다.
하지만 그만큼의 책임이 함께 따른다는 것은
한참 후에야 알게 되었습니다.

연세대학교 이과대학에 합격한 서영이는 연세대 근처에서 태어나 연세대 캠퍼스가 놀이터이기도 했다. 취미는 영화감상과 음악감상이며, 굳이 특기를 들자면 논술 공부를 해서인지 글을 좀 쓸 줄 안다.

제가 이만큼이나마 나름 뜻을 이룬 것은, 어머니가 제 공부 기초를 잘 닦아주셨기 때문입니다. 제가 초등학생 때부터 어머니는 공부하다 제가 잘 이해하지 못하는 부분이 있으면 하나하나 설명해주셨고, 방학 때면 반드시 다음 학기에 배울 것을 예습시키셨습니다. 그때 저는 많은 공부량은 아니었지만, 그날의 공부 분량은 반드시 그날 끝내는 습관을 들였지요. 그러지 않으면 어머니에게 꾸중을 듣기 때문이기도 했고요.

그런 버릇이 들어서인지 중·고등학교에 올라가서도 마찬가지로 그날의 공부 분량은 그날에 끝내야 마음이 편했습니다. 심지어 시험을 코앞에 두고도 그날에 할당된 분량의 공부를 완전히 끝내고 나서야 과목별 시험 공부를 할 정도였으니까요. 어린 시절 어머니의 지도로 부지런하고, 규칙적인 생활 습관이 몸에 밴 탓이었습니다.

부모님은 공부하라며 강압적으로 저에게 스트레스를 주신 적은 없습니다. 그래서인지 고3이 되어서도 저는 편안한 마음으로 공부할 수 있었습니다. 항상 12시 이전에는 잠자리에 들었고, 또 중간·기말고사, 모의고사가 끝나는 날이면 친구들과 영화도 보고, 어울려 놀기도 했습니다.

지금에서야 어머니는 그런 제가 무척 걱정도 되었고, 공부하라는 잔소리를 하고 싶기도 하셨다고 털어놓으십니다. 하지만 그 당시에는 저에게 한 번도 잔소리하신 적이 없었습니다.

중·고등학교 시절 6년을 통틀어 저는 독서실에 다녀본 적이 한 번도 없습니다. 그러다 고3 때 친구들이 독서실에서 밤늦게까지 공부하고 새벽 1시나 2시에 귀가한다는 말을 듣게 되었습니다. 불안해진 저는 부모님에게 저도 독서실에서 공부하겠다고 말해 보았지만, 부모님은 그냥 집에서 공부하라고 하셨습니다. 덕분에 저는 부모님의 눈을 피해 친구들과 어울려 놀거나, 허튼 데 빠지는 일 없이 그 시절을 보냈습니다.

저는 고집이 세고 욕심이 많은 편입니다. 그래서인지 부모님과 갈등이 생길 때가 많았습니다. 고3 때 독서실에 다니겠다고 고집부린 것도 그 한 단면입니다. 제가 며칠을 두고 조르자, 부모님은 정 그러고 싶으면 학교 친구들이 없는 독서실을 다니라고 하셨습니다. 그런 부모님이 못마땅해 저는 며칠 동안 부루퉁한 얼굴로 지내기도 했습니다. 지금에서야 부모님의 그때 판단이 옳았다고 생각하지만요.

3학년 초에는 학원 문제로 갈등을 빚었습니다. 부모님은 종합반에 등록해 공부하라고 하셨고, 저는 혼자서 할 수 있으니 몇몇 과목만 수강하겠다고 했거든요. 그 일로 또 며칠간 부모님과 논쟁하게 되었고, 제 고집을 꺾지 못한 부모님은 마지못해 제 생각대로 하라고 하셨지요.

이 밖에도 부모님과 저 사이에는 갈등이 참 많았습니다. 그럴 때마다 부모님은 웬만하면 제 의견을 존중해주셨고, 후회되더라도 제 선택에 책임을 지도록 가르치셨습니다.

대학 입시 정시모집에서 저는 서울대와 연세대에 중복 합격되었습니다. 이때도 부모님은 제가 서울대에 입학하길 바라셨지만, 저는 연세대에 진학하고 싶었습니다. 며칠간의 고민과 갈등을 거친 후 부모님은 대학 입시 컨설팅을 해주셨던 김기영 선생님과 상담하셨고, 결국 제 뜻대로 연세대에 입학하게 되었습니다.

이렇게 중차대한 선택을 앞두고도 부모님은 제 의견을 존중해주신 것입니다. 물론 그에 따른 책임은 전적으로 저에게 지워지는 것이었지만요….

고3이 되면 누구나 열심히 공부만 하겠다고 다짐하곤 합니다.

그러나 그게 그리 쉬운 일만은 아닌 듯해요. 그럴수록, 공부할 게 많을수록, 더더욱 놀고 싶은 게 사람 마음인 것 같습니다.

저는 원래 사람들과 어울리거나 여기저기 놀러 다니는 것을 좋아합니다. 고1,2 때까지는 토, 일요일에도 시험 기간만 아니면 친구들을 만나서 놀곤 했습니다. 그러다 본격적으로 공부해야겠다는 생각이 든 건, 친구들이 절 잘 만나주지 않으면서였어요.

고2 겨울방학 때부터 주말에 만나는 횟수를 줄이자고 친구가 의견을 냈고, 저는 그렇게 하기로 했습니다. 처음에는 공부에 몰입이 잘 안 되었습니다. 비록 그 시간에 공부에 몰두하진 않더라도, 저는 밖으로 나다니지 않도록 노력했습니다.

이렇게 집에 있는 습관을 들이면서 자연스레 공부도 하게 되었어요. 저 스스로 저를 다스리는 과정이었던 셈이지요. 가끔 놀 기회가 생기면 정말 신나게 놀았습니다. 시험이 끝난 날이니 친구 생일 등 특별한 날에는 빠짐없이 놀고 싶은 만큼 놀았습니다. 그렇게 친구들과 한 번씩 놀고 나면 스트레스가 풀리고, 다음 날 공부가 더 잘되곤 했습니다.

사실, 한 번도 놀지 않고 공부만 하는 기계가 될 수는 없는 노릇이잖아요. 제 경험상 놀 때는 확실하게 노는 게 더 좋을지도 모릅니다. 그러나 한 가지 간과해서는 안 될 게 있습니다. 놀고 난 다음에는 반드시 마음을 가다듬고 책상 앞에 앉아 공부를 시작해야 한다는 것 말입니다.

고1,2 때 제 내신 성적은 다소 좋은 편이었지만, 모의고사 성적이 좋지 못했습니다. 그 당시엔 '고3부터 열심히 공부하면 될 거야…,'라고 생각하며 그다지 걱정하지 않았습니다. 그러나 막상 고3이 되자 걱정이 앞섰고, 내신 성적을 따라잡지 못하는 모의고사 성적 때문에 슬럼프에 빠지게 되었습니다.

뒤처지는 모의고사 성적을 올리기 위해 3학년이 되면서부터 저는 보충학습을 받았습니다. 그런데도 3학년에 올라와 처음 본 모의고사 성적이 기대했던 것보다 나빠 좌절감에 빠졌었습니다. 특히, 수학 점수가 좋지 않았습니다.

'열심히 한다고 했는데…, 왜 성적이 오르지 않는 걸까?'

부모님의 얼굴을 뵙기도 민망했습니다. 그 뒤부터 공부를 멀리하기 시작했습니다. 노력해봤자 성적이 안 오른다는 자괴감 때문이었습니다.

그럴 즈음 어머니와 함께 대학 입시 교육 전문가이신 김기영 선생님을 만났습니다. 그런데 선생님은 제 모의고사 성적을 그다지 심각하게 받아들이지 않으셨어요.

"3학년 첫 모의고사를 얼마나 잘 보리라 기대했니? 3월 한 달 동안 조금 열심히 공부하곤 성적이 크게 오르리라 기대한 건 아니겠지? 그래도 꿋꿋이 공부한다면, 4월이 지나면서 그 효과를 보게 될 거야."

선생님의 말씀에 속이 뜨끔했습니다. 조금 열심히 공부하곤 성적이 금세 오르리라 기대한, 어리석고 못난 제 모습을 똑바로 바라볼 수 있었기 때문이에요. 선생님과 저는 앞으로의 공부 방법에 대해서도 많은 의견을 나누었습니다.

'그래, 선생님 말씀대로 계속 열심히 공부하면 좋은 성과가 있을 거야! 이제 겨우 새 학년 초일 뿐이잖아!'

그렇게 두 달이 지나고, 전국 3학년의 두 번째 모의고사 시험날이 다가왔습니다.

'이번에는, 이번에는 좋은 결과가 있겠지…, 제발….'

시험 전 선생님은 이런 말씀을 해주셨습니다.

"공부라는 면에서 볼 때 고3 학생, 즉 서영이는 프로야. 그동안 많은 시험을 봐왔고, 또 많은 공부를 해왔잖아. 또한, 어떻게 공부해야 하는지도 서영이가 가장 잘 알아. 프로는 언제 어디서나 최선을 다해야 하는 거야…."

귀를 쫑긋 세우고 선생님의 말씀을 새겨들은 저는 나름 최선을 다해 공부했습니다. 그리고 두 번째 모의고사 결과지를 받아들었습니다. 기대했던 수학 점수가 꽤 나왔고, 지난 시험보다 총점도 25점 정도가 올랐습니다. 그 뒤부터는 꾸준히 시험 점수가 오르기 시작했고요. 그 사이 슬럼프는 어디론가 사라져버렸습니다.

초·중·고 12년 동안의 공부를 끝맺음하는 수능시험을 치렀습니다. 결과는, 국어 시험을 잘 못 본 탓에 예상보다 점수가 조금 낮게 나왔습니다. 정말 속이 많이 상했습니다. 아쉬워하기는 부모님도 마찬가지였습니다. 꼭 연세대에 가고 싶었는데…, 아무래도 힘들 것 같았습니다.

저는 수시 때 논술전형으로 연세대를 비롯해 의과대학 등에 원서를 냈었습니다. 그런데 모두 불합격했습니다. 연세대를 꼭 가고 싶은데…, 재수를 해야 할까? 이러지도 저러지도 못하는 상황에 부대끼며 제 신경은 날카로워지기만 했습니다. 부모님에게 짜증을 내는 일도 많아졌고요.

그러나 제 마음을 아시는 부모님은 제게 화 한번 내지 않으셨습니다. 오히려 "조금만 기다려보자. 정시모집에 원서를 냈으니까, 무슨 소식이 있겠지!"라고 저를 다독이셨습니다. 부모님은 김기영 선생님과의 상담 후 원서를 낸 서울대와 연세대 정시모집에 기대를 걸고 계셨던 것입니다.

'합격!'…, 저는 서울대와 연세대에 모두 합격했습니다. 부모님이 함께 기뻐해주셨음은 말할 것도 없지요. 그간 제가 힘들어할 때마다 저를 이해해주시고, 보듬어주신 부모님에게 너무나 감사한 마음이었습니다. 부모님의 끊임없는 관심과 사랑, 정성이 제게 이처럼 기쁜 순간을 선물해 준 게 아닐까요?

지금 뒤돌아보면 작은 틀 안에서 힘들어하고, 괴로워하고, 지치기만 했던 제가 보입니다. 아마도 우리나라 교육 체제 속에서 십 대를 보내는 친구들이라면 누구나 그러리라 생각합니다. 하지만 동시에 제가 어른이 되는 과정을 겪어왔다는 생각이 들기도 합니다. 그렇게 힘들어하면서, 더 많이 생각하고, 더 많이 느끼면서 조금씩 성장해온 게 아닐까요?….

> interview

작가 : "서영 양은 고3 때 김기영 선생님과 공부 방법에 대해 많은 의견을 나누었다고 했는데, 당시 선생님이 들려준 조언 중 가장 기억에 남는 이야기와 효과적인 공부 방법은 무엇인가요?"

서영 : "선생님은 '공부에는 왕도가 없다'라고들 하지만 공부를 잘하거나 성공한 사람들이 걸어간 길을 가만히 더듬어 보면 '나만의 지름길'을 찾을 수 있다고 하셨어요. 그러시면서 '공부를 잘한 사람들은 자신이 설정한 목표를 달성할 때까지 결코 멈추는 법 없이 공부에 매진했다. 자신이 정한 목표를 어떤 일이 있어도 이루어내겠다는 각오 없이는 절대 공부를 잘할 수 없다'라고 하셨고요. 공부는 자기 자신과의 싸움이라고 하시면서요.

이는, 공부는 고독하고 고통스러운 것이지만 '강한 의지'를 갖고 고도의 집중력을 발휘하면 목표한 바를 충분히 해낼 수 있다는 뜻 아닐까요?

한편, 저에게 선생님이 말씀해주신 '나만의 지름길'은 체계적으로 문제 유형을 익히는 것이었습니다. 선생님께서 '수능 문제는 매년 바뀌지만 출제유형은 크게 바뀌지 않으므로 유형을 익혀라'라고 하셨거든요.

수학은 숫자만 바뀔 뿐이라는 선생님의 조언에 따라, 기본 개념을 이해하기 위해 수업시간에 배운 교과서 문제를 집중적으로 풀었습니다. 또한, 서술형 평가에 대비해 교과서 풀이과정을 차근차근 공부했습니다. 양보다는 질을 우선했고요.

특히 수학 교과서나 참고서의 문제를 전부 풀고 난 다음에는 반드시 수학 공식을 수학 노트에 간단히 정리해 놓았습니다. 이 방법은 수학 공식을 체계적으로 이해하고 암기하는 데 큰 도움이 되었어요. 이때 잘 외워지지 않는 수학 공식은 쪽지에 옮겨 적은 다음, 자투리 시간을 이용해 100% 정확하게 암기했습니다.

영어도 유형을 익히고 나니까, 지문의 맨 끝 문장만 보아도 답을 알 수 있었어요. 부정어만 잘 찾으면 문제없었습니다. 빈칸 넣기 문제의 경우 답을 넣었을 때 뒷문장과 잘 연결되는지, 문장의 순서를 파악하는 문제의 경우 전체 주제 속에서 앞뒤 문장이 논리적으로 연결되는지 등 문제 유형을 중점적으로 익혀 나가면서 공부했습니다.

과학은 수업 중에 배운 기본 원리를 이해한 후 공식이 도출되는 과정을 훈련하고, 실생활에 빗대어 적용한 학습 내용을 머릿속에 새겨 넣었습니다.

그리고 과학 과목은 학교 수업에 직결되는 교과서 위주로 공부했어요. 과학 교과서를 공부할 때는, 본문은 한 번만 읽어 보고 바로 문제를 풀었습니다. 한 문제씩 풀 때마다 본문에서 해당 부분을 찾아가며 공부했고요. 그런 다음 본문의 주요 내용을 과학 노트에 간단히 정리해 두었지요. 그랬더니 단순히 문제만 푸는 것보다 훨씬 깊이 있게, 체계적으로 공부할 수 있었습니다.

국어는 수능 기출문제 위주로 공부하면서 모르는 문제만 국어 자습서를 참고했어요. 수능 기출문제를 먼저 공부하면 수능시험의 출제 경향과 제 취약점을 쉽게 알 수 있어서 국어 공부의 방향을 정확하게 설정할 수 있었거든요.

국어 공부를 하는 동안 가장 중요했던 것은, 지문 중 모르는 낱말이 나올 때 반드시 국어사전을 찾아보아야 한다는 점이었어요. 그러지 않고 그냥 진도를 나가면 국어 성적이 향상되지 않더라고요. 김기영 선생님은 국어에서 고득점을 받으려면 '정확한 어휘력이 필수 조건'이라고 일러 주셨습니다.

제가 후배들에게 한 가지 팁을 준다면, 자신에게 알맞는 공부 방법은 일찍 설정할수록 좋다는 것입니다. 위에 언급한 각 과목별 학습 방법은 제가 고3 때 공부한 방법입니다. 만약 자신만의 공부법이 있다면 그것을 토대로 슬럼프가 와도 위축되지 말고 그 공부법을 고수하는 게 좋습니다. 고3 때 공부법을 이리저리 바꾸다 보면 자칫 리듬이 깨지기 쉽기 때문입니다."

지금 잠을 자면 꿈을 꾸지만, 지금 공부하면 꿈을 이룬다.
Sleep now, you will be dreaming,
Study now, you will be achieving your dream.

꿈이 바로 앞에 있는데, 당신은 왜 팔을 뻗지 않는가?
Your dream is in front of you, Why not stretch your arm?

< 하버드 성공비결 명언 중에서 >

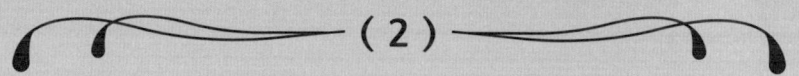

꿈과 목표가 있다면, 불가능이란 없다

목표를 이루고 싶은 절박함은 책을 펴게 한다.

아들과 함께할 수 있는 취미를 가져라

아버지는 평소 제 공부에 대한 어떤 말씀도 하지 않으셨습니다.
하지만 함께 비틀스의 노래를 듣는 동안
아버지의 마음이 그대로 전해져 오는 걸 느꼈습니다.

서울대학교 자연과학계열에 합격한 현수는 서울에서 태어났다. 취미는 음악감상. 특히, 아버지가 좋아하시는 비틀스와 이승환의 노래를 즐겨 듣는다. 특기는 프로게이머나 되어볼까? 할 정도의 수준이다.

"이리 와서 숟가락이라도 좀 놔요."

어머니가 주방에서 외쳤지만, 아버지와 저는 여간해서는 거실에서 움직이려 하지 않습니다. 왜냐하면 둘이서 거실 소파에 앉아 눈을 감고는 코를 벌름거리며 오늘 저녁 반찬은 뭘까? 맞히기 게임을 하는 게 더 재미있으니까요!

"오늘 반찬은 뭘까?"

"음… 김치찌개!"

"아니야, 이건 대구탕 냄새인 거 같은데?"

아버지와 제가 더욱 크게 코 평수를 늘리고 있노라면, 어머니는 아랫입술을 꽉 깨물곤 국자를 쥔 손을 허리에 얹으신 채 우리를 향해 인상을 팍 쓰십니다. 그러면 아버지는 슬금슬금 일어나서는 주방으로 가시지 않고 전축 앞으로 가십니다. 이 전축은 두 분이 신혼 때 사신 거랍니다. 그러니 저보다 나이가 더 많은 셈입니다. 전축은 아버지의 보물 1호나 다름없고, 어머니는 한 달 치 생활비를 쏟아부은 거라며 낡아가는 전축을 애지중지하시지요.

아버지는 그 많은 레코드판 중에서 촌스러운 양복을 입은, 그룹 '비틀스'를 고릅니다. 그러고는 둥그런 판 위에 바늘을 조심스레 올려놓습니다. 오래된 레코드판은 지직거리며 음악을 토해 냅니다.

"♪ ♫ Let it be~ Let it be ♪"

아버지가 양반다리하고 앉은 채 몸을 좌우로 흔들며 노래를 따라 부르시면, 저도 그 옆에서 아버지를 따라 합니다. 그런 부자를 본 어머니는 아무 말 없이 계속 저녁 식사를 준비하시고요.

아버지와 저는 비틀스 아저씨들 덕분에 숟가락 놓기에서 해방됩니다. 그러다 보면 집 안에 고소한 참기름 냄새가 퍼지고, 나지막하게 따라 부르시는 어머니의 콧노래가 들려옵니다. 그러면 아버지는 저에게 한쪽 눈을 찡긋하며 윙크하십니다. 저도 아버지에게 윙크하려 하지만 두 눈이 다 감기고 맙니다.

아버지는 팝송을 듣는 게 취미입니다. 그것도 모두 올드 팝이에요. 다른 집에 가면 TV 소리로 시끄럽지만, 우리 집에는 늘 팝송이 흐릅니다. 학교 노래자랑에서 친구들이 만화영화 주제가를

부를 때 저는 팝송을 부르곤 했습니다. 제 노래를 들은 친구들의 눈이 휘둥그레지고, 놀라는 선생님의 표정을 보노라면 정말 기분이 좋았습니다.

중학생이 되면서 이제 저는 팝송 가사를 읽을 수 있게 되었습니다. 모르는 단어가 나올 때면 인터넷이나 휴대전화보다는 영어사전을 찾아보았습니다. 가사를 옮겨 적고, 단어를 찾고, 드디어는 우리말로 해석까지 하게 되었지요. 뜻을 알고 나니, 팝송 가사가 더욱 절절하게 가슴에 와닿았습니다.

아버지는 팝송 가사를 외우며 영어를 터득해 가는 저를 무척 기특하게 생각하셨습니다. 제가 영어를 잘하게 된 건 순전히 아버지 덕분입니다.

고등학생이 된 저는 예전처럼 아버지와 함께할 시간이 많지 않았습니다. 대학에 가려면 정말 열심히 공부해야 했으니까요. 아버지는 제가 공부하는 데 방해가 될까 봐 이제 음악을 거의 듣지 않으셨어요.

학교에서 힘든 일이 있거나 공부가 힘들 때면, 오히려 제가 아버지 대신 음악을 틀곤 했습니다. 그러면 안방에서 신문이나 책을 보고 계시던 아버지가 씩 웃으시며 제 옆에 와서 앉으셨지요. 아버지와 전 아무 말 없이 그저 음악에만 귀를 기울였고요.

벌써 수백 번도 더 들은 노래들입니다. 아버지와 전 한마디도 하지 않지만, 말없이 제 어깨를 토닥이시는 아버지의 손길에 제

지친 마음은 사르르 풀리곤 했습니다. 분명히 아버지와 전 아무 말 없이 음악만 듣는데도, 벌써 아버지와 많은 이야기를 나눈 것 같은 느낌이 들었습니다.

공부하느라 지친 제 마음과 어느새 그런 아들과 멀어진 것 같아 서운했던 아버지의 마음이 다시 하나가 되는 순간이었습니다. 아버지가 아들과 함께할 수 있는 취미를 갖는다는 건, 정말 멋진 일이라고 생각합니다.

고등학교 2학년이 된 저는 컴퓨터에 푹 빠지게 되었습니다. 하던 공부도 제쳐놓고, 잠자는 것도 잊은 채 컴퓨터에만 매달렸습니다. 밤새워 게임을 하거나 채팅을 했지요. 제 귀에는 어머니와 아버지가 야단하시는 소리가 들리지 않았습니다. 정말이지 게임은 한번 시작하면 빠져나오기가 힘들더군요. 나도 게이머나 되어볼까?'라는 생각까지 할 정도로요.

결국, 머리끝까지 화가 치민 아버지는 컴퓨터를 치워버리시기까지 했습니다. 저는 그렇게 좋아하는 컴퓨터를 하지 못하게 하시는 부모님이 너무 미웠습니다. 그러나 오죽하면 그러셨을까요…. 지금에서야 그 마음을 헤아려 봅니다. 그런 사태(?)를 겪곤 마음을 가다듬고 공부하리라 결심했지만 쉬운 일이 아니었어요.

고3 수험생이 되자 정말 신경이 예민해졌습니다. 예전의 제가 아닌 것 같았습니다. 아침마다 짜증이 나곤 했어요. '또 온종일 학교에 붙박여 있어야 하는구나!' 하는 마음에….

이젠 어머니가 "피곤하지? 공부는 잘되니?"라고 물으시는 것조차 짜증이 났습니다. 공부한다고 하는데도 성적이 안 올라 기분이 좋을 때가 없었습니다. 그날 아침에도 괜스레 어머니에게 화를 내고 말았어요. 피곤해서인지 어머니가 저를 늦게 깨우신 것입니다.

"오늘 학생부에 '지각'이라고 찍히면 그건 다 엄마 탓이야!"

그렇게 어머니가 차려주신 아침밥도 먹지 않고 학교로 와버렸습니다. 하지만 학교에 와서도 영 마음이 편치 않았어요. 왜 그런지 청구가 툭 튀어나와 버렸는지….

이승환 님의 노래 중에 '가족'이라는 노래가 있습니다. 자율학습시간에 그 노래를 들으려니, 자꾸 아침에 어머니에게 화내던 제 모습이 떠올랐어요. 노래 가사가 제 마음을 그대로 대변해주는 것만 같았습니다.

"♪ 밤늦은 길을 걸어서 지친 하루를 되돌아오면
언제나 나를 맞는 깊은 어둠과 고요히 잠든 가족들
때로는 짐이 되기도 했었죠.
많은 기대와 실망 때문에. 늘 곁에 있으니 늘 벗어나고도 싶고
어떡해야 내가 부모님의 마음에 들 수 있을지도 모르고
사랑하는 나의 마음들을 그냥 말하고 싶지만
어색하기만 하죠~ ♪"

제가 진로를 생명과학 분야로 정하게 된 것은 아주 우연한 경험 때문이었습니다. '생명과학' 과목 시간이었어요. 그날 현미경으로 작은 생물들을 관찰하게 되었습니다. 처음으로 현미경 렌즈에 눈을 대고 들여다보는데 '오옷! 이렇게 놀라운 세계가 다 있나!' 싶었습니다.

제가 처음 관찰한 것은 '물벼룩'이었습니다. 육안으로는 볼 수 없었던 물벼룩을 현미경으로 들여다보는데, 그 생김새하며 발딱발딱 뛰는 심장까지 그대로 다 드러나 보이는 것이었어요. 그걸 보는 제 심장도 덩달아 뛰기 시작했고요. 새로운 세계를 훔쳐본 듯한 그 짜릿함이란!

역시 사람에게는 각자의 적성에 맞는 게 따로 있는가 봅니다. 저는 평소 '생명과학' 과목을 별로 좋아하지도 않았고, 그리 잘하지도 못했습니다. 그런데 그 짜릿한 경험의 순간, 이 길이 제 길이라고 확신하게 되었습니다. 비록 잘 일지는 못하지만 제가 처음 느껴본 그 흥분과 희열이라면, 그 길을 선택하는 데 있어 주저함은 군더더기 같은 것으로 여겨졌습니다.

목표가 정해진 후 전 정말 열심히 공부했습니다. 목표나 꿈이 없을 때와 달리 이젠 목표가 생겼으니, 그것을 이루려 죽을 만큼 공부해야겠다는 각오를 다지면서요.

제가 어머니에게 학교에서의 경험을 이야기하자, 어머니는 마치 자신이 그 현미경을 들여다보신 것처럼 기뻐하셨어요. 신문에 혹여 생명공학 관련 기사가 나오면, 그때마다 스크랩까지 해주셨습니다. "꼭 꿈을 이루기 바란다"라고 말씀하시면서요. 아마 어머니의 이런 적극적인 지지가 없었더라면, 제 꿈은 하나의 추억 거리로만 남았을지도 모릅니다.

저는 이제 제 꿈을 향해 달려가려 합니다. 대학생이 되고 나니, 제가 참 우물 안 개구리였다는 생각이 듭니다. 이렇게 넓은 세상이 있는데도 그 비좁은 교실 안에서 답답해하고 안타까워했다니…. 그러나 지금의 저를 있게 해준 건 바로 좁은 교실 속에서 힘들게 공부하며 보낸 그 시간이라고 생각합니다.

(interview)

작가 : "현수 군은 꿈을 이루기 위해 열심히 공부해서 목표했던 명문대에 합격했네요. 공부할 때의 마음자세와 후배들에게 귀감이 될 이야기를 해준다면?"

현수 : [공신이 되어야 한다는 절박함이 공부의 비결] "저에게 공부 비결이 무엇이었냐고 물으신다면, 저는 절박함이라고 말씀드리고 싶어요. 생각만 해도 가슴 두근거리는 꿈과 목표가 생겼는데, 그것을 이루려면 제 부족한 성적을 향상시켜야만 한다는 절박함이 저를 지독하게 공부를 파도록 만들었거든요.

가슴이 두근거린다는 것은 어떻게든 그 꿈을 이루고 싶다는 열망이 크다는 것을 의미하잖아요? 꿈을 품으면 꿈을 이루려는 강력한 열망이 공부에 대한 동기를 부여해주는 것 같아요. 누가 시키지 않아도 책상 앞에 앉아 공부하게 되는 것이 그 증거이겠지요. 이렇게 꿈이 있으면 행동으로 연결되고 그런 행동이 반복되면 습관이 되는 것 아닌가요? 저는 공부는 엉덩이로 하는 것이라고 강조합니다. 즉, 목표를 이루어내려는 행동이 습관이 되면 분명히 좋은 결과를 가져다준다고 봅니다."

[꿈과 목표가 있다면 불가능이란 없다] "꿈이 있는 학생치고 공부 안 하는 학생은 없다고 봅니다. 공부 잘하는 친구들을 보면 하나같이 꿈이 확실하더라고요. 그 친구들에게 '너의 꿈은 뭐야?'라고 물어보면 망설임 없이 즉각 자신의 꿈을 말하더군요. 하지만 열등생, 아니 공부를 많이 안 하는 친구들은 애매모호한 꿈을 가지고 있거나, 아예 꿈도 목표도 없더군요. 그런 그들에게 '너의 꿈이 뭐야'라고 물어보면 한참 동안 생각에 잠깁니다. 그제야 자신의 꿈이 무엇인지 생각해보는 거지요.

저는 학생의 본분인 공부를 빼놓고는 그 어떤 꿈이나 목표도 이루어내기 힘들다고 생각합니다. 어떤 꿈을 품고 있든 그 꿈은 사실 공부와 상관관계가 아주 크거든요. 공부를 잘하면 꿈을 이루기가 훨씬 수월하다는 뜻입니다.

우리가 알고 있는 성공인들은 모두 끊임없이 공부를 해온 사람들입니다. 제가 감히 후배들에게 한마디 한다면 '여러분이 어떤 꿈을 품고, 어떤 목표를 갖고 있더라도 그것을 실현하기 위한 가장 효율적인 전략은 바로 공부'라고 말하고 싶습니다."

세상의 그늘도 알게 하라

힘들게 일하시는 어머니와 시장 아주머니들의 모습을 보며,
진한 삶의 숨결을 느낄 수 있었습니다.

> 서울대학교 사회과학계열에 합격한 봉수는 서울에서 태어났다. 축구를 무지 좋아하고, 잘하기도 한다. 그 외에 글쓰기도 좋아한다. 지금은 사회과학계열에 입학했지만, 대학원에 진학해 법학을 전공하고 변호사가 되는 게 꿈이다.

아버지는 제가 초등학생일 때 저와 세 명의 누나들 그리고 어머니를 남겨두고 돌아가셨습니다. 그로 인해 우리 집 살림은 형편없어졌고, 어머니 홀로 4남매를 키우셔야 했지요. 그러면서 겪으셨을 어머니의 고생을 제가 어찌 다 헤아릴 수 있을까요?

어머니는 우리를 키우시느라 시장에서 노점상을 하셨고, 저는 어머니를 따라가 시장에서 많은 시간을 보냈습니다. 그렇게 알게 된 시장 아주머니들은 지금 보아도 대단하시다는 생각이 듭니다. 시장 아주머니들은 그 힘든 삶 속에서도 얼굴 한번 찡그리거나 불평하시는 법이 없었어요. 늘 밝게 웃는 얼굴로 하루하루를 살아내셨습니다. 그 와중에도 어려운 일을 당한 이웃 아주머니가 있을 때면 모두가 힘을 모아 도와주곤 했지요.

저는 이렇게 진한 삶의 모습들을 마주하며 커온 셈입니다. 그래서 어릴 때부터 정말 열심히 그리고 성실히 사는 삶의 자세가 자연스레 몸에 밴 듯합니다.

어릴 때는 어려운 가정 형편을 탓하기도 했어요. '우리 집은 왜 이렇게 가난할까…, 난 왜 이런 집에서 태어났을까….' 하지만 지금은 이런 환경에서 자라났다는 것이 고맙게 생각되기도 합니다. 마냥 즐겁고 편하게 고생 모르고 자랐다면, 치열한 삶의 현장을 들여다보지 못했을 테니까요. 어린 마음에도 시장 아주머니들의 모습을 보면서 '이런 게 삶이구나…' 싶었거든요.

제가 최종적으로 법학을 전공하리라 마음먹게 된 데는 이런 영향이 컸습니다. 어머니는 노점상 단속이 있을 때마다 힘들어하셨어요. 유치장 신세를 진 일도 있었지요. 그럴 때면 저는 왜 이런 조그만 잘못에 당장 하루 생계가 급한 사람들이 이런 대우를 받는지 안타까운 마음을 금할 수 없었습니다.

뉴스를 보면, 권력자나 금력을 가진 사람들은 엄청난 죄를 지어도 법망을 잘도 빠져나가곤 하더군요. 하지만 우리 어머니처럼 힘들어도 열심히 사는 사람들에게 법은 추호의 관용도 베풀지 않았습니다. 저는 이건 불공평한 일이라 생각했습니다.

'그래…, 잘 모르시니까, 법을 잘 모르고 세상을 그저 순수하게 살아가시다 보니 불이익을 당하시는 거야. 내가 이런 분들을 도와야 하지 않겠어? 꼭 법학을 전공해서 이런 분들을 도와드려야지….' 유독 약자에게만 문턱이 높다는 법을, 약자를 위해 존재하게 하고 싶었습니다.

어머니는 제가 하고 싶어 하는 걸 하도록 자유롭게 풀어주시는 편이셨지만, 누나들은 저에게 거는 기대가 남달랐습니다. 어쩌면 어릴 때부터 그런 기대를 받고 자라서 제가 엇나가지 않고 바르게 클 수 있었는지도 모르겠습니다. 때로는 주위의 그런 기대가 부담스럽기도 했지만요.

"공부 잘하고 있지? 내년엔 너도 서울대 가는 거지? 내년엔 서울대학교 입학식에서 볼 수 있는 거지?"

누나들은 이렇게 저에게 압박을 가해오기도 했습니다.

'도대체 서울대가 뭐길래 내가 이렇게 속박당해야 하는 거지? 이렇게 힘든데…. 내가 과연 서울대에 갈 수 있을까? 내가 정말 서울대에 가고 싶기는 한 걸까?'

저는 혼란스러울뿐더러 제 마음이 진정 무엇을 원하는지 잘 알 수 없었어요. 그러다 고2 때의 어느 일요일, 저는 친구들과 필름이 끊길 정도로 술을 퍼마셨습니다. 그렇게 엄청나게 취해서는 친구들에게 업혀 집에 들어갔다고 합니다. 그때가 새벽 3시쯤이었나 봅니다. 그런데 어머니가 그때까지 집 앞에서 저를 기다리고 계시는 것이었어요. 다음 날 학교에 갔다 오니까, 어머니가 회초리를 준비해놓고 저를 부르셨습니다.

어머니는 저를 때리시려다 차마 못 때리시곤 눈물을 흘리셨습니다. 그 모습을 바라보는데, 얼마나 마음이 아프던지요…. 어머니와 저는 서로 부둥켜안고 몇 시간 동안이나 엉엉 울었습니다. 그 일이 있고 나서 저는 힘든 일이 있을 때면 어머니의 눈물을 생각하며 마음을 다잡았습니다.

누나가 셋이다 보니, 다른 아이들에 비해 저에겐 어머니의 연세가 좀 많은 편입니다. 제가 고3이면 어머니는 예순이 되시는 셈이었습니다. 그런데도 자나 깨나 저에게 들이는 어머니의 정성은 깊어만 갔습니다. 고3 때 독서실에서 공부하다 새벽 2시쯤 집에 돌아오곤 했는데, 어머니는 그때껏 주무시지 않고 저를 기다리고 계셨습니다.

그게 어디 쉬운 일이었을까요? 집에 돌아와 보면 때로는 마루에서 졸고 계실 때도 있었고, 너무나 피곤하셔서 웅크리고 잠들어 계실 때도 있었지요. 저는 목이 메어 한참 동안 그런 어머니의 모습을 바라보곤 했습니다.

'나 때문에 어머니가 이렇게 고생하시는구나….' 눈물이 앞을 가렸습니다. 어머니는 지금도 제가 귀가할 때까지 안 주무시고 저를 기다리십니다. 대학생은 고등학생과 생활 패턴이 좀 다르다고 강변(?)도 해보지만, 저를 향한 어머니의 마음은 여전하십니다.

어쩌다 제가 집을 비울 때면, 어머니는 끼니때마다 제 밥을 따로 퍼 상 위에 올려놓으신다고 해요. 그래야 외지에 나간 사람이 고생을 안 한다면서….

제가 눈앞에 보이지 않을 때도 언제나 저를 염려하고 계신 어머니의 마음이 그대로 느껴집니다. 그러지 마시라고 해도, 그래야 어머니 마음이 조금이라도 위로가 되고 편하신 모양이에요.

저는 글을 어릴 때 아버지에게 매를 맞아가며 아주 엄하게 배웠습니다. 그러나 아버지를 여읜 후 중·고등학생이 되면서는 혼자 공부하는 법을 터득하기 시작했습니다. 저는 학원을 그리 많이 다니지 않은 편입니다. 대신 수업 시간에 집중해서 공부했습니다. 때로는 공부 잘하는 친구들의 공부법을 따라 해보기도 했지만, 결국은 저 자신에게 맞는 공부법이 따로 있다는 것을 깨닫게 되었습니다.

저는 저에게 맞는 문제집을 골라 혼자서 꼼꼼히 파고드는 게 더 좋았어요. 그리고 누구한테든 모르는 것을 거리낌 없이 물어보았지요. 친구한테든, 선생님한테든, 늘 저보다 조금이라도 실력이 낫다고 생각되면 가리지 않고 질문을 퍼붓곤 했어요.

가끔 공부가 잘 안 될 때면 용마산에 올랐습니다. 친구와 산중턱의 팔각정까지 올라가서는 발아래를 내려다보곤 했습니다. 캄캄한 밤, 발아래에 펼쳐진 멋진 서울의 야경을 바라보며 두 시간이고, 세 시간이고 그대로 서 있을 때가 많았어요. 때론 멍하니, 때론 친구와 이런저런 이야기를 나누면서…. 그 당시 친구와 함께 산을 올라 발아래 야경을 내려다보면 답답한 제 마음이 어느새 풀어지곤 했습니다.

또한, 학교에서 친구들과 어두운 운동장을 내달리며 축구를 했던 게 많이 기억납니다. 공부 때문에 힘들기도 했지만, 저는 고3 시절이 즐거웠습니다. 친구들과 힘든 일도, 즐거운 일도 많은 시간 함께할 수 있었기 때문이지요.

저는 목표가 정해지면 남들이 뭐라 하든 꼭 이룰 수 있다고 믿어요. 《신념의 마력》이란 책은 이런 저에게 많은 영감을 주었습니다! 누나들이 대학 입시 때 만난 김기영 선생님의 추천 도서입니다. 대학 입시 교육 전문가이신 선생님은 차상위계층 학생들에게 입시 교육 컨설팅 무료 봉사도 하고 계셨습니다.

제가 고3이 되어 읽은 이 책은 '언제나 나 자신을 믿고, 내 목표를 믿고, 열심히 노력하면 꼭 이루어진다'라는 신념을 제게 심어주었습니다. 이런 신념은 제가 흔들리지 않고 꿋꿋이 공부할 수 있었던 원동력이었습니다.

가족을 생각하면, 다섯 식구가 조그만 상 앞에 둘러앉아 밥 먹는 장면이 떠오릅니다. 그리고 제가 어렸을 때, 아버지가 돌아가시기 전엔 조그만 방에서 온 식구가 함께 붙어서 자기도 했습니다. 저는 이런 삶의 과정을 함께한 가족을 떠올리며 늘 성실하게 살아야지, 되새깁니다.

저는 변호사가 되는 게 꿈입니다. 정말 법에 대해 아는 것도 없고, 돈도 없고, 힘도 없는 사람들이 법으로 인해 억울함을 당하지 않도록 도와주고 싶습니다. 앞으로 더 많이 공부하고, 더 많이 세상을 알아가려 노력할 것입니다.

(interview)

작가 : "봉수 군은 어려운 환경에서도 꿈을 이루기 위해 열심히 공부해서 명문대에 합격했습니다. 어떤 마음자세로 수험생활에 임했는지, 그리고 자신만의 공부 방법은 어떻게 터득했는지 얘기해주세요."

봉수 : "제가 '콩 심은 데 콩 나고, 팥 심은 데 팥 난다'라는 속담을 믿기까지는 오랜 시간이 걸렸어요. 과연 그럴까? 과연 열심히만 하면 되는 것일까? 의심하면서요. 지금에 와서 생각하면 너무나 당연한 일인데 그때는 열심히 해도 안 될 것 같았거든요.

그러다 《신념의 마력》이란 책을 읽고 '성공은 노력에 달려 있다. 되는 사람이 따로 있고, 안 되는 사람이 따로 있는 것이 아니다. 모든 게 노력에 달려 있는 것이다'라는 깨달음을 얻었습니다.

그저 열심히 하자. 매일매일 해야 할 공부량을 채워가면 된다. 그렇게 굳게 마음먹었습니다. 그러고는 가슴에 손을 얹고 '부끄럽지 않게 노력하면 끝이 보일 것이다. 열심히 하자'라고 굳게 다짐했습니다.

저는 하루에 공부할 양을 정하고 철저히 관리해 나갔습니다.

김기영 선생님은 '수능 시험날은 모두에게 똑같이 주어지는 만큼, 제가 하루를 공부하지 않으면 남들보다 24시간이 부족한 상태로 시험을 보는 것'이라고 말씀하셨습니다. 사람의 감정에는 기복이 있게 마련이잖아요. 저 또한 그날의 기분에 따라 공부하기가 싫기도 했습니다. 하지만 무조건 정해놓은 그날의 공부량을 빼먹지 않고 채워나갔습니다.

'내일 공부하면 되지 뭐?' 이런 마음이 들 때면 '정말 오늘은 공부하기 싫은가? 오늘 하루를 버려도 되는가? 아니라면 공부하자' 라고 주문을 외우며 목표를 이루는 데 매진했습니다. 다음 날 할 공부량은 이미 정해져 있었으므로, 기분과 상관없이 그날 해야 할 공부는 반드시 그날 끝마쳤습니다. 사실 공부는 기분에 따라 하는 게 아니잖아요? 기분이 좋은 상태에서 공부한 것만 공부고, 기분이 안 좋은 상태에서 한 공부는 공부가 아닌가요? 저는 그저 그날 공부할 양을 끝냈느냐, 아니냐를 중요하게 여겼습니다. 그렇다고 대충 공부한 것은 절대 아니에요.

저는 제 이야기를 읽을 후배들에게 '시험만큼 정직한 것이 없다' 라는 한마디를 해주고 싶습니다. 제가 합격하리라는 것을 수험생활 동안 알았더라면 훨씬 행복하게 하루하루 공부했을 거예요. 하지만 열심히 노력하면 합격한다는 것을 그때 저는 정말로 믿을 수 없었어요. 정말 안 믿겼어요. 마치 무에서 유를 창조하는 것과 같은 고통을 느꼈고, 언제 이 많은 공부를 다 하나, 라는 걱정뿐이었습니다. 제가 여기서 진정 강조하고 싶은 것은, 열심히 노력하면 공부에도 끝이 보인다는 것입니다."

학교 밖의 많은 걸 배우고, 많이 경험하게 하라

농촌의 대표적 농산물인 쌀 생산을 위한 모내기부터 도시의 음악회까지,
아버지와 함께한 경험 속에서 저는 세상을 배워 나갔습니다.

서울대학교 공학계열에 합격한 석규의 꿈은 생분해성 고분자 화합물을 만드는 것이다. 울산에서 태어나 삼천포에서 자란 석규는 중학교 2학년 때 서울로 이사 왔다. 취미로, 체력 단련 겸 축구, 테니스, 탁구를 즐긴다.

중학교 1학년 때까지 살았던 고향 삼천포. 구름보다 높이 뜬 비행기 안에서 내려다보는 고향 땅의 모습이 참으로 아름답습니다. 고향에 가는 길이라 그런지 마음이 푸근하고, 지난날들이 떠오릅니다.

중2 때 서울로 올라와 배정받은 중학교에 들어간 날 떨리는 목소리로 자기소개를 하던 순간부터 대학 합격 발표를 보고 기뻐했던 순간까지…. 삼천포도 많이 변했겠지만, 저도 많이 변했다는 생각이 듭니다.

여느 부모님들이 다 그렇듯, 우리 부모님 역시 보통 사람들이 바람직하다고 여기는 덕목들을 제게 가르쳐주려고 많이 노력하셨습니다. 그러나 방법에는 다른 사람들과 조금 차이가 있었어

요. 아버지와 어머니의 역할은 어느 정도 구분되어 있었는데, 큰 흐름은 주로 아버지가, 세부적인 것은 어머니가 담당하셨지요.

아버지는 제가 다양한 경험을 쌓을 수 있도록 끊임없이 '이벤트'를 준비하셨어요. 제가 초등학교 1학년 때였던 걸로 기억됩니다. 아버지가 갑자기 저를 논으로 데리고 가셨어요. 거기서 저는 온종일 아버지와 논에서 일하시는 농부님들의 모내기를 도와드렸습니다.

아버지는 왜 갑자기 나를 논에 데리고 가셨던 걸까? 흙을 바탕으로 사는 삶과 그 속에서 흘리는 땀의 기쁨을 느끼게 하고, 인내심을 키워주려 하셨던 게 아닐까? 이런 생각이 들었습니다.

아버지는 뒤늦게 공부에 몰두하신 만학도였습니다. 전기기사 자격증을 따기 위해 공부하고 계셨는데, 학력이 높지 않았던 아버지에게는 어쩌면 그 공부가 일생을 좌우할지도 모를 아주 중요한 기회였던 듯싶어요.

당시 초등학생이었던 제가 아버지의 그런 복잡한 속내를 다 알 리는 없었겠지요. 저는 그저 아버지와 같이 놀고 싶어 하는 어린아이였을 뿐이니까요. 아버지는 나름대로 난감하셨을 겁니다. 공부는 공부대로 해야 하고, 아들이 놀아 달라고 하니 같이 놀아주기는 해야겠고….

결국, 아버지는 저와 누나를 데리고 정기적으로 독서실에 가셨습니다. 누나와 저는 보통 독서실에서 반나절을 머물며 아버지가 공부하시는 모습을 바라보다 돌아오곤 했지요.

 그때는 제가 어려서 공부의 의미를 깊이 헤아리지도 못했어요. 그렇지만 지금까지도 그 독서실에 갔었던 기억이 생생하게 남아 있습니다. 제겐 꽤 신선한 충격이었나 봅니다.

 제가 초등학교에 들어가고 난 후부터 우리 가족은 매주 한두 번씩 식탁에 둘러앉아 그간의 일을 되돌아보는 시간을 가졌습니다. 반성의 시간이었다고나 할까요. 보통 5분에서 10분가량의 시간이었는데, 눈을 감은 채로 앉아 있어야 했습니다. 참을성이 부족한 저에게는 무척이나 힘겹게 느껴지는 시간이기도 했지요.

 처음에는 그 시간에 잠이 들기도 했는데, 횟수를 거듭할수록 그 버릇은 줄어들었습니다. 대신 조금씩 저 자신에 대해 진지하게 생각해보게 되었습니다.

 초등학교 4학년 때부터는 부모님의 권유로 성당에서 복사 역할을 맡아 했습니다. 복사란 신부님이 미사를 드릴 때 옆에서 보좌하는 아동이에요. 모든 종교가 그렇듯 성당 역시 성스러운 곳이기 때문에 몸가짐이 조심스러울 수밖에 없었지요.

 초등학교 5학년 성탄 미사 때도 복사로서 신부님을 보좌하기도 했습니다. 당시 밤 10시에 시작해 다음 날 새벽 1시 30분에 미사가 끝났는데, 신부님이 미사를 드리는 동안 제 허리까지 오는 큰 양초를 들고 있어야 했어요. 그것도 쉬는 자세로 그 시간까지 있는 것도 아니고, 아주 경건한 자세로 3시간 30분 동안 양초를 들고 있어야 했습니다. 당연히 졸리기도 했지요. 그렇게 잠깐 조는 사이 그만 촛농이 제 손에 떨어지고 말았습니다. "앗, 뜨거워!" 하고 놀라며 졸음에서 깨어났던 기억이 납니다.

그 당시 행동이 다소 가벼웠던 저는 복사를 몇 년간 하면서 차츰 진지해지고 참을성이 많아졌습니다. 그렇게 저는 진중한 소년으로 자라갔습니다.

제가 초등학교 고학년이 되면서 우리 집에는 두 가지의 새로운 변화가 생겼습니다. 그중 한 가지는 가족회의였는데, 매주 일요일 저녁마다 거행(?)되었던 가족회의는 일주일을 반성하고, 다음 주를 계획하는 시간이었어요. 이때부터 본격적인 제 학습이 시작되었다고 할 수 있지요.

우리 가족 모두는 동등한 발언권을 가졌으며, 서로에게 서운하거나 바라는 게 있으면 솔직하게 털어놓았습니다. 아버지, 어머니가 제게 바라시는 것은 역시나 그날그날의 학습에 관한 것이었습니다. 많은 양의 공부를 주문하시는 건 아니었지만, 책 읽기 항목은 꼭 집어넣으셨어요.

저는 가족회의에서 얘기한 것은 반드시 지키려 노력했고, 말도 신중히 가려서 하게 되었지요. 이렇게 몇 년 동안 가족회의를 하다 보니, 다른 사람들 앞에서 말하는 데도 어느 정도 자신감이 붙었습니다.

덕분에 저는 학급회의 시간에도 활발하게 발표하는 편이었습니다. 한번은 초등학교 6학년 학급회의 시간에 선생님께서 잘못하신 일이 있음을 공개적으로 지적하고 나서기도 했습니다.

"선생님! 왜 평소에는 수업을 시작하기 전에 '학습할 내용'을 쓰라는 말씀이 없으시다가, 유독 학교에 장학사님 같은 '손님'만 오신다고 하면 학습할 내용을 쓰라고 하세요? 그건 겉치레 아닙니까?"

제 말에 선생님은 "허허허, 선생님이 그랬니?" 하시며 겸연쩍게 웃으셨습니다. 어찌 보면, 어린 학생이 선생님의 잘못을 지적하는 게 건방져 보일 수도 있었겠지요. 그래도 선생님은 끝까지 웃음을 잃지 않고 제 말을 들어 주셨습니다. 지금 생각해보아도 참 맹랑한 꼬마였다는 생각이 드네요.

또 한 가지의 변화는 가족여행입니다. 아버지가 직장에서 승진하시고 집안 형편이 조금씩 나아져 어느 정도 안정되자, 방학이 되면 온 가족이 며칠간의 여행을 떠났습니다.

며칠씩 여행할 수 없는 학기 중에는 적어도 한 달에 한 번이라도 임진왜란 격전지인 당항포나, 공룡 발자국이 찍혀 있는 고성 상족암 등 여러 유적지를 견학했습니다.

아버지는 앞으로 사회생활을 할 때 무슨 일이든 피하면 안 된다고 하시며, 제게 운동을 꾸준히 배우라고 권유하시기도 했어요. 저 역시 운동을 좋아했던 터라 적극적으로 아버지의 권유에 따랐습니다. 울릉도에서 자랐던 아버지는 수영을 배워야 한다며,

목욕탕에서부터 제게 수영을 가르쳐 주셨습니다. 중학교 때는 탁구를, 고등학교 때는 테니스를 배웠고요.

아버지는 가끔 우리 남매를 데리고 음악회나 연극을 보러 가시기도 했어요. 이런 일들을 제외하고라도 부모님은 제가 하고 싶어 하는 일이 있으면, 그리고 나쁜 일만 아니라면 뭐든 찬성하시며 제게 기회를 주셨습니다. 기회를 놓치지 않고 학교 활동에 꼭 참여하며, 선생님과 잘 지내기를 바라시면서요.

제가 지금까지도 보람 있게 생각하는 소중한 경험이 있습니다.
중3 때였습니다. 당시 수지침을 놓으실 줄 아시던 담임선생님은, 우리 반에 아픈 학생이 생기면 그걸로 직접 치료해 주곤 하셨습니다.
한번은 한 친구가 복도에서 달리다 넘어지는 사고로 입에 거품을 물고 쓰러졌던 적이 있어요. 그때 담임선생님은 그 친구를 병원에 데리고 가는 대신, 침을 가져오시더니 그 친구의 열 손가락을 다 따시는 것이었습니다. 잠시 후 쓰러졌던 그 친구는 깨어났지요. 그 순간 침 치료가 얼마나 신기해 보이던지….
중3 1학기 기말고사가 끝난 후, 저는 친구 두 명과 함께 선생님을 졸라 수지침을 배웠습니다. 짧은 시간이어서 깊이 있게 배우지는 못했지만, 지금도 간단한 병은 약 대신 제 손으로 직접 고칠 수 있는 정도의 실력을 갖추었습니다.
담임선생님은 환경운동도 하셨는데, 저는 선생님을 잘 따르고 있었던 터라 자연스럽게 환경운동에도 참여하게 되었습니다. 때로는 망원경을 들고 한강으로 날아오는 철새들을 구경하러 다니기도 했지요.

여름방학 때 학교에서 주관하는 학생 간부 수련회에 간 적이 있었습니다. 당시 저는 우리 반 총무를 맡고 있었고, 수련회 참가 대상은 부반장 이상이었습니다. 그때 하늘이 도왔는지 담임선생님이 맡은 조의 한 아이가 불참하게 되었고, 그 바람에 제가 대신 가게 되었어요. 그때 저는 우리 조의 부조장을 맡았습니다.

간부 수련회는 저에게 정말 많은 도움이 되었어요. 여자 앞에 서면 쑥스러워서 말도 잘 못 하던 제가 예전보다 훨씬 대인관계에 자신감을 가지게 되었습니다. 그뿐만 아니라 제 리더십에도 어느 정도 자신감을 가질 만큼 성장하기도 했습니다.

중3 때 경험했던 수지침과 환경운동, 그리고 철새 구경과 간부 수련회까지, 정말 저에겐 많은 배움을 얻는 기회가 되었습니다.

저는 항상 좋은 환경에서만 자랐던 것은 아니었습니다. 중학교 3학년 2학기 때부터 2년 정도는 우리 집안의 암흑기였어요. 각자 자신이 맡은 일을 분명히 다 알아서 하는데도 이상하게 갈등의 골은 깊어만 갔습니다. 서로에게 너무 많은 것을 바라기만 했기 때문일까요? 일주일이 멀다 하고 사소한 일로 말싸움이 벌어지곤 했어요. 아마도 아버지의 직장 문제로 인한 심각한 상황이 그런 분위기를 만든 것 같았습니다.

싸움의 정도가 심할 때는 살얼음판을 걷는 것 같아 집에 들어가기가 너무 싫었습니다. 친구 집에 놀러 가서 화목한 가족을 볼 때면 어찌나 부럽던지….

싸움은 누나가 고3이 되어서도 계속되었습니다. 누나는 입시에 대한 부담감, 어머니와 아버지의 갈등, 성적으로 인한 어머니와의 갈등 때문에 매우 혼란스러워했습니다.

누나가 수능을 며칠 앞두고 있는데도 두 분은 싸우셨고, 결국 누나는 그해 수능을 망치고 말았지요. 점수가 너무 낮게 나와 대학에 원서도 내지 않고 누나는 재수를 선택했습니다. 그나마 다행인지 누나가 재수하면서부터 부모님은 싸우는 모습을 별로 보이지 않았고요. 누나가 수능을 망친 제1차적 이유가 부모님의 불화로 인해 평소의 컨디션을 유지하지 못했기 때문이라는 걸 절실히 느끼셨던 것 같습니다.

그러나 어머니와 저, 그리고 어머니와 누나 사이의 갈등은 계속되었는데, 바로 성적 때문이었습니다. 어머니는 누나와 제가 태어날 때부터 서울대에 보내리라 다짐했다고 해요. 집안 사정으로 인해 많이 배우지 못한 '한' 때문이었을까요? 어머니는 정말 누나와 저를 온 정성을 다해 키우셨습니다. 우리 남매가 초등학생일 때부터 하교 시간이 되면, 볼일을 보시다가도 집에 돌아오셔서 항상 웃는 낯으로 우리를 맞아주시곤 했습니다.

어머니는 누나가 중학교에 진학한 이후부터 제가 고3을 마치는 그 순간까지, 거의 8년을 항상 12시에 잠자리에 들고 새벽 일찍 일어나셨습니다. 낮이든 밤이든 어머니는 우리의 공부에 방해가 될까 봐 집안일을 하시지 않았습니다. 그러다 우리가 계획한 공부를 다 하고 잠자리에 드는 12시쯤에 같이 주무셨다가 새벽에 일어나서 조용조용 밀린 집안일을 하셨지요.

식단도 항상 영양소가 골고루 들어가도록 신경을 많이 쓰셨습니다. 이런 노력만큼 우리의 성적에 대한 어머니의 집착 역시 엄청났습니다. 시험을 잘 못 보면, 다음 시험에 대한 부담감보다 어머니한테 미안한 마음이나 혼나는 것에 대한 부담감이 더 컸을 정도니까요.

성적 갈등은 누나가 재수를 택할 때 특히 심했는데, 누나는 더는 물러설 수 없는 처지였고, 저 또한 다음 해에 고3이 되는 상황이었기 때문입니다. 어머니는 저마저 누나처럼 재수하는 것은 절대로 안 된다고 못 박으셨어요. 그런 와중에 성적이 잘 안 나오면 며칠간은 말도 못 하고 냉가슴을 앓아야 했습니다. 집을 나가 자취하고 싶다는 생각도 참 많이 했고요.

이 같은 갈등은 누나가 서울대에 합격한 이후 줄어들었지만, 성적에 대한 제 부담감은 여전했습니다.

제 곁에서 항상 저를 다독거려 주시던 아버지가 지방으로 전근 가신 후, 누나가 그 자리를 메워주었습니다. 언제 어디서든 과외 선생님이 되어 주었고, 또 무슨 고민이든 받아주는 상담사 역할을 해주었지요. 그런 누나가 있다는 것만으로도 저는 천군만마를 얻은 듯 용기가 불쑥 솟았습니다.

제가 고2 때, 누나의 수능시험 날이기도 했던 그때, 하늘에서 내리는 유성비를 볼 수 있다고 했지요. 그래서 그날 늦은 밤, 유성비를 보러 연립주택 옥상에 올라갔다가 저는 그만 사고를 당하고 말았습니다. 누가 옥상을 가로질러 빨랫줄을 매어 놓았는데, 제가 그것을 못 보고 뛰어가다 그만 목이 걸려 넘어지면서 뇌진탕을 일으키게 된 것이에요. 부상은 심각했습니다.

나중에 들은 얘기지만, 한때는 뇌성마비 환자처럼 손이 틀어지기도 했다고 해요. 제 기억에 전혀 남아 있지 않은 그 사건 이후로 예전에 잘 풀었던 수학 문제가 잘 풀리지 않을 때면, 제 머리를 의심하는 버릇이 생겼습니다. 혹시 머리가 잘못된 건 아닐까? 라고 말이지요. 지금 생각해보면 쓸데없는 걱정이었지만, 고3을 앞둔 상황이었던 만큼 제겐 꽤 심각한 고민이었습니다.

고2 겨울방학 때 쓸데없는 걱정을 하며 슬럼프 아닌 슬럼프를 잠시 겪었지만, 진짜 슬럼프는 고3에 올라와서 겪게 되었습니다. 저는 고2 때까지 독서실이나 도서관에 가지 않고 항상 집에서 공부했습니다. 그런데 고3이 되면서 의무적으로 학교에 남아 야간자율학습을 해야 했어요. 야자 시간에 조용한 반은 거의 없었어요. 우리 반 역시 조용한 것과는 거리가 멀었습니다.

고3이 된 만큼 저는 조용한 곳에서 공부하고 싶었습니다. 그러나 담임선생님은 다년간의 경험상 제가 그냥 야자를 하는 게 더 낫겠다고 판단하셨는지, 계속 야자를 시키려 하셨어요. 그 과정에서 담임선생님과 갈등을 겪게 되었고요. 억지로 하는 야자라니…. 의욕이 생길 리 없었습니다. 야자 시간은 취침시간으로 변했고, 당연히 성적도 잘 나오지 않았습니다. 그러면서 더 공부가 하기 싫어지는 악순환이 되풀이되었습니다.

그러던 어느 날, 《너희가 군대를 아느냐》라는 책을 읽게 되었습니다. 그날도 공부하기가 싫어서 그 책을 읽다가 '피할 수 없으면 즐겨라'라는 구절을 보게 되었지요. 너무나 가슴에 와닿는 말이었습니다.

저는 '지금 내가 겪고 있는 고3 생활, 이것은 피할 수 없는 것이 아닌가. 그리고 피할 수 없다면, 차라리 고3 생활을 즐기는 게 낫지 않을까? 그래, 고3을 즐기며 보내자. 그리고 야자 역시 피할 수 없다면, 장점만을 생각하며 즐기자'라고 굳게 마음을 다잡았습니다.

그리고 오래전에 읽고 책장에 꽂아 두었던 《7막 7장》이라는 책을 다시 꺼내 읽었습니다. 최선을 다해 삶의 벽돌을 한 장 한 장 쌓아가는 홍정욱 씨의 삶이 너무나 부러웠어요. 그 시점에 저는 제 삶을 되돌아보았고요. 결코, 지금 제가 최선을 다해 살고 있다는 생각이 들지 않았습니다. 《7막 7장》을 다 읽은 후, 제 좌우명은 '훗날을 생각해서 결코, 후회하지 않는 삶을 살자'가 되었습니다. 그 이후 어떤 행동을 할 때면 항상 그 말을 떠올리게 되었고, 슬럼프도 자연스럽게 이겨내게 되었습니다.

저는 누나를 따라 서울대에 자주 놀러 가곤 했어요. 고3 여름방학 때도 서울대에 놀러 갔었는데, 거기에서 '탈춤동아리'의 탈춤 공연을 보게 되었습니다.

저는 그들을 보며 '저 사람들도 한때 공부에 미쳐 지냈겠지. 지금은 탈춤에 미쳐 지내고 있구나', '어떤 일에든 미칠 수 있다는 것, 그게 바로 젊음의 특권이 아닐까', '저 사람들 무척 아름다워 보이네' 그런 생각을 했습니다. 그 후로 탈춤을 추던 대학생 형들의 모습을 떠올리며 제 마음을 가다듬곤 했습니다.

아버지와의 활동 경험, 어머니의 정성, 누나가 제게 해준 멘토 역할, 이 모두가 지금의 저를 만든 밑거름이 되었습니다. 그리고 잊지 못할 또 한 분이 계십니다. 누나가 입시 때 상담하러 갔다가 만난 김기영 선생님입니다. 선생님이 가르쳐주신, 독특한 '거꾸로 학습법'에 따라 공부하니까, 정말 짧은 시간에 실력이 크게 향상되었습니다. 김기영 선생님은 누나와 제가 서울대에 합격하기까지 공부 습관이 들도록 코칭해 주시고, 입시 컨설팅을 해주신 은인이십니다. 선생님의 학습법을 더 배워 대학 수업에 응용해볼 계획입니다.

평생 잊지 못할 감동을 선물하라

저를 위해 눈 덮인 대나무숲을 뒤지시던 아버지의 모습,
그 모습은 평생 제 가슴에 남아 있을 것입니다.

서울대학교 약학계열에 합격한 형준이는 서울에서 태어났다. 머리는 안 좋지만 수능 준비를 잘하고 운이 좋아 서울대에 합격했다고 생각한다. 취미는 대하소설 읽기, 채팅하기다. 특기라면 김민종 님 노래를 쫘~악 꿰고 있다는 점쯤….

초등학교 때부터 앓던 비염이 중학생이 되면서 더 심해졌습니다. 언제나 코가 막혀 있고, 어떤 일에도 집중할 수 없었습니다. 그런 모습으로 학교에 다니는 제가 너무 부끄러웠어요. 막힌 코만큼이나 마음도 답답했고요. 좋다는 이 약 저 약 다 써봤지만 비염은 잘 낫지 않았습니다.

부모님도 그런 저를 항상 안타까워하셨지요. 우리 집 형편이 그리 넉넉한 것도 아닌데…, 계절이 바뀔 때마다 제게 한약을 정성껏 달여주시는 어머니가 그저 고마울 따름이었습니다. 한의원을 이용할 수도 있는데, 어머니는 항상 집에서 직접 한약을 달여주셨어요.

중2 겨울방학을 맞아 우리 가족은 설악산으로 여행을 갔습니

다. 눈이 엄청나게 왔던 때였어요. 강원도라서 그런지 제가 그때 껏 서울에서 보았던 눈과는 게임이 안 될 정도였습니다. 눈이 너무 많이 쌓여 어디가 도로인지, 어디가 논밭인지 구분이 안 되었습니다. 그 눈길을 헤치며 우리 차는 설악산보다 더 북쪽에 있는 고성으로 가고 있었습니다.

그곳에 가는 이유는 단 하나, 지독한 제 '비염' 때문이었습니다. 고성에는 비염 치료에 용한 할아버지가 계시다고 했거든요. 그 할아버지를 찾아 머나먼 길을 가고 있었던 것이지요. 설악산에서 3~4시간 정도를 더 달렸을까…. 눈길을 뚫고 물어물어 찾아간 끝에 어느 기와집 앞에 다다랐습니다.

그곳에 계신 분은 일명 '댓님 할아버지'로 불리는, 수염이 멋진 할아버지였습니다. 부모님은 그분에게서 제 병(비염)의 처방(민간요법)을 받곤 다시 숙소인 강릉으로 발길을 돌렸습니다. 고성에 올 때보다 더 높이 쌓인 눈더미를 뚫고 가야 한다는 사실이 무섭기조차 했습니다.

그렇게 숙소를 향해 가고 있는데, 산 아래의 대나무숲이 나타났습니다. 그때 아버지가 갑자기 차를 세우셨어요. 그러곤 성큼성큼 대나무숲을 향해 걸어가셨습니다! 제가 받은 처방에 따라 대나뭇잎을 얻기 위해서였지요.

아무리 그래도 그렇지, 허리까지 차는 눈을 헤치고 들어가 대나뭇잎을 따올 필요까지는…. 너무 위험하다는 생각에 저는 아버지를 말리려고 했습니다. 그런데 아버지는 조금의 주저함도 없이 대나무숲 여기저기에서 대나무 순을 따오셨습니다.

눈 속에서 잎을 따느라 빨개진 손 가득 담긴 푸른 대나뭇잎을 보여주시면서 "이거 봐라, 대나무 순이야. 이렇게 많이 구했어" 하시며 좋아하시는 아버지의 모습에 저는 목이 메었습니다. 될 수 있으면 좋은 순을 따려고 그 깊은 눈 속 여기저기를 헤매 다니신 아버지. 다른 사람들이 다 우는 슬픈 영화에도 눈물 한 방울 흘리지 않던 제가 처음으로 눈물을 흘린 날이었습니다.

참고로 말하자면, 댓님 할아버지가 눈 속에 파묻힌 파란 대나무 순을 따서 잘 말려 끓여 먹어야 효과가 있다고 처방을 내렸던 것입니다. 어머니는 할아버지의 처방대로 대나뭇잎을 정성껏 달여 제게 먹이셨습니다.

고등학교에 입학하면서 저는 아버지 어머니의 이런 정성에 보답하는 길은 열심히 공부하는 것뿐이라고 생각했습니다. 게다가 동네에서 공부 잘한다고 소문난 친구인 명구보다 더 잘하고 싶어졌습니다.

명구는 원래 저보다 한 살 어리지만, 학교를 빨리 들어가서 저와 같은 학년이었습니다. 초등학교 때는 다른 학교에 다녔지만, 중학교, 고등학교는 같은 학교에 다니게 되었습니다.

명구와 저는 동네에서 자주 봐왔던 터라 허물없이 친하게 지냈습니다. 그러나 같은 고등학교에 다니게 되면서 은연중에 자존심과 경쟁심이 발동했어요. 게다가 같은 반, 같은 앞번호가 되자,

경쟁심은 더 강해졌습니다.

 명구는 비록 나이는 저보다 한 살 어리지만, 머리는 저보다 좋았던 것 같습니다. 중학교 때부터 공부 잘한다는 소리를 쭉 들어온 만큼, 고등학교에서도 잘하는 건 당연한 일이었지요. 계속 전교 1, 2등을 왔다 갔다 했으니까요! 이에 비해 저는 전교 50등을 오가는 그저 평범한 고등학생일 뿐이었습니다.

 제가 원래 경쟁 같은 걸 좋아하는 성향은 아닙니다. 그렇지만 이 문제는 얘기가 달랐어요. 같은 학교, 같은 반인데 성적에서 많은 차이가 나니, 어찌 자존심이 안 상할까요! 더구나 어머니가 동네 아주머니들과 모여 이야기를 나눌 때면, 명구 칭찬일색이라는데요. 게다가 은근히 저와 비교가 되기도 한다는데요. 제 성적이 뒤처지다 보니 은근히 질투가 나기도 했습니다.

 고2 때 저는 모의고사가 정말 싫었습니다. 수학 과목 때문이었지요. 다른 과목들은 그런대로 점수가 나오는 편이었는데, 수학만은 언제나 제 속을 뒤집어놓았습니다. 열심히 공부해서 올려놓은 총점을 수학이 다 깎아 먹는 형국이었지요.

 '과연 이 점수로 대학을 갈 수나 있을까? 내가 왜 자연계를 택했을까. 왜 나는 수학을 잘하지 못하는 걸까…?' 제가 정말 한심스럽게 느껴졌습니다.

 '내가 왜 공부해야 하는 거지? 내가 왜 이 더운 날 엉덩이에 종기까지 나면서 이런 고생을 해야 하는 거지?' 그런 생각들이 오락가락해서 머릿속이 복잡한 날엔 홧김에 그냥 땡땡이를 쳐버렸습니다.

그렇게 슬럼프를 겪고 있을 때 김기영 선생님을 만난 건 정말 행운이 아닐 수 없었습니다. 대학 입시 교육 전문가이신 선생님은 수학뿐만 아니라, 인생에 대한 많은 가르침과 함께 학습 의욕이 생기도록 제 용기를 북돋워주셨어요. 특히, 선생님이 가르쳐주신 수학 잘하는 비법은 제게 한 줄기 환한 빛이 되어주었습니다.

비법이라고는 하지만, 아주 특별한 건 없었습니다. 선생님이 경험하셨던 '거꾸로 학습법'을 활용해 그냥 많이, 그리고 자주 문제를 풀어보라는 것이 전부였어요. 선생님은 그 방법으로 공부하면 된다는 확신을 제게 심어주셨고, 그대로 실천하니 정말로 수학의 지름길이 보이기 시작했습니다. 선생님 덕분에 수학 점수만이 아니라 제 생활 모두가 변하고 있는 듯한 느낌이었습니다.

어느새 'Practice makes perfect'라는 영어 속담의 김기영 선생님 버전인 '연습은 결코 배신하지 않는다'라는 말이 제 생활 수칙이 되어버렸습니다. 저는 항상 이 말을 되새기며, 한 번에 많은 걸 이루려고 욕심내기보다는 성실하고 꾸준한 태도로 공부에 임했습니다.

이제 모의고사 점수가 잘 안 나와도, 슬럼프에 빠져 집중이 잘 안 되어도 그저 덤덤하게 넘기게 되었습니다. 그 와중에도 저는 중2 때의 설악산 여행을 떠올리곤 했어요. 김기영 선생님은 아마도 제게 수학만이 아닌, 인생에 대한 철학을 갖게 해주신 것이 아닐까! 라고 믿으면서요.

　제가 애써 부인하려 해도 명구와의 경쟁이 제 공부에 많은 도움이 되었던 건 사실입니다. 1학년을 보내고, 성적이 많이 오른 걸 보면, 그때의 경쟁심이 효과가 컸다는 걸 부인할 수 없겠지요. 그런 경쟁은 1학년 때 끝나지 않고, 2학년, 3학년으로 올라갈수록 더욱 치열해져 갔습니다.
　명구가 1학년 때부터 학생회 활동을 하며 여러 선생님에게서 많은 칭찬을 받고 있을 때, 저는 속으로 조용히 칼(?)을 갈았습니다. '나도 하면 된다!' 라고 말입니다.
　고2 여름방학 동안 저는 정말 열심히 공부했습니다. 그 결과는 2학기 때부터 나타나기 시작했지요. 명구보다 내신 성적은 많이 뒤졌지만, 모의고사 점수는 큰 차이가 없을 정도로 따라붙었습니다. 그리고 2학기 말 명구가 내신 성적으로 전교 1등을 했을 때, 저는 모의고사로 1등을 했습니다.
　그렇게 2학년을 보내고 3학년에 올라가자, 이젠 너도 나도 진짜 수험생 모드에 들어가 열심히 공부하기 시작했습니다. 그러는 사이 수능이 100일도 남지 않은 2학기가 되었고, 수시모집 원서를 쓰느라 분주했습니다. 명구와 저는 같이 연세대와 서울대 수시모집에 지원했습니다. 수시모집은 내신을 많이 따지는 만큼 제겐 좀 불리했습니다. 그래도 수시모집에서 합격하면 수능에 대한 불안감을 떨칠 수 있으니, 지원해보기로 한 것입니다.

명구는 연세대에 합격했고, 저는 떨어졌습니다. 자존심이 바닥으로 내려앉는 듯한 그때의 그 느낌이란! 이루 말할 수 없이 비참한 마음이었어요. 저는 수능 점수를 잘 받아 연세대나 서울대에 가리라 단단히 마음먹었습니다.

고3 여름 어느 날 아침, 신문을 보시던 아버지가 문득 제게 던진 한마디가 신경이 쓰였습니다.
"형준아, 공군사관학교에 한번 가볼래?"
제게 사관학교는 왠지 무서운 곳처럼 느껴졌습니다. 훈련도 힘들다고 하는데…. 그때 마침 학교에서는 한창 사관학교 생도를 모집하고 있었어요. 그걸 아신 아버지가 사관학교 지원을 적극적으로 추천하고 나서신 겁니다.

아버지는 사관학교를 가면 나라에서 인생을 보장해주고, 등록금도 없고, 오히려 월급 같은 품위 유지비를 주므로 거저 용돈이 생기고, 멋진 모습으로 결혼식도 할 수 있으니, 한번 원서를 내보라고 하셨습니다. 그러나 저는 그럴 생각이 전혀 없었어요. 그렇다고 사관학교가 나쁘다는 것은 아닙니다. 다만 제가 싫은 것일 뿐…. 운동도 잘하지 못하는 제게 사관학교는 언감생심이 아닐까요? 정말 저와 사관학교는 어울리지 않았으니까요.
"아버지, 전 진짜 사관학교에 가기 싫다니까요!"
"넌 장교 아들을 두어보고 싶은 아버지의 마음을 그렇게 몰라주냐? 그 모습 한번 보는 게 소원인데!"

아버지는 계속 고집을 부리셨고, 저는 결국 공군사관학교에 원서를 냈습니다. 1차 서류심사 결과 합격이었습니다. 이젠 2차 시험인 신체검사와 면접시험을 치르기 위해 청주까지 가야 했습니다. 수능이 코앞으로 다가왔는데, 정말이지 스트레스로 머리가 돌 지경이었어요.

"아버지가 더 살아봐서 안다니까. 아버지 말 들어!"

"전 가기 싫다니까요. 전 연세대에 갈 거예요!"

결국, 전 아버지와 타협을 봤습니다. 더 노력해서 사관학교 대신 연세대보다 더 위 서열인 서울대에 가겠다고 말입니다. 그건 제 목표이기도 했고, 아버지를 설득하고 나선 결과이기도 했지요. '장교는 대학에 들어가 학군단에 지원하면 될 수도 있다고요.' 아버지는 결국 제 의견을 존중해주셨습니다. 그렇게 바라던 아들의 모습을 포기하시고, 아들의 뜻에 따라주신 것입니다.

조금 힘이 빠져 보이는 아버지의 모습 위로, 강원도의 눈 덮인 고성에서 대나뭇잎을 따시던 모습이 오버랩되었습니다. 저는 '조금 더… 조금 더 열심히 공부해야지'라고 굳게 다짐했습니다.

드디어 수능시험을 치르고 저는 서울대와 연세대 정시모집에 지원했습니다. 합격자 발표를 기다리는 심정은, 밥을 먹어도 먹는 것 같지 않고, 길을 걸어도 걷지 않는 것 같았다고나 할까요. 그 마음을 위로라도 해주려는 듯 우리 학교 자연계에서는 저 혼자만 서울대에 합격했습니다.

서울대에 합격하다니…, 솔직히 얼떨떨하고 잘 믿기지 않았어요. 마치 구름 위를 걷는 듯한 기분이었습니다. 앞으로 살면서 이처럼 기분 좋은 일이 또 있을까, 싶을 만큼요….

그때 같이 기뻐하시고 감격스러워하시던 어머니와 아버지…. 저는 저와 같이 고3 생활을 하시고 입시를 치르시느라 폭삭 늙어 보이는 두 분을 꼭 안아드렸습니다. 그리고 경쟁을 통해 저를 여기까지 오게 해준 명구에게 이렇게 말하고 싶었습니다.

"명구야, 고마워. 다 네 덕분이야! 그리고 질투해서 미안해."

경쟁을 통해 다져진 제 공부 방법, 자식을 위해 위험을 무릅쓰시기까지 하셨던 부모님…. 이 모두가 제 공부의 원동력이 되어 감동의 순간을 맞이하게 해준 셈입니다.

(interview)

작가 : "형준 군은 친구 명구와의 경쟁심이 결국 서울대 합격의 영광을 가져왔다고 믿는데, 공부를 대하는 마음자세와 공부 방법에 대해 후배들에게 어떤 조언을 해줄 수 있나요?"

형준 : "앞에서 이야기했던 김기영 선생님이 저에게 이런 말씀을 해주셨어요. '고3의 1년이란 시간은 수험생 누구에게나 공평하게 주어진다. 그러니 시간을 아껴 남보다 더 많이 공부하면 된다. 누가 더 시간을 효율적으로 쓰느냐에 성패가 달렸다'라고 말입니다. 그러면서 '수험생 모두가 똑같이 힘들게 아침을 시작하지만, 공부 시간이라는 면에서는 엄청나게 차이가 벌어진다. 이러한

차이는 하루하루 쌓이고 쌓여 합격과 불합격이란 실력의 차이를 만들어낸다. 머리도 아니다. 순전히 숫자의 차이에서 갈린다. 즉, 공부 시간의 차이다'라고 하시며, 합격이 단순히 운에 의해 주어지는 것이 아님을 강조하셨지요.

저는 매일매일 타임워치를 켜놓고 몇 시간이나 공부하는지 측정하곤 했습니다. 처음에는 실제로 공부하는 시간이 그리 길지 않다는 것을 알고 깜짝 놀랐습니다. 그래서 마음의 평정을 잃지 않을 수 있는 정도로 매일매일 공부 시간의 양을 경신해 나갔습니다. 저는 고3 때 하루에 최소 10시간 정도를 순전히 공부에 투자했어요.

저는 제 하루 일과 중의 자투리 시간도 그냥 버리지 않았어요. 제가 공부할 수 있고, 공부할 의지가 있는 모든 순간을 무의미하게 보내지 않았지요. 심지어 제 눈길이 닿는 곳마다 외워야 할 것들을 써서 붙여 놓았습니다. 길을 걷는 데 드는 시간도 아까워서 외워야 할 것들을 메모지에 적어 주머니에 넣고 다녔고요. 진짜 저는 무의식중의, 이른바 '멍때리는' 1초도 아깝다고 생각하고, 책 표지에도 외워야 할 것들을 써서 붙여 놓았었어요. 가끔 공부하기가 싫어서 '멍때리며' 책의 표지만 보고 있을 때가 많았기 때문이에요. 눈으로 그걸 좇아 읽으며 나시 공부할 기운을 얻곤 했습니다."

가족의 소중함을 느끼게 하라

가족 모임을 소중하게 생각하시는 어머니.
따뜻하고 화목하게 가정을 이끄시는 어머니 덕분에
저는 안정된 마음으로 공부에 더 집중할 수 있었습니다.

> 연세대학교 인문계열에 합격한 연경이는 서울 강북의 작은 아파트에서 태어났다. 취미는 십자수 놓기와 여행이다. 심리학 전공이 목표지만, 졸업 후 호텔 지배인이 되는 게 꿈이다.

대학 입시의 수시모집 면접에 갔을 때 교수님이 저에게 이런 질문을 던지셨어요.

"자신의 삶에서 롤모델로 삼고 있는 사람은 누구입니까?"

저는 그 물음에 주저 없이 '어머니'라고 대답했습니다. 그런 제 대답에 교수님은 의외라는 듯 놀라는 표정을 지으시더군요. 아마도 무슨 유명한 인물을 꼽을 줄 아셨나 봐요. 소박한 제 대답에 교수님은 "요즘 학생들은 확실히 다르다"라며 웃으셨습니다.

저는 정말 누구를 가장 존경하냐고, 누구를 닮고 싶으냐고 물어온다면 주저 없이 '어머니'라고 대답할 겁니다. 저는 정말 우리 어머니처럼 살고 싶어요. 뭐 거창한 직업을 가지셨거나, 유명인이어서가 아니에요. 우리 어머니는 사람을 편안하고 따뜻하게 해주시는 매력이 있으세요. 우리 남매에게도, 아버지에게도, 또 다른 사람들에게도 어머니는 따뜻한 즐거움을 가득 채워주시는 분입니다.

어머니와 저는 마치 친구처럼 지냅니다. 아주 사소한 일도 얘기할 만큼 가깝습니다. 어머니도 저와 시간을 보내는 것을 좋아하시고요. 같이 TV를 보는 것도, 어디에든 같이 다니는 것도 즐거워하세요.

친구들은 그런 어머니와 살고 있는 저를 무척 부러워합니다. 제가 봐도 우리 어머니는 너무 다정하고 귀여우세요. 요즘 딸들은 보통 '엄마처럼은 안 살 거야'라고 말한다지만, 저는 그 반대입니다. 한 10년 후쯤 제 일을 하면서 어머니처럼 화목한 가정을 꾸리는 게 제 꿈이거든요.

수험생으로서 힘들 때 진솔하게 마음을 털어놓을 수 있는 상대가 어머니(또는 가족)라면 진정한 소통이 가능하지 않을까요? 저는 그런 소통을 바탕으로 안정되게 공부해나갈 수 있었습니다. 관심은 두되 간섭하지 않는, 저를 믿고 응원해주시는 어머니 덕분에 어떤 불협화음도 없이 수험생활을 잘 마친 듯합니다.

어머니는 작은 화랑의 도슨트이십니다. 그래서인지 미술 작품 관람과 클래식 음악을 좋아하세요. 아마도 우리 어머니는 우아한(?) 분위기를 좋아하시는 것 같아요. 말씀도 항상 나지막하고 따뜻하게 하십니다. 자식들에게나 다른 사람들에게 뒷담화나 거친 말을 하시는 것을 단 한 번도 본 적이 없어요.

그런 어머니가 무엇보다 중요하게 생각하시는 건 '가족'입니다. 우리 가족뿐만 아니라, 친척들 가족까지 모두 중요하게 생각하세요. 제가 고3일 때도 부모님은 시골 할머니 댁이나 친척 집에 갈 때면 저를 꼭 데리고 가셨습니다. 때론 제가 피곤하다고, 가기 싫다고 투정을 부려도, 이건 공부보다 더 중요한 거라고 하시면서요.

그래서 저는 한 달 두 번의 할머니 댁 방문이나 친척들 모임에 거의 빠진 적이 없습니다. 제가 생각해도 우리 가족은 친척들을 자주 만나는 것 같아요. 제 또래 중 저처럼 할머니 댁엘 자주 가는 애도 없는 것 같고요.

그래서인지 저는 할머니나 사촌 형제들과 무척 가깝게 지냅니다. 친구들은 명절 때만 잠깐 만나는 친척들인데도, 또 그래서 불편하기만 하다고 해요. 하지만 저는 그런 불편함을 느껴본 적이 전혀 없어요. 정말 다 같은 식구라는 느낌이 강해요. 그건 자주 만나고, 같이 식사하고, 얘기를 나누면서 쌓은 정 때문이 아닌가 싶습니다.

1년에 한두 번 봐서는 절대 생길 수 없는, 그런 끈끈한 정을 어머니와 아버지가 우리에게 가르쳐주신 덕분이지요. 이모들이 우리 어머니를 보고 '그렇게 시댁에 자주 가고, 시댁에 가길 좋아하는 사람은 처음 봤다'라고 할 정도입니다. 어머니나 아버지가 할머니와 할아버지에게 잘하시는 걸 보면서 저도 나중에 우리 부모님에게 정말 잘해야겠다고 마음먹습니다.

　가족이 서로를 아끼고, 사랑하는 것은 정말 귀한 선물과 같습니다. 항상 허전하지 않고 꽉 찬 느낌을 갖게 해주니까요. 할머니에게 너무도 다정하게 잘하시는 어머니의 모습을 보면 정말 존경스럽기까지 합니다. 그러니 제가 '어머니처럼 살고 싶다'라고 생각하는 건 너무 당연하지 않을까요? 지금껏 어머니의 삶은 이처럼 저를 비롯한 많은 사람을 감싸 안고, 따뜻함으로 채워준 삶이었습니다.

　부모님과 더불어 제 인생에서 가장 소중한 사람은 친구입니다. 저에겐 초등학교 때부터 무려 8년이나 사귀어온 친구가 있습니다. 우리는 늘 단짝이 되어 붙어 다녔어요. 시험 때면 독서실에서 같이 공부하고, 같은 학원에 다니고, 같이 먹고 같이 잤습니다. 서로에 대해 모르는 것이 없을 만큼, 서로에게 너무나 소중한 존재라고 할 수 있지요.

　수험생활을 같이 겪으며 친구와 전 못하는 과목과 잘하는 과목을 서로 주고받았습니다. 그렇게 서로에게 피드백을 해주고 자료를 나눠 가졌지요. 이런 방식은 서로의 공부에 많은 도움이 되었어요. 그런 만큼 저는 고3 수험생이라도 서로의 공부에 방해가 되지 않는 선에서 원만한 친구 관계를 유지하는 것도 좋다고 생각해요. 서로를 끌어주는 관계로 발전한다면, 더욱 좋겠지만요.

　그런 친구는 서로를 격려할뿐더러 서로에게 신선한 자극제가 되기도 합니다. 그 힘들다는 수험생활이 그래도 즐거웠던 건, 제게 그런 친구와 어머니가 있었기 때문이 아닐까요!

저는 어려서부터 어머니, 아버지가 은연중에 제게 깨우쳐 주신 대로 그리 힘들지 않게 공부했습니다. 소중한 친구처럼 항상 옆에서 격려하고 보살펴주신 어머니가 제일 큰 힘이 되었지요. '공부하라'라고 강요하시기보다 어머니는 제게 '네가 지금 할 일은 공부다. 네게 주어진 사명은 현재의 네 위치에서 최선을 다하는 것'이라는 무언의 격려를 아끼지 않으셨어요. 그런 믿음이 늘 제 마음을 가득 채워줬고요.

만약 어머니가 제게 지나친 관심을 보이고 간섭하셨다면, 저는 수험생으로서의 부담감과 스트레스를 느꼈을지도 모릅니다. 그런데 어머니는 적절하게 관심을 기울이시며, 제게 믿고 의지할 곳이 있음을 느끼게 해주셨어요. 항상 저를 믿어주시고 '할 수 있다'라고 사기를 북돋워 주신 덕분에 저는 정말 열심히 공부할 수 있었습니다.

그런 제 마음을 느끼고 계셨는지, 어머니는 친구와 독서실에서 밤새우거나 늦게 오더라도 끝까지 저를 믿어주셨어요. 그런 어머니 덕분에 저는 즐겁게 공부할 수 있었고요. 그때도 지금도 어머니가 너무나 고맙습니다.

저는 공부하면서 지칠 때마다 부모님과 친구 말고 또 하나, 저를 위로해주는 꿈을 펼쳐 보곤 했습니다. 그건 '꼭 대학에 합격해서 합격 수기를 써야지' 하는 꿈이었습니다. 머릿속으로 이런 이야기도 하고, 저런 이야기도 해야지, 상상하면서 저 자신을 독려하곤 했습니다. 나중에 합격하면 주위 사람들에게 제가 알려줄 수 있는 수험생활의 모든 팁을 알려주리라 마음먹으면서요.

그런데 막상 작가 선생님을 만나 인터뷰하며 수험생활 이야기를 풀어놓으려고 하니, 어머니만 생각났어요. 하지만 은근히 저를 괴롭힌 공부 스트레스가 왜 없었겠어요. 여기에서 성적이 좋든 나쁘든 수험생활의 부담감에서 비롯되는 스트레스의 관리법인 저만의 '팁'을 꼭 알려주려 합니다.

감정 기복이 클수록 공부에 집중하는 것이 더 어려워지기 때문에 저는 어떤 일이든 그냥 '그렇구나~' 하며 넘기려고 노력했어요. 가족들, 어머니와 친구 외에도 친척 언니와 많은 이야기를 나누며 제 감정 수위를 조절하려고도 노력했고요. 많은 감정 변화를 겪지 않으려고 스스로 설제했던 셈입니다.

저는 어머니 외에도 저를 진심으로 위해주는 주변 사람들과 많은 대화를 나누며 스트레스를 풀었습니다. 한편으론 가끔 소설책을 읽으며 스트레스를 풀기도 했고요. 독서는, 현실에서 잠시 벗어나 제 마음을 진정시키고 좀 더 객관적으로 현실을 바라보게 해주어 감정 정리에 도움이 되었습니다.

수능 시험일이 점점 다가오면서 자꾸 시험에 대해 생각하고 고민해서인지, 불안감과 스트레스를 더 많이 느끼게 되었습니다. 이에 저는 그냥 그런 생각을 차단하자, 목표 달성을 위해 공부만 하자, 마음먹었지요. '얼마 후면 수능 시험이다' 라는 생각을 아예 차단해버리자 자연스레 불안한 마음도 사라졌습니다. 공부가 잘 안 되어 스트레스를 받을 때는 제가 잘하는 과목에 집중했습니다. 그랬더니 효율적으로 공부가 되더군요.

특히, 저는 일주일에 한 번 일기를 쓰며 그 시기를 견뎌냈습니다. 일기에 좋았던 감정, 나빴던 감정을 속 시원하게 풀어놓자, 복잡한 감정이 정리되고 열심히 공부하자, 라는 마음이 샘솟았습니다. 이렇게 감정이 정리되자 스트레스도 덜 느끼고, 늘 새로운 마음으로 공부에 임할 수 있었습니다.

저는 대학에서 심리학을 전공하려고 합니다. 심리학을 전공한 후에 사회에 진출해서는 호텔리어가 되고 싶어요. 사람들은 대부분 자신의 대학 전공을 살려 직업을 선택하지만, 저는 전공과 다른 길을 가려고 해요. 앞으로 영어와 일어를 열심히 공부해서 호텔 지배인이 되는 게 제 꿈이니까요.

저는 어머니를 존경하고 좋아합니다. 어머니처럼 사랑받고, 사랑을 줄 줄 아는 멋진 여자가 되고 싶어요. 자신의 길을 꿋꿋이 걸으며 가정 또한 잘 지키는 여자. 아마 모든 여성의 바람일 것입니다. 그런데 그게 쉬운 일만은 아닐 테지요. 그래서 항상 부지런하고 매사에 열심인 자세를 가지려고 합니다. 그것이 훗날 제 어머니처럼 제 자식을 믿음으로 교육하는 특별한 방법이 되어주지 않을까요?

(interview)

작가 : "연경 양은 앞에서 이야기한 '스트레스 관리법' 말고 후배들에게 수험생활의 팁으로 어떤 이야기를 해주고 싶은가요?"

연경 : "저는 대학 졸업 후 사회에 나가서 무슨 일을 하며 생활할지 자신의 미래를 설계해 보라는 이야기를 하고 싶어요. 목표가 있으면 그 목표를 달성하기 위해 노력하게 되거든요. 제 경우는 대학 전공과 미래의 꿈이 다르지만 꿈을 이루는 데 제 전공이 많은 도움이 되리라 믿어요. 모 대학에 호텔경영학과 같은 호텔관광계열 학과가 설치되어 있지만, 우리 대학에는 없지요. 그래서 제 꿈을 이루는 데 필요하다면 대학원에 진학하려고 해요.

제가 후배들에게 꼭 강조하고 싶은 말이 있어요. 바로 '앞으로 멋진 인생을 설계하는 데 공부를 통해 쌓은 소양이 꼭 필요하다고요. 그게 여러분의 가치를 높여주고, 언제나 든든한 지원군이 되어줄 것이다, 그러므로 절대 공부를 포기하지 마라' 라고요. 지금 품고 있는 꿈이 무엇이든, 그 꿈을 이루기 위해서 공부는 선택이 아닌 기본이니까요.

꿈이 있는 사람은 당장의 성적이 낮다고 해서 좌절하지 않아요. 오히려 공부를 잘할 수 있는 방법을 끊임없이 모색하지요. 공부를 잘하지 않고선 자신의 꿈을 이룰 수 없다는 것을 잘 알기 때문입니다. 여러분! 꿈이 클수록 학창시절 성적은 매우 중요해요. 지금 실력이 좋지 않더라도 꿈만은 당당하게 가지세요. 당당하고 원대한 꿈은 여러분을 책상 앞으로 이끌 것입니다."

자녀를 독립된 인격체로 대하라

어머니는 저를 어리기만 한 아들로 대하시기보다는,
곧 세상에 나가 또 다른 인생을 살아갈 어른으로 대해주셨습니다.

연세대학교 공학계열에 합격한 재영이는 경기도 성남시의 높은 언덕 작은 집에서 태어났다. 취미는 신문이나 TV를 보고 친구들에게 이야기해주는 것이고, 특기는 친구들이 못 푸는 수학 문제를 가르쳐주기와 썰렁한 유머로 분위기 띄우기다.

우리 어머니의 교육 방법은 단 한마디로 설명됩니다.

"네 공부는 네가 하는 거야!"

정말 간단해 보이는 말이지만, 그게 그렇게 간단하지가 않아요. 그 속에 제게 많은 책임이 있다는 암시가 들어 있기 때문이지요. 어머니는 가끔 이런 말씀으로 제 정신을 번쩍 들게 하셨습니다.

"네가 공부 열심히 해서 나중에 잘되면 네 마누라하고 자식들이 편히 먹고사는 거고, 네가 놀기만 하는 흐지부지한 놈이 되면, 네 가족이 불행해지는 거야. 네가 공부를 하든, 안 하든 엄마는 상관없어. 우리 집이 그리 부유한 편은 아니지만, 공부하는 데 들어가는 돈은 대줄게. 공부도 돈이 있어야 하니까."

얼마나 냉정한 말씀이신가요. 다른 부모님들은 공부하라고 자식을 닦달하거나 애간장을 끓이신다는데, 공부하고 안 하고는 제 책임이라는 것입니다. 그게 또 틀린 말씀은 아닌지라….

공부는 부모님을 위해서나 그 누구를 위해서 하는 게 아니지요. 저 자신을 위해 하는 게 맞습니다. 어머니 때문에 저는 일찍부터 공부는 절 위해 하는 것이라고 생각한 것 같아요. 그러니 어머니의 냉정한 말씀이 잔소리보다 더 무섭게 들릴밖에요.

그런 어머니의 교육 방법을 통해 저는 더 많이 성숙할 수 있었습니다. 공부 방법을 결정하는 것도 모두 제 몫이었습니다. 제가 학원을 선택하면 어머니가 수강료를 내주시곤 했어요. 어머니는 제 선택에 토를 달지 않으시고 그대로 수용하셨지요. 빠듯한 형편에도 제 공부에 드는 비용은 아까워하지 않으셨고요.

저는 중학교를 두 군데나 옮겨 다녔습니다. 그 경험을 통해 저는 학교 간 차이를 알게 되었습니다. 그게 제가 학교에 나니는 게 괴로웠던 한 이유이기도 합니다.

중학교에 입학하자마자 본 첫 시험에서 저는 상위권의 점수를 받았습니다. 그건 초등학교 때 어머니가 일주일 단위로 꼬박꼬박 내주셨던 숙제를 열심히 했던 덕분이었지요.

이렇게 저는 첫 중학교 생활을 멋지게 시작했어요. 수업 과목마다 다른 선생님이 들어오시는 것, 초등학교 때와는 달리 이십 대 후반의 젊은 선생님들이 많으신 것도 저는 참 좋았습니다.

그 중학교에 막 정이 들려고 하는데, 우리 집이 서울로 이사하게 되었어요. 저 또한 서울의 중학교로 전학하게 되었고요. 이사 와서 다니게 된 중학교는 이전의 중학교와는 완전 딴판이었습니다. 반 아이들이 학교 수업이 끝나자마자 학원으로 향해서, 덩달아 제겐 친구 하나 사귈 틈이 없었습니다. 선생님들은 우리 부모님보다 훨씬 나이 드신 분들뿐이었고요.

수업 분위기는 어찌나 딱딱한지 마치 군대(?)에 있는 것 같은 기분이었어요. 당연히 저는 학교에 가는 것이 싫었습니다. 성적도 계속 떨어졌고요. 그나마 몇몇 좋은 친구들이 생겨서 학교를 그만두는 불상사는 없었지만요.

저는 늘 전에 다니던 중학교의 온화하고 따뜻한 분위기를 동경했고, 그 학교로 돌아가고 싶어 했습니다. 그렇게 중학교 3년을 진저리를 치며 보냈습니다.

중3이 끝날 무렵까지 저의 성적은 예전처럼 좋아지지 않았습니다. 중학교 졸업과 함께 제가 짊어졌던 가장 큰 고민은, 어떻게 성적을 회복할 건가 하는 것이었어요. 저는 혼자 고민하다 안 되겠다 싶어 어머니에게 제 마음을 솔직히 털어놓았습니다. 어머니는 실력을 키우려면 안정된 공부 장소가 필요하다며, 제게 집에서 공부할 것을 권하셨습니다.

저는 먼저 학습 계획을 짜고, 그 계획에 따라 어머니 말씀대로 집에서 공부하려고 노력해봤습니다. 하지만 그건 어리석은 짓이었어요. 스스로 세운 계획을 실천에 옮긴다는 게 얼마나 힘든 일인지 깨달았기 때문입니다. 그 계획은 사흘을 못 넘기고 흐지부지되어 버렸습니다.

의지가 약한 저는 참새가 방앗간을 못 지나치듯 집 안의 TV나 컴퓨터 등을 없는 듯 무시할 수 없었습니다. 부모님이 집에 안 계실 때는 TV를 보거나 컴퓨터 게임을 하기 일쑤였지요.

결국, 저는 집 밖에서 공부하기로 마음먹고 학원에 등록했습니다. 학원 수업이 끝나면, 학원의 자습실을 100% 활용했고요. 추운 겨울에도 히터가 들어오는 조용한 자습실에서 공부에 몰두했습니다. 그렇게 점차 저 자신을 이기는 방법을 터득해나가게 되었습니다.

고등학생 아들에게 벌써 가정을 책임져야 한다는 의식을 심어주는 부모가 얼마나 될까요?… 우리 어머니가 항상 강조하시는 것처럼요.

"넌 앞으로 아내와 자식이 있는 가정을 꾸려나갈 사람이야. 지금부터 가상으로서의 책임감을 지니고 장래를 생각해야 해…."

덕분에 저는 부모님에게 투정을 부리거나 반항하는 사춘기가 아니라, 제 인생을 구체적으로 계획하고 스스로 책임질 줄 아는 성숙한 아이로 자라났습니다.

공부! 대부분이 그렇듯, 저에게도 정말 하기 싫은 것 중의 하나였지요. 그럴 때마다 마음을 다잡고 공부에 매진하게 했던 건, 주위 사람들의 삶의 모습들입니다. 지하철에서 한 아이는 업고, 한

손으로는 또 다른 아이를 붙잡고 힘들어하는 아주머니를 목격할 때면, 저는 저절로 열심히 공부해야겠다고 마음먹게 되었습니다.

'네 가족 고생시키지 마라'라는 어머니의 말씀이 떠오르면서 '난 내 아내만큼은 고생 안 시킬 거야!…'라는 각오를 다지게 되었으니까요.

저는 밤잠이 없고, 아침잠이 많은 편입니다. 일찍 자라는 부모님의 말씀을 자주 듣게 된 이유이지요. 학원에 갔다 오면 11시가 넘었는데, 그때 저는 쉰다는 개념으로 항상 TV를 봤습니다.

늦은 시간에는 재미있는 프로그램이 왜 그리 많은지…! 그러다 새벽 1시까지 TV를 보고 있는 저를 발견하곤 했습니다. 아침이면 일어나기 힘들어하는 저를 보고 부모님은 다음번엔 일찍 자고, TV를 보지 말라고 하시면서 무척 화를 내셨어요. 저는 그때 부모님의 그런 간섭이 너무 싫었습니다.

학교나 학원에서 열심히 공부하는 만큼 집에 와서는 제가 하고 싶은 걸 하면서 좀 쉬는 게 당연하다고 생각했기 때문이에요. 처음에는 이 일로 부모님과 말다툼까지 하곤 했지만, 시간이 지나면서 부모님도 저를 이해해주셨어요. 학교나 학원에서 그만큼 열심히 공부하고 있다는 걸 믿어주셨던 것입니다.

저는 원래 좀 무딘 편이어서 어떤 일로 감동을 받거나, 슬퍼도 울거나 하는 일이 별로 없습니다. 그런 제가 부모님으로 인해 감동을 받았던 일은 참 많습니다. 무슨 큰일로보다는 하루하루를 살아가시는 부모님 모습에서 가슴 뿌듯한 고마움을 느꼈습니다.

고2 때부터 저는 항상 11시가 넘어 집에 들어왔어요. 제가 늦게 와도, 힘드니까 기다리시지 말고 먼저 주무시라고 말씀드려도 어머니는 항상 제가 올 때까지 기다리고 계셨습니다. 매일 거실 탁자에 간식을 준비해놓으시곤, 소파에 앉아 졸고 계시는 모습을 보이기도 하셨지요.

그런 모습을 볼 때면, 정말 열심히 공부해야지, 그래서 나를 위해 저렇게 고생하시는 어머니를 기쁘게 해드려야지, 싶었어요. 아니, 입시를 떠나서라도 나중에 어머니에게 이 고마움을 어떻게 다 갚을 수 있을지…, 두고두고 어머니에게 잘해드려야지…, 생각하곤 했습니다.

그리고 제가 평생 잊지 못할 어머니의 모습이 또 하나 있습니다. 연세대 수시모집 면접 날, 어머니가 따뜻한 커피와 떡을 준비해서 면접장에 오신 것입니다. 부모님이 꼭 오시지 않아도 되는 날인데 말이에요. 저는 학교 벤치에 앉아 그것을 먹고는 면접 대기실로 들어갔습니다. 학부모들은 대기실 안에 못 들어오므로 밖에서 서성여야 했고요.

그렇게 긴장한 채 순서를 기다리고 있는데, 누군가 제 이름을 불렀습니다. 돌아보니 어머니가 제 뒤에 서 계셨습니다. '아니, 어떻게 여길 들어오셨지?' 어머니는 먼저 면접을 끝내고 나오는 학생들한테 면접관이 무슨 질문을 하는지 물어보시곤, 제게 그것을 알려주시려고 몰래 대기실에 들어온 것이었습니다.

"왕따에 대해 어떻게 생각하느냐고 물어보고, 고등학교 교육을 어떻게 생각하는지 물어봤대." 저를 향한 어머니의 정성과 안타까움이 그대로 전해지는 순간이었지요. 평소엔 '네가 스스로 잘 알아서 해야 한다'라고 하시면서도, 어머니는 제 일이라면 아무것도 꺼리지 않는 모습을 보여주신 것입니다.

비록 면접에서 왕따에 관한 질문은 나오지 않았지만, 저는 뿌듯한 마음으로 면접을 끝낼 수 있었습니다. 정말 저에 대한 어머니의 사랑은 얼마만큼 깊은 것일까요? 전 그 깊이도 크기도 헤아릴 수 없을 뿐입니다.

(interview)

작가 : "재영 군에게 책임감을 심어 준 어머니의 교육 방법이 기발했던 것 같네요. 재영 군의 교육을 위해 특별히 마련해 놓으신 교육 방법도 아닐 텐데요."

어머니 : "저는 남들처럼 교육을 많이 받은 사람이 아니어서 아이를 어떻게 교육할지, 사실 그 방법을 잘 모르고 살았어요. 옛날 우리 어머니들은 교육을 많이 받지 못했어도 자식들을 훌륭하게 키워냈잖아요? 엄마가 교육 전반을 꼭 다 알아야 하는 것은 아니라고 생각해요. 저희 집이 경제적으로 그리 넉넉지 않아 재영이 스스로 공부할 수 있게 하는 방법으론 뭐가 있을까? 생각해보다 우리 집 현실을 빗대어 이야기한 것을 재영이가 잘 받아들였던 것 같아요."

작가 : "정말 기발하신 발상이셨네요. 그런데 재영이에게 다 맡겨 놓고 불안하지는 않으셨나요?"

어머니 : "왜 불안하지 않았겠어요? 재영이 아빠는 워낙 바빠서 재영이에게 많은 관심을 기울일 수 없는 형편이었어요. 그래서 엄마인 제가 그 몫을 다 감당해야 했지요. 그런데 딱히 재영이에게 해줄 말이 그것뿐이더라고요. 초등학교 때까지야 그런대로 관심을 쏟을 수 있었지만, 저도 일을 하는 터라 세심히 살펴봐 주지는 못했어요. 그렇지만 공부하는 환경을 만들어주려고 노력은 했습니다. 그리고 가능하면 잔소리를 안 하려고 했고요. 자식을 키우면서 부모의 입장에서 자식을 바라보는 것도 중요하지만, 자식의 관점에서 바라보는 것도 중요한 것 같아요. 잔소리란 자신의 관점에서 자신의 생각과 다를 때 하는 거잖아요? 부모가 자식을 어떻게 대하느냐에 따라 잔소리가 되든 격려가 되든 달라지는 것 같아요. 부모 입장에서 보기에 좀 미흡해도 재영이의 노력을 인정하고 격려해준 것이지요."

작가 : "마지막으로 한 말씀만 더 여쭙겠습니다. 재영 군 면접시험 때 면접 대기실에는 어떻게 들어가셨나요?"

어머니 : "참 곤란한 질문을 하시네요. 무조건 면접 질문 내용을 재영이한테 알려주어야 한다고 생각히고 '어찌어찌' 들어갔습니다. 제가 너무 극성을 떨었나 봐요."

하루하루의 일상을 소중히 여겨라

비 오는 날도, 눈 오는 날도 어머니는 골목길에서 저를 기다리셨습니다.
집으로 돌아오는 그 길엔 언제나 어머니가 서 계셨습니다.

서울대학교 보건계열에 합격한 수진이는 강원도 춘천에서 태어났다. 취미는 그림 그리기이지만, 과학자나 위인들의 전기를 읽는 것도 좋아한다. 가장 존경하는 분은 테레사 수녀다. 그분처럼 봉사할 수 있을는지는 모르지만, 닮아가려고 노력하고 있다.

어렸을 때부터 부모님의 교육 방법 중 지금까지 변치 않는 것이 있다면, 항상 저를 믿고 존중해주신다는 것이에요. 성적이 떨어져 부끄러움에 성적표를 못 내밀거나 친구 문제로 고민할 때면, 어머니는 항상 "나는 널 믿는다"라고 말씀하시곤 했습니다.

한밤중, 공부하다 화장실에 갈 때면 그런 어머니의 기도 소리가 종종 들리곤 했어요.

"우리 수진이, 힘든 시기를 잘 이겨낼 수 있게 해주세요. 자신의 길을 믿음을 갖고 힘내어 나아갈 수 있도록 도와주세요."

어머니의 이런 기도 소리를 들을 때면 가슴이 뭉클해져 다시금 공부와 한판 붙어보자는 도전의식이 불붙곤 했습니다. 힘들 때마다, 포기하고 싶을 때마다, 저를 끝까지 믿어주신 어머니. 그분이 계시다는 게 저에게 얼마나 큰 위안이 되었는지 몰라요….

 부모님은 또 저에 관한 문제를 일방적으로 결정하신 적이 없습니다. 학원을 비롯한 모든 공부 방법을 제 결정에 따라주셨습니다. 진로를 결정할 때도 제가 원하는 게 뭔지, 무엇을 가장 중요하게 생각하는지 먼저 물어보셨고요.

 가끔 부모님의 그늘이 너무 깊고 부담되어 힘들어하는 친구들을 보곤 했어요. 안 그래도 고등학교 생활이 얼마나 버겁고 힘든지 모두 알 텐데, 부모님들마저 저렇게 부담을 주시나 싶어 안타까울 때가 많았습니다.

 고3 1학기 말경에 치른 모의고사 성적이 예상보다 낮아 전 너무 화가 났습니다. 게다가 담임선생님까지 "이 성적으론 서울에 있는 대학에 못 가. 그동안 열심히 공부하는 것 같았는데 성적이 왜 이러니? 잘 가르치는 학원에라도 다녔으면 조금 나았을 것 아니야!"라고 저를 힐난하다시피 했어요.

 그날 저는 자율학습도 하지 않고 집에 와서는 엉엉 울었습니다. "왜 엄마는 미리미리 과외라도 한번 시켜주시지 않았어요?"라고 어머니에게 따져 물으면서요. 순간, 식탁에 마주 앉아 계시던 어머니가 눈물을 흘리셨습니다. 어머니가 제 앞에서 눈물을 보이신 건 그때가 처음이었습니다. 저는 '아차' 싶었지요. '내가 많이 잘못했구나' 하고 번쩍 정신이 들어 어금니를 꽉 깨물었고요. 과외를 시켜줄 형편이 안 되어서 어머니의 마음도 아프셨을 텐데, 그렇게 심한 말을 하다니⋯.

제 방에 돌아온 저는 곰곰 생각에 잠겼습니다. '무엇이든 혼자 힘으로 이루어가겠다는 네 신념은 다 어디로 가버린 거야? 시험 결과와 선생님의 말씀 한마디에 흔들릴 만큼 그렇게 나약한 거야?' 저는 그렇게 저 자신을 다그쳤습니다. 그러곤 어머니에게 갔습니다.

"엄마, 죄송해요."

"엄마는 널 믿는다. 남들 하는 대로 다 해주지 못해 미안하다만, 수진아, 주님이 너와 함께하실 거야!"

부모님과의 갈등은 언제나 저의 이기심에서 시작되었습니다. 그럼에도 불구하고 어머니는 항상 그런 저를 참고 기다려주셨지요. 어머니의 인내심을 따라가려면 저는 아직 멀었나 봅니다.

부모님은 하루하루의 일상을 통해 저에게 감동을 주세요. 뭐, 거창한 일로 그러시는 건 아닙니다. 그저 작은 일, 먹는 것 하나, 저와 마주하는 시간 같은 것을 소중하게 생각하십니다.

중학교 때부터 고등학교 3학년 때까지 무려 6년 동안 어머니는 하루도 빼놓지 않고 제 도시락과 간식을 챙겨주셨습니다. 학교 급식이 맞지 않아 배앓이를 자주 하는 저를 위해 어머니가 직접 음식을 조리해 도시락을 싸주셨던 것이에요. 언제나 새벽 5시에 일어나셔서 도시락은 물론, 과일에 따뜻한 물까지 꼭 준비해 놓으셨지요.

고3 무렵 다른 친구들은 저녁 시간에 밖에 나가서 음식을 사 먹기도 했는데, 저는 꼬박 어머니가 싸주신 도시락을 가지고 다녔습니다. 아무리 바쁜 아침 시간이라도 어머니는 새로 지은 따뜻한 밥과 국을 챙겨주셨어요.

어머니가 해주신 더운밥을 먹다 보면 괜스레 제 마음까지 따뜻해지곤 했어요. 마음이 허하면 무얼 먹어도 포만감이 느껴지지 않잖아요? 그런데 어머니가 챙겨주시는 도시락은 무슨 비법이라도 따로 있는지 제 마음속까지 꽉꽉 채워주곤 했지요.

'어머니의 사랑….' 항상 제 마음을 채워준 그 사랑으로 인해 저는 감기 한번 앓지 않고, 방황 한번 하지 않고, 고3이라는 시간을 버텨낼 수 있었던 것 같습니다.

야간자율학습이 끝나면 밤 10시가 넘었습니다. 깊어 가는 밤거리, 서는 어둠을 뚫고 지친 몸을 이끌며 디벅디벅 집으로 향했습니다. 집으로 가는 그 오르막길엔 항상 어머니가 서 계셨어요. 멀리서 제가 오는 것이 보이면 어머니는 달려와 무거운 제 책가방을 대신 들어주셨습니다. 그러곤 제 손을 꼭 잡고 집까지 같이 걸어갔습니다.

눈이 몹시 온 어느 날, 세차게 내린 눈은 발이 푹푹 빠질 만큼 쌓여 걷기가 힘들 정도였습니다. 설마 했는데 그때도 어머니는 그 골목길에서 저를 기다리고 계셨어요. 어머니의 어깨에는 눈이 소복이 쌓여 있었지요. 제게 망토를 둘러주시며 어깨를 감싸 안아주시던 어머니의 모습을 결코 잊을 수 없을 것 같아요.

친구들은 간혹 집에 가기 싫다고 말하곤 했지만, 저는 오히려 그 반대였습니다. 집으로 향할 때면 제 마음은 편안함 그 자체였거든요. 학교에서 있었던 힘든 일도 어둡고 추운 골목길에서 저를 기다리시는 어머니를 보면 금세 풀려버리곤 했으니까요.

외국에서 일하시는 아버지는 휴가 때나 되어야 겨우 뵐 수 있었습니다. 휴가를 나오실 때면 아버지는 언제나 교문 앞에서 저를 기다리고 계셨어요. 멋진 오토바이를 타시고요…. 그럴 때면 저는 친구들의 부러움을 한 몸에 받았습니다. 친구들이 저런 아버지가 계셔서 좋겠다고 할 때면 어깨가 으쓱해졌지요. 요즘 자가용이 없는 집이 어디에 있을까요? 대신 우리 집에는 멋진 오토바이가 있었습니다.

그냥 집에서 저를 보셔도 될 텐데, 아버지는 조금이라도 더 빨리 딸을 보려고 그러신다며, 교문 앞에서 저를 기다리고 계셨습니다. 학교에서 집까지는 걸어서 15분밖에 안 걸리는데도요. 그 길을 오랜만에 아버지와 학교에서 있었던 일들을 얘기하며 걷는 그 기쁨을 어떻게 형언할 수 있을까요!

혹시 오늘도 아버지가 학교에 오시지 않았을까? 이렇게 설레는 마음으로 교문까지 걸어갈 때가 종종 있었습니다. 다른 친구들처럼 매일 아버지를 보지는 못하지만, 그래서 아버지와의 만남이 더 애틋하게 여겨지는 듯했어요. 매일 학교에 갈 때면 교문 앞에서 저를 기다리시던 아버지가 생각났습니다. 그 교문은 어느새 저와 아버지의 추억의 장소가 되었습니다.

고2 때 저를 가장 힘들게 한 과목은 수학이었습니다. 제가 자연계를 선택한다고 했을 때, 많은 사람이 의아해했어요. 1학년 때의 수학 성적이 별로이니 인문계 성향이 아니냐, 왜 수학을 잘해야 하는 자연계를 선택하느냐, 하면서요.

실제로 제 적성검사도 인문계가 자연계보다 더 잘 맞는다고 나왔습니다. 저는 잘할 수 있다는 확신이 없음에도 제 길을 찾아가려면 자연계를 선택해야 한다고 생각했어요. 제게 적성보다 더 중요한 건 저의 의지였으니까요! 자연계를 선택한 걸 후회하지 않기 위해 저는 2학년 겨울방학 때까지 매일 수학 문제집을 풀었습니다. 학교 수학 시간에도 열심히 공부했지만, 혼자 공부하는 시간의 반을 수학에 투자하기도 했고요.

하루는 아버지가 자신의 고향 선배이신 김기영 선생님 전화번호를 알려주셨어요. 아버지는 외국에 일하러 가시기 전에 김기영 선생님은 대학 입시 전문가이고, 입시학원도 경영하신 분이니, 언제든 전화해서 입시 상담을 받으라고 일러주셨습니다. 딸의 미래를 걱정하시는 아버지의 마음이 그대로 담긴 대목이 아닌가요?

"선생님, 어떻게 하면 수학을 잘할 수 있을까요? 수학을 잘하는 애들은 어떻게 공부해요?"

"수학을 어렵게만 생각하지 말고, 그냥 즐겨 봐."

그 어려운 과목을 즐기라니…. 처음엔 이해가 잘 안 되었지만, 저는 선생님이 알려주신 '거꾸로 학습법'으로 수학을 즐기려고 노력했습니다. 매일 그렇게 수학 공부를 하다 보니, 실력이 조금씩 늘어갔습니다. 그리 뛰어난 실력은 아니지만, 비슷한 유형의 문제들을 묶어 분석도 해보고, 증명도 여러 번 해보았습니다.

그랬더니 신기하게도 2학년 말쯤이 되자, 문제를 보기만 해도 '풀이 방법'이 보이기 시작했어요. 푸는 방법이 보이니 수학이 정말로 재미있어지기 시작했고요. 그러다 3학년 첫 모의고사에서 수학 점수 만점을 받게 되었지요. 그때의 그 기분이란! 누가 알 수 있을까요?

이렇게 수학 과목에 자신이 붙은 만큼 3학년이 되어서는 다른 과목에도 신경을 많이 썼습니다. 못하는 과목이 있다면, 거기에 많은 시간과 정성을 투자하는 것이 최상의 방법이라고 생각했기 때문이지요. 그리고 김기영 선생님이 각각의 과목별로 알려주신 '거꾸로 학습법'을 적용하며 한 과목씩 각개격파 해나갔습니다. '거꾸로 학습법'은 정말 빠르고 완벽하게 한 과목을 해치우게 해주는, 마치 마술과 같았습니다.

제가 하고 싶은 일은 참 많습니다. 화가, 디자이너, 과학자 등등. 진로를 결정할 때 고민을 많이 한 이유입니다. 그때 어머니는 '이 길로 가라'라고 하지 않으셨어요. 대신 "네가 정말로 원하는 게 뭐니? 앞으로 그 일을 하면서 네가 행복을 느낄 일 말이야"라고 물으셨을 뿐입니다. 그 질문에 스스로 대답할 수 있다면, 너의

길 또한 스스로 택할 수 있을 거라고 하시면서요….

내가 정말로 원하는 것? 경제적인 부 또는 빛나는 명예…, 뭐 이런 것도 좋겠지. 하지만 정말 내가 원하는 것, 정말 내가 하고 싶은 건 뭘까? 다른 사람에게 사랑을 베푸는 게 아닐까! 내가 지금껏 가장 아름답다고 생각해온 건 그런 모습이 아닐까?

그래서 제가 결정한 진로는 '간호학과'였습니다. 부와 명예가 따르는 정치가나 기업가보다는 '테레사 수녀님'처럼 봉사하며 따뜻한 삶의 길을 걷는 그런 사람이 되고 싶었으니까요. 이기심을 버리고 더 큰사람이 되면 좋을 텐데….

테레사 수녀님 말씀 중에 제가 가장 좋아하는 말은 "모든 것은 기도에서 시작된다. 누구에게 말하는 기도가 아니라, 내 마음에 간직하는 기도가 진정한 기도다"라는 말입니다. 늘 기도하는 마음으로 제 내면을 들여다보고, 마치 거울을 닦듯 저 자신을 맑게 닦아가고 싶습니다.

매일의 일상 속에서 부모님으로부터 받고 배운 그 따뜻한 사랑을 이제 많은 사람에게 나눠 주고 싶습니다. 사람을 행복하게 하는 건, 거창한 기쁨을 안겨주는 일은 아니라고 생각합니다. 그저 하루하루의 삶의 여정 속에서 최선을 다하는 삶, 그 시간을 소중히 여기는 삶이야말로 행복한 삶이 아닐까요!

딸과 더 많은 시간을 가져라

저는 혼자 있는 시간이 많았습니다.
하지만 인터넷 사이버 공간에서 채팅, 동호회 활동을 하며
많은 사람을 만나게 되었고, 다양한 세상을 배울 수 있었습니다.

연세대학교 이과대학에 합격한 영선이는 서울에서 태어났다. 혼자 있는 시간에 참여한 동호회 활동이 취미가 되었다. 온라인의 가상세계에서도 열심히 활동 중이다.

저는 부모님과 많은 시간을 함께하지 못했어요. 그리 친밀한 사이도 아니었고요. 어머니는 초등학교 교사시고, 아버지는 출근 하시면 저녁 늦게야 집에 오셨습니다. 부모님과는 거의 주말에만 얼굴을 보고 이야기할 정도였지요. 저는 동생이 태어나기 전까진 항상 혼자 집에서 놀았던 것 같아요. 그 때문인지 지금도 어머니에게 제 이야기를 잘 하지 않는 편입니다.

그렇다고 그런 점에 딱히 불만이 있는 것도 아닙니다. 그저 당연하게 받아들였던 것 같아요. 우리 어머니는 원래 바쁘시니까, 공부도 다른 것들도 모두 제가 혼자서 해결해야 하는 것으로 알고 있었습니다.

어머니는 저와 함께할 시간이 적었을 뿐 아니라, 성격 또한 무덤덤한 편이어서 표현을 잘 하시지 않으세요. 그래서 제겐 어머니의 애정을 진하게 느꼈다거나 하는 기억이 별로 없습니다. 어릴 때부터 독립적인 성격을 갖게 된 것도 그 때문이라고 생각합니다. 조금은 냉정한 면모도 가지게 되었고요.

중·고등학교 때 모처럼 성적이 올라 어머니의 칭찬이라도 기대할라치면 어머니는 그저 무덤덤하게 "응, 시험 봤니?" 하시는 정도의 반응을 보일 뿐이었습니다. 그러다 성적이 떨어지기라도 하면 "그렇게 해서 대학은 가겠냐?"라고 야단을 치셨습니다. 그러실 때마다 저는 성적이 오를 때는 별말 없으시더니, 성적이 떨어지니까 왜 야단을 치냐며 짜증을 내곤 했습니다.

아버지는 제 교육 문제를 거의 어머니에게 맡기셨습니다. 공부와 관련해 아무 말씀도 안 하시고 어쩌다 "공부 잘하고 있니?" 하시는 게 전부였어요. 제 학교생활에 관한 건 어머니로부터 전해 들으시는 것 같아요. 생활고 때문도 아닌데, 얼마나 바쁘셔서 저에게 관심을 두시지 않는 것인지 섭섭할 때가 참 많았습니다.

저는 중학교 때부터 인터넷 통신을 시작했고, 시나브로 거기에 빠져들었습니다. 통신 동호회를 통해 여러 사람을 만나게 되었습니다. 어머니나 아버지와 이야기를 나눌 시간이 없었던 만큼, 새로운 사람과의 만남이 더욱 재미있었습니다. 오락 동호회부터 각종 친목 동호회까지, 인터넷을 통해 정말 다양한 사람들을 만날 수 있었지요. 덕분에 사람들로부터 배우는 것도 많았지만, 잃는 것도 많았습니다.

다른 사람들의 모습을 부러워하며 배워야겠다고 생각한 적도 있었어요. 하지만 반대로 한심하다고 생각되는 면들도 많았습니다. 인터넷을 통해 일찍부터 세상을 알아갔다고나 할까요….

사실 요즘 부모님들은 자녀들의 인터넷 통신 문제를 지나치게 걱정하시는 것 같아요. 저는 그러지 않아도 될 문제라고 생각해요. 제 경우로 미루어 보면, 부모와 자녀 간에 대화가 적을 때 인터넷이나 SNS를 통해 자신을 알아가는 것도 성장의 한 방편이라고 생각하거든요.

저는 인터넷을 통해 제 미래를 꿈꾸며 목표를 가지게 되었어요. 그리고 그 목표를 달성하기 위해서는 공부가 우선되어야 한다는 것도 배웠고요. 그뿐만 아니라 다양한 소통을 통해 리더십에도 관심을 기울이게 되었습니다. 그 점은 제 고등학교 생활에도 많은 도움이 되었지요.

여하튼 그때부터 시작된 저의 컴퓨터 통신은 지금까지도 제가 가장 즐겨 하는 일 중의 하나가 되었습니다.

고등학교 1학년 때는 정말 온화하고 자상한 담임선생님을 만났습니다. 어머니가 바쁘셔서 같이 이야기를 나눌 기회가 별로 없던 제게 선생님은 마치 어머니 같은 느낌을 주었지요. 신경도 많이 써주시고 권위적이지도 않으셔서 담임선생님과 저는 호흡이 잘 맞았습니다. 하지만 선생님은 책임감 없는 행동을 하면 굉장히 엄하게 야단을 치셨어요.

당시 저는 반장을 맡고 있었는데, 소풍 갔다 출석 체크를 하는 게 귀찮아서 그냥 온 적이 있었어요. 그때 선생님은 다른 아이들은 놔두고 오로지 저만 야단치셨습니다. 그래도 저는 선생님에게 야단맞는 게 좋았습니다. 잘 대해주시다 야단치실 때는 조금의 배려도 없으셨지만, 그런 모습에서 저에 대한 사랑을 느꼈기 때문이지요.

고1,2 때 저는 아이돌 걸그룹의 열광적인 팬이었습니다. 가수들을 따라다니다 집에 오면 피곤해서 공부할 수 없을 때가 많았습니다. 책상 앞에 앉는 것이 어색할 정도였으니까요. 팬클럽에 속해 친구들과 응원하러 다니는 것이 마냥 즐거웠습니다. 조금 불안하기도 했지만, 제가 나중에 이 시간을 후회하지만 않으면 된다는 생각이었습니다.

너무 당돌한 생각인지는 몰라도 저는 그때 성적이 떨어질까 봐 전전긍긍하느라 아무것도 못 하느니, 차라리 놀고 싶은 만큼 놀면서 자유로운 시간을 갖는 게 더 좋다고 판단했거든요.

그렇게 1년 반을 보내고 고2 말쯤에 최악의 모의고시 성적표를 받아 들게 됩니다. 그제야 정신이 번쩍 들었습니다. 그래도 대학은 가야겠다는 생각에 열심히 공부하리라 다짐했습니다. 성적은 별로였지만, 목표만큼은 높게 잡았습니다. 바로 연세대에 진학하겠다는 각오였습니다.

'꼭 연세대에 가야지….'

저는 수시모집 종합전형 지원에 필요한 활동을 전혀 하지 않은 데다, 내신도 좋은 상태가 아니었습니다. 그래서 정시모집에 집중하기로 하고 수능 공부를 열심히 했습니다. 모든 건 마음먹기에 달렸다고 믿으면서요.

고등학교 2학년 때까지도 저는 부모님과 공부에 대해, 또 제 진로에 대해 진지하게 대화를 나눈 적이 없었어요. 그렇지만 저는 어머니와의 사이가 그렇게 좋지도, 나쁘지도 않았다고 생각합니다. 가정환경은 좋을 수도 있고, 나쁠 수도 있습니다. 그런 데 불만을 품기 시작하면 끝이 없는 것 아닐까요? 완벽한 환경이란 있을 수 없으니까요. 그런 만큼 주어진 환경에 맞춰 자신의 성격을 만들어 나가는 게 좋다고 생각합니다.

고3이 되어 학교에서 부모님에게 상담 기회를 주었습니다. 그러자 그 순간부터 어머니는 제 공부에 관심을 보이기 시작하셨어요. 발등에 불 떨어진 사람처럼 허둥대는 어머니의 모습이 싫어서 저는 "제가 알아서 할 테니, 제 결정에 따라 달라"라고만 말씀드렸습니다. 그렇게 저는 제 진로에 대해 자유롭게 고민하면서 입시 정보를 캐 나갔습니다. 저는 그런 과정을 거치며 제가 능동적인 사람이 될 수 있었다고 믿어요.

수험생인 만큼 아무래도 공부에 집중하고 몰두할 수밖에 없는 상황이어서, 부모님이 관심을 기울이시며 정보 수집 등 도움을 주시는 게 매우 중요하긴 하지요. 그러나 저는 제가 조언을 부탁드리기 전까지는 그냥 저를 지켜봐 달라고만 했습니다.

저는 책상 정리가 안 되어 있으면 집중력이 흐트러지는 걸 느꼈습니다. 그래서 매일 공부를 시작하기 전에 책상을 정리하는 습관을 들였지요. 조금이라도 신경이 쓰이면 그때그때 치웠습니다. 이런 작은 습관 하나가 집중력을 향상하는 데 큰 도움이 되었다고 생각합니다.

저는 공부하기에 앞서 전날 저녁이나 당일 아침에 공부 계획을 세웠는데, 가끔 무리하게 계획을 세워 다 실천하지 못할 때도 있었어요. 그럴 때면 처음부터 계획을 세세하게 세우기보다는 '오전에 할 일, 저녁에 할 일', 이렇게 크게 나눈 다음, 시간대별로 철저하게 계획을 실천해 나갔습니다. 이런 과정을 통해 계획의 실천율도 높아지고, 집중력도 자연스럽게 향상되었습니다.

학원 수강이 잘 맞지 않아, 저는 인강을 들었습니다. 인강 수업을 들을 때는 혼자서 질문에 대답하면서 공부했어요. 혼자 공부할 때도 저 자신에게 계속 설명하며 내용을 숙지해 나갔습니다. 그런 방법은 잠도 깨우고 집중력도 높일 수 있는 저만의 비법이 되었지요.

제 공부 비결은 꼭 연세대에 가야겠다는 절박함이었습니다. 그 목표를 실현하기 위해 온 힘을 다해 공부했으니까요. 의자에서 엉덩이를 떼지 않는 습관을 들인 것도 그 때문이었고요. '공부는 엉덩이로 한다'라는 명언(?)을 가슴 깊이 새겼었거든요. 목표가 있으면 행동으로 드러나고, 반복된 그런 행동은 습관으로 자리 잡아 좋은 결과로 이어진다고 생각하며 이를 악물었습니다.

인터넷을 통해 다양한 사람을 만나면서 공부를 잘하지 못하면 결코 제 꿈과 목표를 이룰 수 없다는 것을 배웠습니다. 그건 공부에 대한 제 물음표를 느낌표로 바꾸는 계기가 되었고요.

대학 수준이 높을수록 꿈 역시 실현될 확률이 높아진다는 것은 엄연한 사실 아닌가요? 명문대를 졸업했다는 말은 학창시절에 성실하게 공부하고 활동했다는 것을 의미하니까요.

따라서 자신이 가고자 하는 대학과 전공 분야, 그리고 사회 진출의 전망까지 구체적이고 생생하게 그려보는 것도 좋다고 생각합니다. 구체적인 목표가 있을 때만 그것을 이룰 수 있는 구체적인 행동이 따르니까요.

저는 작가님으로부터 부모님의 교육 방법과 학창 시절의 경험담을 들려 달라는 질문을 받았습니다. 그 질문에 저는 지금까지 한 이야기밖에는 그다지 할 말이 생각나지 않았어요. 제 이야기가 저와 처지가 비슷한 환경에서 학창 시절을 보내고 있을 후배들에게 조금이라도 도움이 되기를 바라는 마음입니다.

환경이 어떻든 공부와 좀 더 가까워지고 싶다면 먼저 꿈을 가져야 해요. 환경이 좋지 않다고 꿈조차 초라해서는 안 됩니다. 제가 SNS 활동을 하는 중에 어느 분이 "꿈 없이는 공부를 잘할 수도, 성공한 인생을 살 수도 없다"라고 말씀하셨어요. 그러곤 "꿈이라는 강력한 동기를 가질 때 지독하게 공부하게 되고, 자신의 미래를 위해 노력하게 된다"라고 덧붙이셨지요.

저는 그분의 말씀에 전적으로 동의합니다. 그런 만큼 후배들에게도 자신의 꿈을 분명하게 밝히는 '목표 선언문' 같은 것을 작성해보도록 권하고 싶어요. 꿈을 가지고 있다고 해서 모두 실현되는 것은 아니지요. 다만 그런 선언문을 작성해두면 자신의 꿈을 세분화한 목표를 구체화할 수 있고, 그때그때 목표 달성을 향해 전진하고 있는지 측정할 수 있기 때문이에요. 즉, 그 선언문을 들여다보면 현재 자신이 꿈에 가까이 다가가고 있는지, 아니면 꿈과 멀어지고 있는지 알 수 있으니까요. 그뿐만 아니라 다시금 전열(戰列)을 가다듬는 계기로 삼을 수도 있고요.

오프라 윈프리는 "지금 꿈을 좇고 있는 여러분은 가장 강력한 사람이다"라고 말했습니다. 여러분이 '목표 선언문'을 잘 따라가고 있다면 그 어떤 어려움도 이겨낼 수 있을 거예요. 여러분의 꿈이 백일몽이 되지 않기를 기원합니다.

다른 사람에 대한 배려와 책임감을 가르쳐라

아버지는 항상 공부 한 자 더 하는 것보다 친구와 주변 사람들을
소중하게 생각하고 도와주는 마음자세가 더 중요하다고 하셨습니다.

> 서울대학교 자연과학계열에 합격한 미현이는 서울
> 에서 태어났다. 스키, 수영 등 웬만한 운동은 다 좋
> 아하고, 취미인 만화책이나 영화를 보면서 즐거운 시
> 간을 보내기도 한다.

공부를 잘하게 되는 데는 어릴 때의 계기가 중요한 것 같습니다. 제 경우는 유치원 때 친구들과 잘 어울리지 못하고, 친구들 수준의 반에도 못 미칠 정도로 선생님의 말씀을 잘 알아듣지 못했어요. 그런데 초등학교에 입학하면서 어머니가 사다 주신 학습지를 쉽고 재미있게 풀면서 공부에 재미를 붙이게 되었지요. 저에게 잘 맞는 학습지였나 봅니다.

어머니가 어디에서 정보를 얻으시는지는 몰라도, 저는 어머니가 사 오시는 학습지마다 재미있게 풀어나갔습니다.

어릴 때 학습지를 재미있게 풀었던 경험이 그 후 공부에 재미를 붙이는 계기가 되었던 것 같습니다.

무엇보다도 어릴 때 붙인 공부 재미는 커가면서도, 그리고 대학

에 갈 때까지도 제가 공부를 잘하도록 만들어준 밑거름이 되었습니다. 그리고 중요한 것 또 한 가지는 가정의 분위기입니다.

우리 가족은 여행을 참 많이 다니는 편이에요. 여행 경험을 많이 하게 해주신 부모님이 정말 고맙습니다. 어딜 가든지 간에 여행을 하면 참으로 많은 것을 배우게 되니까요.

저 또한 책에서는 절대 배울 수 없는 것들을 여행을 통해 많이 접하거나, 직접 경험해보게 되었습니다. 또한, 가족 사이의 돈독한 정이 더욱 잘 느껴지는 편안한 여행 분위기는 제가 자신 있게 공부하는 데도 많은 영향을 주었습니다.

어머니는 여행하는 동안 제 말을 많이 들어 주셨어요. 그리고 제 말 하나하나에 관심을 가지고 주의를 기울이셨고요. 저의 재능이 무엇인지 그리고 제가 무엇을 원하는지 항상 관심을 갖고, 저의 꿈을 실현해 나갈 수 있도록 믿고 격려해 주셨지요.

저는 초등학교 때 과학자를 꿈꾸었습니다. 그리고 그런 꿈을 품으면서 공부와 더 가까워져 열심히 공부하게 되었고요.

아버지도 제 일거수일투족에 격려와 칭찬을 아끼지 않으셨습니다. 아버지는 마음이 따뜻하고 이해심이 깊으며, 지혜로운 분이라고 할 수 있지요.

고등학교 2학년이 되면서 그동안 좀 저조했던 제 성적은 올랐으나, 친구 은영이는 성적이 떨어졌습니다. 그래서 그런지 은영이가 상당히 예민해진 것 같았어요. 은영이는 제 말에 사사건건 민감하게 반응했어요.

우리 교실에 좀 놀러 오라고 하면 "공부 잘하는 네가 놀러 와라. 난 공부하느라 시간이 없어"라고 툴툴거렸습니다. 실제론 잠을 자느라 공부를 하지 못했는데도 은영이는 제게 "너, 밤새워 공부해놓고 안 한 척하는 거지?"라고 질투심을 내보이며 제 말을 믿어주질 않았습니다. 물론 성적이 안 올라 예민해진 건 알겠지만, 은영이의 질투가 깊어지다 보니 좀 귀찮다는 생각도 들었습니다. 원래 머리 아프고 복잡한 걸 싫어하는 저로서는 이런 감정싸움에 휘말리는 게 싫었고요.

그러던 어느 날 저녁, 아버지가 뜬금없이 은영이와 제 사이가 어떤지 물어보시는 것이었어요.

"요즘은 왜 네 친구 은영이랑 전화도 안 하고… 그러니? 자주 만나는 거 같지도 않고…."

"그냥요…. 요즘 걔가 사람을 좀 피곤하게 하거든요."

우리 아버지는 친구를 정말 중요하게 생각하시는 분이에요. 아버지가 친구들을 대하시는 모습만 봐도 알 수 있지요. 친구들과 만나는 걸 정말 즐거워하시고, 친구들이 조금이라도 서운해하거나 탐탁지 않아 할 일은 절대 하지 않으세요. 정말 의리의 사나이라고 해야 할까요!

이런 아버지였던 만큼, 제가 친구에 대해 시큰둥하게 얘기하는 걸 중요한 문제로 받아들이셨던 것 같습니다. 평소에도 제게 어떤 친구를 만나든지, 그 친구와의 우정을 중요하게 생각하라고 늘 강조하시던 분이셨으니까요.

"왜? 왜 은영이랑 사이가 시큰둥해졌는데?"

"걔가 성적이 좀 떨어지니까 사사건건 피곤하게 하잖아요."

이쯤 되면 보통의 아버지는 그냥 그러려니 할 텐데, 우리 아버지는 그렇지가 않았습니다.

"친구가 성적이 떨어져 힘들어하면 서로 도움이 되려고 노력해야지, 그렇게 못 본 척하면 되겠니?"

"지금 제 코가 석 자예요. 제 공부 하기도 힘들단 말이에요."

"지금 네가 공부 한 자 더 하고, 성적이 조금 더 오르는 게 중요한 게 아니다. 친구를 생각해봐라. 사람이 인생을 살아가는 데 있어 중요하게 지킬 것은 돈이나 명예가 아니라 친구인 거야."

공부보다도, 성적보다도 친구를 먼저 생각하라니….

"은영이한테 전화해서 만나자고 해라. 아니면 책을 싸 들고 가서 함께 공부하든지. 네가 성적이 좀 더 잘 나왔으면 그렇지 않은 친구를 도와주는 게 당연하잖아!"

"걔는 내가 도와준다고 기뻐할 애도 아니에요. 도리어 자존심만 상해할 거라고요."

"그렇지 않아. 네가 도와줄 방법을 잘 생각해봐."

이처럼 아버지는 아주 작은 일일지라도 친구를 먼저 생각하라고 하십니다. 그 때문에 투덜대는 때도 있지만, 제가 지금까지 좋은 친구들 속에서 '성격 좋은 아이'로 남아 있는 것은 아버지의 그런 교육 때문이 아닐까! 생각합니다.

아버지는 늘 공부나 저 자신보다 친구를 먼저 생각하고, 친구의 일에 발 벗고 나서는 제 모습을 좋아하셨어요. 그런 아버지 덕분에 저는 그저 '공부만 잘하는 아이'가 아니라 '좋은 친구'가 될 수 있었던 것이지요.

아버지가 늘 제게 들려주시는 말씀이 있어요. '자신을 위해서는 땀을 흘리고, 친구를 위해서는 눈물을 흘리며, 나라를 위해서는 피를 흘려라'라는 말이에요. 참 멋진 말 아닌가요?

제가 반장이 되면서 이것저것 해야 할 일이 한두 가지가 아니었어요. 행사 챙기기부터 선생님 심부름하기, 아이들의 자료 챙기기 등, 정말 귀찮기도 하고 힘들기도 해서 집에서 그런 이야기를 넌지시 비쳤던 적이 있습니다. 역시나 아버지는 그때 다음과 같이 따끔하게 충고하셨어요.

"네가 맡은 일은 하기 싫더라도 열심히 해야 한다. 그건 다른 사람들이 널 믿고 맡긴 일이 아니냐…."

아버지는 늘 이처럼 책임감을 강조하셨습니다. 자신의 처지를 투덜대기보다는 지금 자신이 속한 곳에서 항상 최선을 다해야 한다고 말입니다.

우리 아버지는 군인이십니다. 별로 계급이 높지는 않지만, 항상 자신의 위치에서 최고가 되려고 노력하십니다.

자신이 속한 곳에서 최고가 되는 것. 사실 그건 쉬운 일이 아닙니다. 특히, 자신이 처한 상황을 마음에 들어하지 않거나 더 높은 지위만 바라기하는 경우 아무래도 자신의 현재 일에 소홀해지게 마련 아닐까요. 아버지가 걱정하시는 게 바로 그런 것이지요.

반장으로서 하는 일들이 때때로 귀찮은 것도 사실이었지만, 아버지의 충고를 생각하면 대강대강 할 수 없었습니다. 뭔가 중요한 것을 놓치고 있다는 생각이 들기 때문이에요. 그래서 작은 것, 친구들의 불만을 챙기는 일부터 서류를 챙기는 일까지 꼼꼼하게 신경을 쓰려고 노력했습니다.

아버지는 군인이셔서 그런지 자상하시면서도 좀 엄하신 편입니다. 모든 생활에 계획과 절도가 있어야 한다고 생각하시는 분이에요. 하지만 무조건 강요하거나, 딱딱하게 교훈하시듯 우리 남매를 대하시는 분은 절대 아닙니다.

오히려 저는 공부나 다른 것들에 대해 부모님의 강요나 스트레스를 받아본 적이 없습니다. 그래서 고등학교 때도 편안한 마음으로 공부할 수 있었고요. 제가 열심히 제 본분을 나하면 성적이 좋든 나쁘든 간에 부모님은 괘념치 않으셨어요.

아버지는 우리 남매 성장 과정의 아주 작은 부분까지 신경을 써주신 세심한 분이십니다. 아버지보다 나이는 적지만 계급이 높은 사람한테 존칭을 쓰시는 걸 보고 우리가 상처받을까 봐 걱정하셨습니다. 제 친구 중에는 아버지가 별을 단 사람도 있었는데, 아버지의 계급과 비교하며 저와 오빠가 상처받지 않도록 세심하게 배려해주셨지요. 우리 남매를 앞에 놓고는 상세하게 상황을 설명하시면서 우리의 이해를 구하셨고요.

지금 생각해보면 저는 그런 문제로 한 번도 기죽거나 의기소침해 본 적이 없었습니다. 그건 어머니와 아버지 두 분이 우리가 상처받지 않도록 무던히도 노력하신 덕분이 아닐까요?

우리 집이 부유하지 않아서, 아버지 계급이 더 높지 않아서 서운하거나 우울했던 적은 한 번도 없었습니다. 저는 언제나 사랑받는 딸이었으며, 제게 아버지는 그 누구보다 존경하는 분이셨으니까요.

지금도 그때의 아버지를 회상하면 '어쩌면 그렇게 적은 말수로 마음을 상하게도 하시지 않고, 방심해서 나태해지지도 않게 나를 이끌어 주실 수 있었을까?' 하고 마음을 가다듬게 됩니다.

> 어릴 때 저는 과학자가 되고 싶었습니다. 공상과학 영화에 나오는 과학자들은 한결같이 문제해결의 실마리를 찾아내는 멋진 사람들이었습니다. 그 사람들이 입고 있던 하얀 가운도 제게는 너무나 멋져 보였습니다. 아직 제가 어릴 때의 꿈처럼 과학자가 될지는 잘 모르겠으나, 무엇을 하든 저는 행복한 사회를 만드는 데 기여하는 사람이 되고 싶습니다.

(**interview**)

작가 : "미현 양의 부모님은 자녀 교육의 모범이 되는 훌륭한 분들이신 것 같네요. 미현 양 또한 초등학생 때의 꿈을 이루기 위해 열심히 공부했고요. 학창 시절, 꿈을 이루기 위해 분투했던 공부 이야기를 좀 더 들려줄 수 있을까요?"

미현 : "저는 꿈을 실현하려면 무조건 공부를 잘해야 한다는 것을 어릴 때부터 알고 있었어요. 그런 제가 공부를 잘하게 된 건 어머니 덕분이에요. 어머니는 제가 초등학생 때부터 중학생 때까지 재미있고 쉽게 공부할 수 있는 학습지를 사다 주셨거든요. 딱딱하고 어려운 학습지라면 거부 반응이 있었을 거예요. 하지만 어머니가 사다 주시는 학습지는 쉽고 재미있었어요. 그래서 열심히 공부했지요. 그것이 밑바탕이 되어 고등학생 때도 공부하는 게 어렵지 않았고요.

어머니는 한 과목당 많은 책을 섭렵하기보다는 좋은 책 한 권을 끝낸 후에 다른 책을 보도록 이끄셨어요. 그런 습관이 길러지는 동안 저는 저만의 공부법을 터득할 수 있었고요.

고등학교 2학년 때부터는 한정된 시간 내에 효율적으로 공부해야 했습니다. 저는 과목별로 참고서와 문제집을 정하고 챕터별로 공부하는 데 걸리는 시간을 측정했어요. 그리고 일주일, 한 달, 한 학기 안에 끝내야 할 범위와 양을 정해 놓고 공부해나갔습니다. 그 결과, 학원에 다니지 않고서도 우수한 성적을 유지할 수 있었지요. 그때 가장 중요한 것은, 확고한 꿈이었어요. 그 꿈을 이루려 치열하게 공부에 매달렸으니까요.

저는 후배들에게 '공부를 잘하려면, 먼저 이루고 싶은 꿈과 목표를 설정해야 한다'라는 말을 꼭 들려주고 싶어요."

칭찬을 많이 하라

부모님은 작은 일에도 칭찬을 많이 해주셨습니다.
그럴수록 저는 더 자신감을 가지고 더 잘할 수 있었습니다.

연세대학교 의학계열에 합격한 재혁이는 캐나다에서 태어났다. 연세대 공과대학에 입학했다가 의사가 되고 싶어, 재수를 통해 다시 연세대에 입학하게 되었다. 취미이자 특기는 그림 그리기이지만, 농구와 테니스를 하는 것도, 보는 것도 모두 좋아한다.

저는 재수를 통해 적성에 맞는 학과에 다시 입학했습니다. 수능을 두 번 치르고도 생각나는 것은 재수하던 때가 아니라 고등학교 2학년 겨울방학 때입니다. 제가 다닌 고등학교는 지방의 일반 사립학교였는데, 고2 겨울방학 때부터 야간자율학습을 밤 11시까지 시켰어요. 그 당시 안 하던 공부를 억지로 하려니까 여간 힘든 게 아니었습니다.

그때 수험생활의 적응에 많은 도움을 준 것이 선배들이 쓴 대학 입학 수기였습니다. 저는 친구들의 수기집까지 빌려다 볼 정도로 수기 이야기에 푹 빠졌습니다. 심지어 20여 년 전에 출간되어 누렇게 바랜 수기집까지 읽었고요. 그중 공부에 전념하겠다며 삭발까지 한 수기도 있었는데, 지금도 잊히지 않는 이야기예요.

수기집마다 대학 합격생들의 공부 노하우가 담겨 있었고, 다들 배울 점이 있었지요. 제가 틈나는 대로 수기집을 읽은 이유입니다. 언젠가 당당하게 대학에 들어가면 저도 저만의 수기집을 내야겠다고 마음먹기도 했습니다.

그런데 대학에 새로 입학하기까지 제가 이룬 성과는 단지 제 노력의 결실만은 아니라는 생각이 듭니다. 보이지 않는 곳에서 부모님이 저보다 더 고생하셨을뿐더러 제 공부 환경을 갖춰주려 애쓰셨기 때문이지요.

이제 저는 부모님의 슬하를 떠나 저 스스로 책임지는 삶을 조금씩 시작하고 있습니다. 이쯤에서 저를 위해 고생하시고 뒷바라지해주신 부모님이 어떻게 저를 교육하셨는지 되짚어 보는 것도 큰 의미가 있다고 생각해요. 앞으로 세상을 살아가는 데 큰 도움이 될 것이기 때문입니다.

아버지는 경상도의 시골에서 태어나셨습니다. 대학 졸업 후 미국으로 가셨는데, 그때 어머니를 만나셨다고 해요. 두 분은 결혼 후 캐나다로 가셨고, 저는 그곳에서 태어났지요. 그런데 부모님이 캐나다에서 다시 미국으로 이주하셔서 저는 어린 시절을 미국에서 보냈습니다. 외국에서의 생활은 괜찮은 편이었어요. 그곳에서 살며 스트레스를 많이 받은 것도 사실이지만요.

이런 객관적인 지표들을 차치하더라도, 우리 부모님의 교육 방식은 특별했다고 생각합니다. 부모님 두 분 다 외국 생활을 하셔서 그런지 우리 집은 개방적인 편이었고, 부모님은 제가 어릴 때부터 제 의견을 존중해주셨거든요.

지금도 기억나지만, 제가 다섯 살쯤 될 때까지 우리 집 벽은 제 그림으로 도배되었습니다. 당시 우리 집 벽은 하얀 페인트칠이 된 시멘트벽이었습니다. 부모님 말씀에 따르면, 제가 어려서부터 그림 그리는 것을 상당히 좋아했다고 해요. 손에 잡히는 대로 볼펜이나 크레용으로 종이나 신문지, 심지어 집 안의 하얀 벽에까지 그림을 그려댔다고 합니다.

글쓰기는 별로 좋아하지 않았지만, 그림일기는 하루도 빼먹지 않고 다 그렸습니다. 초등학교 때는 교내·외 미술대회에서 상도 많이 탔고, 미술학원도 안 다니는데 그림을 잘 그린다는 칭찬도 많이 들었고요. 지금까지도 그림 그리기를 좋아해서 대학의 '순수 미술 동아리'에 가입한 상태입니다.

제가 이렇게 미술을 좋아하고 다른 사람들보다 그림을 잘 그리는 것은, 제가 좋아할뿐더러 소질이 있는 분야를 마음껏 누리도록 해주신 부모님 덕분이라고 생각합니다.

지금 기억으론, 제가 어릴 때 가장 많이 그린 그림도 우리 가족 그림이었던 것 같아요. 미술뿐만 아니라, 부모님은 제가 어릴 때부터 하고 싶어 하는 것을 다양하게 경험하게 해주셨어요. 그 때문에 제가 개방적인 자세로 여러 종류의 문화를 즐길 수 있지 않았나 싶습니다.

한국에서 초등학교를 졸업하고 중학교 1학년이 되던 해 여름,

저에게 1년 반 동안 미국에서 살다 올 기회가 주어졌습니다. 아버지가 미국으로 발령이 나셨기 때문이었지요.

그렇게 외국에서 생활하다 돌아왔을 때 주위의 많은 사람이 걱정했습니다. 제가 한국 교육에 잘 적응할 수 있을지 염려되었던 것이지요. 제가 한국에 돌아와 복학한 중학교에는 외국에서 살다 온 친구들이 여럿 있었습니다. 개중에는 이른바 외국물을 먹은 티를 내어 다른 친구들의 빈축을 사기도 했어요. 외국의 비뚤어진 관습을 따라 하며 공부를 소홀히 하는 애들도 있었고요. 한두 명은 급기야 외국으로 도피 유학을 떠나기도 했습니다.

그래서 제가 다녔던 중학교 선생님들은 해외에서 헛바람만 든 채 한국에 돌아온 몇몇 아이들을 좋지 않은 시선으로 바라보곤 했습니다. 당연히 저도 요주의 인물로 찍혔고요. 복학을 신청하려고 중학교 교실에 갔을 때 어머니가 선생님으로부터 맨 처음 들은 말이 "외국물 먹었다고 꺼떡대지 않도록 지도해주세요!"였다고 합니다.

그때 저는 열심히 공부해서 좋은 성적을 받으면 그런 좋지 않은 인식을 깨부술 수 있겠지, 생각했습니다. 어머니가 선생님에게 그런 이야기를 다시는 듣지 않도록 해야겠다고 마음먹었고요.

그러나 막상 시험을 치르고 보니, 역시나 성적이 좋지 않았습니다. 중학교 교육과정을 1년 빈이나 건너뛰었으니, 당연한 일이었겠지요. 주위에서는 그 공백을 메우기가 어려울 것이다, 저를 데리고 외국에서 살다 온 부모님의 선택이 바람직하지 못한 결정이었다, 라는 고언 아닌 고언을 하곤 했습니다.

저는 그런 이야기들을 귓등으로 흘려들으며 더욱 공부에 집중했습니다. 억울한 누명(?)을 벗고, 부모님의 결정이 결코 잘못된 게 아니었다는 것을 밝히는 게 제 목표가 되었습니다.

성적이 더디게 오르자, 저는 삭발까지 감행하며 공부에 몰입했습니다. 수업 시간이든, 자습 시간이든, 마치 고3 수험생처럼 공부했지요. 힘든 점은 많았지만, 그때 저에겐 '부모님을 욕되게 해서는 안 된다'라는 생각밖에 없었으니까요.

그렇게 중학교를 마칠 때쯤, 저는 결국 반에서 1등을 거머쥐었고, 고등학교에 무사히 진학했습니다. 그때 기뻐하시던 부모님의 모습은 정말 제게 큰 보람을 느끼게 해주었습니다. 아무도 안 믿겠지만, 정말 그때 저는 부모님을 위해 공부했어요.

고등학교에 올라오니, 공부에만 몰입하느라 억압했던 마음이 풀어지며 공부 외의 많은 것들이 눈에 들어왔습니다. 고1 때 저는 교내 방송부 오디션에 합격했고, 1년 동안 반장도 맡게 되었습니다. 맡은 임무에 신경 쓰다 보니 아무래도 중학교 때보다 공부를 소홀히 하게 되었습니다.

그 당시 저를 사로잡은 것은, 방송부 선배를 통해 접한 K-팝 댄스였습니다. TV를 보면서 댄스를 따라 추거나 친구들과 따로 연습하기도 했어요. 그런데 K-팝 댄스는 추면 출수록 정말 재미있었습니다.

아버지는 제가 방송부 활동과 K-팝 댄스에 정신이 팔려 공부를 소홀히 한다며 좋아하지 않으셨지만, 어머니는 그런 저를 이해해주셨어요. 어머니와 함께 댄스 의상을 사러 서울까지 간 적도 있으니, 대단한 후원자를 만난 셈이었지요. 어머니는 이것저것 제가 하고 싶은 것을 하면서도, 학생으로서의 본분도 알아서 지킬 거라고 저를 믿으셨던 모양입니다.

시간이 지나면서 성적이 자꾸 떨어지자, 부모님은 본격적으로 걱정하기 시작하셨어요. 그렇지만 제가 심취하고 있는 것들을 공부 때문에 포기하고 싶지는 않았습니다. 학교에서는 점심시간이나 체육 시간에 댄스 연습을 했고요. 심지어는 주말에 도서관에 간다고 부모님을 속이고 댄스 연습을 하기도 했습니다.

이렇게 공부에서 멀어지는 대신 친구들과는 더 가까워지고, 여자 친구도 사귀게 되었습니다. 반면, 가족과는 멀어졌을뿐더러 가족 일에 무관심하게 되었지요. 그런데도 부모님은 저를 믿으셨는지, 제 일탈과 거짓말들을 어느 정도 눈감아주셨습니다.

그때까지 저는 수능 시험공부는 한 번도 안 했고, 내신 성적만 겨우겨우 어느 정도 유지하고 있는 상태였습니다. 성적은 떨어질 대로 떨어졌고, 저는 어느새 거짓말을 밥 먹듯이 하는 아이가 되어버렸지요. 보다 못한 부모님은 저를 불러 진지하게 이야기를 나눠보자고 하셨습니다.

이번만큼은 저도 선을 넘어버렸다는 느낌이었고, 더는 진실을 속일 수 없는 위기 상황에 맞닥뜨렸습니다. 많이 떨어진 성적도 심각한 문제였지만, 부모님과 저 사이에 불신의 벽이 점점 더 높아만 간다는 것은 정말로 심각한 문제였습니다.

그동안 공부에 소홀하고 부모님에게 거짓되었던 저 자신이 후회되었습니다. 그래서 부모님이 저에게 실망하실 것을 무릅쓰고 그간의 일들을 모두 털어놓았어요. 다행히 부모님은 진실을 이야기하는 저를 어느 정도 이해해주셨고, 고2 가을에 있을 학교 축제와 방송부 발표회 때까지는 K-팝 댄스와 방송부 활동을 유지해도 좋다고 허락해 주셨습니다.

그전까지 저는 거짓말이란 들키지 않으면 다 괜찮다고 생각했어요. 어리석게도 부모님을 속이는 것이 똑똑한 처신이라고 착각한 것입니다. 그런 저를, 진실하게 일탈을 털어놓는 제 모습을 용서로써 보듬어 안아 주시는 부모님이 너무나 고마웠습니다. 부모님은 아직도 저에 대한 믿음을 놓지 않으셨던 것이지요. 저는 그런 부모님의 믿음을 저버리지 않으려 제 일에 최선을 다했습니다.

저는 학교 축제와 방송부 발표회가 끝난 후 공부에 전념하리라 다짐했습니다. 그러나 안 하던 공부를 갑자기 시작하려니, 막막하기도 했습니다. 중학교 때와는 달리, 고등학교 공부는 열심히 한다고 당장 눈에 띄게 효과가 나타나는 게 아니었어요. 그러다 보니 공부하려는 의지가 약해지곤 했습니다.

게다가 제 머릿속에는 '난 너무 늦게 시작한 거야, 지금부터 열심히 해봤자 원하는 대학에 진학할 수 없을 거야, 다른 아이들이 공부를 잘하는 것은 나보다 머리가 좋아서야' 같은 실패 의식이 강하게 자리 잡게 되었습니다.

고3을 앞두고 공부하던 어느 날, 저녁 식사를 마치고 아버지와 집 앞으로 산책하러 나갔습니다. 그때 저는 공부를 늦게 시작해서인지 자신감을 가지기가 힘들다는 제 고민을 아버지에게 말씀드렸습니다. 그러자 아버지는 어릴 적의 제 이야기를 해주셨어요.

가만히 생각해보면 부모님은 제가 어릴 때부터 칭찬으로 저를 교육하셨습니다. 제가 착한 일을 하거나, 멋진 그림을 그리거나 또는 어디서 어려운 단어를 배워와서 읊어도 칭찬을 아끼지 않으셨으니까요. 대단한 일을 한 것도 아닌데, 오히려 작은 일인데도 관심을 기울이시며 칭찬을 많이 해주셨어요. 부모님의 그런 칭찬은 저에게 자신감과 더 열심히 하려는 의지를 심어주었습니다.

"넌 얼마든지 잘할 수 있는 아이야! 네가 중학교 때 해낸 것처럼 새롭게 각오를 다진다면 충분히 해낼 거라고 믿는다."

저는 아버지의 이 말씀을 곱씹으면서 부모님을 실망시켜서는 안 된다고 다짐하며 열심히 공부했습니다.

아버지와 어머니의 저에 대한 믿음과 제 마음가짐이 성과를 보이기 시작했습니다. 수능 날에도 부모님은 별다른 말씀이 없으셨습니다. 오히려 그 덕분에 저는 긴장을 풀고 차분하게 시험에 임할 수 있었습니다.

열심히 할수록 칭찬을 받다 보니, 저는 저 자신을 특별한 존재라고 인식하기까지 했습니다! 칭찬은 고래도 춤추게 한다고 했나요? 실제로 칭찬은 삶에 활력을 줄뿐더러 특별한 존재가 아니라고 여기는 사람도 특별하게 만들어준다고 믿습니다.

(interview)

작가 : "재혁 군은 대학에 들어가면 수기집을 내리라 마음먹었다는데, 이와 관련해 후배들에게 들려주고 싶은 이야기는 뭔가요?"
재혁 : "제가 수험생활을 하며 축적한 팁을 저같이 수기집을 읽고 싶어 하는 후배들에게 알려주고 싶었어요. 그런데 대학에 입학하기까지 제 노력도 중요했겠지만, 부모님의 관심과 뒷바라지가 없었으면 제 꿈 또한 이룰 수 없었으리라 생각하니, 감히 수기집을 낼 자신이 없어지기도 했지요. 하지만 자신의 꿈이 무엇인지 알고, 그 꿈을 이루기 위한 목표를 세우라는 이야기는 꼭 해주고 싶어요.

저는 고등학생 때 선배들의 수기집은 물론, 성공한 사람들의 성공 이야기를 즐겨 읽었습니다. 성공한 사람들의 발자취를 좇는 건 제 정신을 무장하는 방편이 되어주었어요. '이분은 어떻게 성공했을까?', '나도 내 분야에서 이분처럼 성공하려면 어떻게 해야 할까?'라는 질문을 하다 보면, 공부해야지 하는 열의가 생겼지요. 공부가 본분인 십 대들에게 공신들의 성공 이야기책만큼 공부에 동기부여를 해주는 책도 없으리라 생각해요.

성공 이야기를 다룬 책을 많이 읽다 보면, 세상은 '성공하는 인생을 사는 사람'과 '실패하는 인생을 사는 사람'으로 나뉘더 군요. 그러면 전자와 후자의 차이는 무엇일까요? 바로 '구체적인 목표를 가졌는가?' 그리고 '구체적으로 실천하는가' 이지요. 구체적인 목표가 없으면 그 어느 것도 이룰 수 없기 때문이에요.

우등생과 열등생의 차이도 마찬가지고요. 우등생의 경우 다음 시험 성적을 어느 정도 올릴 것인지 구체적인 목표가 세워져 있습니다. 그러고는 그 목표를 달성하기 위해 구체적인 계획을 세워 생활하고 공부합니다. 이것이 바로 그들의 공부 비법인 셈이지요.

반면에 열등생은 구체적인 목표 없이 그저 다음 시험에서는 좋은 성적을 받고 싶다는 바람만 막연히 가질 뿐이에요. 목표가 없으니 계획이 있을 리 만무하고, 성적이 향상되지 않는 거고요.

성공한 사람들 모두가 태어날 때부터 우등생이었던 것은 아니잖아요. 그들 중에는 성적이 저조하고 열등감에 시달렸던 분들도 많아요. 그렇지만 그들은 자신의 처지를 직시하고, 더 나아지려고 노력했지요. 가장 먼저 한 일은, 확고한 꿈을 갖고 구체적인 목표를 세운 것이었어요.

여러분도 성공한 사람들이 이룬 꿈같은 일들이 특별히 공신들에게만 해당하는 일이라 치부해버리지 말고, 그들처럼 꿈을 가지세요. 목표를 세우세요. 그렇게 자신의 내면에 잠들어 있는 잠재력을 끌어내시기 바랍니다."

공부는 시간이 부족한 것이 아니라 노력이 부족한 것이다.
When it comes to studying,
it's not the lack of time, but lack of effort.

성공은 아무나 하는 것이 아니다.
철저한 자기 관리와 노력에서 비롯된다.
Sucess doesn't come to anyone, but it comes to
the self-controlled and the hard-working.

< 하버드 성공비결 명언 중에서 >

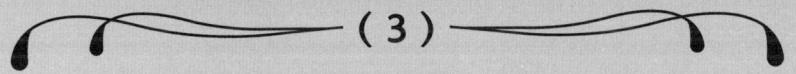

SKY 대학을 향한 질주, 도전과 성취

성적은 투자한 시간의 절대량에 비례한다.

때로는 과보호도 필요(?)하다

어머니는 오락실에 자주 가는 저를 위해 두 번씩이나
오락실이 없는 동네로 이사하신 현대판 맹모(孟母)이십니다.

서울대학교 외국어문학계열에 합격한 창석이는 부산에서 태어났다. 어릴 때 발가벗겨진 채 어머니에게 매를 맞았던 게 지금까지의 인생에서 가장 잊히지 않는 일로 남아 있다. 취미는 피아노 치기이며, 농구를 잘한다.

  정신질환의 종류를 살펴보면, 재미있는 것들이 많습니다. 그중에서도 '방랑증'이라는 것이 있습니다. 이 방랑증에 걸린 사람은 어딘가 목적지를 바로 가고자 하는 의지가 비정상적으로 약해서, 꼭 다른 곳에 들렀다 본래의 목적지로 가는 행태를 보인다고 합니다.
  저는 어릴 때부터 이 '방랑증' 기질이 제법 있었던 듯합니다. 초등학교 때, 오전 수업이 없는 날이나 방과 후 틈만 생기면 어김없이 오락실에 들르곤 했었으니까요. 교회에 갔다가도 집으로 바로 돌아가는 경우는 극히 드물었습니다. 즉, 방랑증 초기 증세에 가까웠던 셈입니다. 이런 저를 제대로 된 인간으로 키워내기 위한 어머니의 노력은 실로 눈물겨웠습니다.

제 기억으로 우리 집은 다섯 번 이사했습니다. 그중 세 번은 집안 사정에 의한 것이었고, 나머지 두 번은 저 때문이었습니다. 그 사실을 안 것은 제가 대학에 입학한 후였습니다.

두 번의 이사는 유난히 오락실에 붙어사는 저를 위한 부모님의 특단의 조치였습니다. 그 일로 야단도 무척이나 많이 맞았습니다. 우리 집은 체벌의 긍정적인 면을 상당히 강조하는 집안이어서, 저는 엄청나게 체벌을 받아야 했지요.

저는 아직도 발가벗겨져 어머니에게 매를 맞았던 그때를 잊을 수 없습니다. 이렇게 한번 호되게 야단맞고 나면 한동안은 오락실 근처에도 가지 않았습니다. 하지만 체벌은 그다지 근본적인 대책이 못 되었습니다. 저는 다시 몰래몰래 오락실에 갔고, 또다시 야단맞곤 했으니까요. 악순환의 고리는 끊어지지 않고 저를 옭아매었습니다.

그러던 중 제가 초등학교 4학년, 새 학기가 시작되던 때 우리 집은 이사했습니다. 집과 학교 주변에 오락실이 하나도 없는 그런 동네로요. 그렇지만 그 처방은 제게 통하지 않았습니다. 제가 4학년 같은 반 친구와 함께 좀 멀리 떨어진 오락실을 찾아가곤 했기 때문이지요.

결국, 제가 초등학교 5학년이던 여름방학 중에 우리 집은 또 이사를 단행했습니다. 이번엔 좀 더 시골 같은 동네로 이사하면서 저의 오락실 중독 증상은 말끔히 사라졌습니다. 버스를 타고 오락실을 찾아갈 만큼의 중독은 아니었던 것 같아요. 사실 저는 그렇게 할 만큼 용기도, 똑똑한 머리도 없었습니다.

　이런 일들이 어쩌면 별것 아닌 것으로 치부될 수도 있겠지만 지금도 어머니는 가끔 이렇게 말씀하십니다. "그때 이사를 감행하지 않았더라면, 지금과 같은 너는 없을 거야"라고 말입니다.

　그때부터 저는 오락실에 가지 않는 대신 친구들과 뛰어놀면서 시간을 보냈습니다. 정말 열심히 놀았던 것 같아요. 어두컴컴하고 냄새도 나는 오락실에 계속 빠져 있었다면 그런 기쁨을 누릴 수 없었을 테지요. 좋은 친구들을 사귀게 된 것이 그런 기쁨을 배가시켰습니다.

　그렇게 무난히 초등학교를 마치고 중학교에 올라갔습니다. 그리고 반에서 중·상위권의 성적을 유지하며, 그야말로 평범하게 학교 생활을 했습니다.

　그러다 중2 여름방학 때 그다지 평범하지 않은 일로 부모님과 마찰을 일으키게 되었습니다. 바로 학원 문제였어요. 그깟 학원 문제로 다투는 게 무슨 특별한 일이냐고 반문할 수도 있을 테지만, 우리 집의 경우는 조금 특이했습니다. 제가 학원에 다니면서 공부하겠다는데, 부모님이 한사코 반대하신 것이에요. 저는 솔직히 그 상황이 이해가 되지 않았습니다.

　성적 욕심도 많고, 경쟁심도 강했던 저는 부모님이 제 성적에 별로 관심이 없으신 것 같아 섭섭하기까지 했습니다. 우리 집이 특별히 잘사는 건 아니지만, 저를 학원에 보내줄 정도의 경제적

여유는 있다고 생각했기 때문에, 서럽기까지 했습니다. 그때는 부모님이 그렇게 미울 수가 없었어요.

지금은 그런 부모님의 결단이 그렇게 고마울 수가 없습니다. 저는 정말 뼈저리게 깨닫고 있습니다. 부모님은 제게 말로 관심을 표현하시지 않았을 뿐, 저의 진로를 위해 현명한 판단을 내리신 것이었으니까요.

중학교 때, 학원을 뺑뺑이 도는 것이 얼마나 부질없는 짓인지, 저는 제 주위의 친구들을 보면서 깨달았습니다. 물론, 그러지 않는 친구들도 있었지만, 대부분 공부보다는 친구들, 특히 이성 친구들과 노는 데 정신이 팔려 있곤 했습니다.

당시에는 그것이 무척 부럽기도 했지만, 지금 생각해보면 정말 가소로운 짓들이 아니었나 싶어요. 그 밖에도 학원에 다니면서 어쭙잖게 배운 지식을 갖고 잘난 체하며 학교 수업을 소홀히 하는 친구들도 정말 많이 보았습니다. 그에 비해 집과 학교만 오가는 저는 이성 친구를 만날 기회가 거의 없었습니다. 그래서 남자 친구들과 더 깊게 우정을 쌓을 수 있었던 것 같습니다.

저는 학원에 다니며 선행학습 하는 친구들보다 아는 게 적다 보니 학교 수업에 매진할 수밖에 없었습니다. 성적은 학원에 다니는 아이들보나 잘 못 나왔지만, 수업 태도만큼은 중학교 때 확실하게 바로잡았던 셈입니다.

이런 수업 태도는 고등학교에 와서 정말 많은 도움이 되었습니다. 순진해서인지, 능력이 모자라서인지 몰라도 저는 고등학교 때도 여자 친구를 사귄 적이 없어요. 오로지 남자 친구들을 전우 삼아 수업 시간에 최대한 충실히 임했습니다. 그뿐만 아니라 절친 이외에는 연락을 주고받는 것도 자제하려고 노력했습니다.

하루 대부분을 거의 학교에서 보내는 우리에게 친구들과의 관계 맺기는 정말 중요한 일이었습니다. 친구들과 좋은 관계를 유지했던 것이, 고교 생활 전반에 아주 큰 영향을 미친 것 같습니다. 친한 친구들과 함께 있으면 피로도 사라지고 스트레스도 풀렸습니다.

저는 중학교 3학년이 끝날 즈음, 학원에 처음으로 가보게 되었습니다. 3개월 완성 '영어문법' 강의를 듣기 위해서였는데, 중학교 3년 동안의 영어 공부보다 그 3개월간에 영어 공부를 더 많이 한 듯합니다.

영문법의 영자도 몰랐던 저는 첫 수업부터 마지막 수업까지, 그야말로 최선을 다해 공부했습니다. 영문법에 대해 아무것도 몰랐던 만큼, 제겐 단 한 시간도 허투루 보낼 여유가 없었습니다.

부모님이 학원 문제를 두고 펼치신 전술(?)은 실로 주효했습니다. 학원을 한 번도 접해보지 않았던 만큼, 제가 학원 수업을 가볍게 대할 수 없게 만들어주셨으니까요. 그야말로 저는 학원이란 곳을 그냥 다들 다니니까 다니는 것이 아닌, 실력을 한 단계 높이는 기회의 장으로 삼았습니다.

그렇게 3개월간의 학원 수업을 마치고 나자, 영어는 제게 가장 자신 있는 과목이 되었습니다. 지각동사나 사역동사의 의미조차 모르던 제가 학원 수업을 통해 영문법을 한 쾌에 꿰어버렸던 것입니다.

고등학생이 되자 아침마다 일찍 일어나는 게 보통 힘든 게 아니었습니다. 새벽에 절 깨우시며 어머니는 제 침대 옆에 꿇어앉아 기도하셨습니다. 조용히 아무 말씀도 안 하시고 제가 일어날 때까지…. 허리가 안 좋으신 어머니에게는 상당히 힘든 일일 수도 있었을 텐데…. 그래도 어머니는 기도를 멈추지 않으셨습니다.

간혹 아침에 제가 잘 일어나지 못해도 어머니는 기도를 끝내지 않으셨습니다. 그러다 허리가 아파 앓아누우신 걸 보는 날이면, 제 침대 옆에서 저를 위해 기도하시던 어머니의 모습이 뇌리에서 떠나지 않았습니다. 그런 어머니의 모습은 제가 잠자리에서 일어나지 않을 수 없게 만드는 어머니만의 능력이셨습니다.

어머니는 저보다 편하게 지내지 않겠나는 일념으로, 제가 고등학교를 졸업할 때까지 3년간 변함없는 모습을 보이셨어요. 제 기억에 어머니는 3년 내내 저보다 일찍 주무시거나, 늦게 일어나신 적이 없습니다.

제가 공부하고 있을 때는 절대로 주무시지 않으셨던 분이 우리 어머니십니다. 저는 어머니를 좀 쉽게 해드리고 싶어, 시험 기간이면 자는 척하다 살짝 일어나 다시 공부하기도 했습니다.

또한, 어머니는 제가 2학년과 3학년 때, 저의 통학을 책임져 주셨습니다. 아침이면 어머니가 준비해주신 영어 테이프를 들으면서, 저녁에는 어머니가 준비해주신 과일을 먹으면서 집으로 돌아왔습니다.

제가 고3이었던 9월 초, 급기야 어머니는 쓰러져 일주일 동안 병원 신세를 지기도 하셨어요. 특별히 큰 병이 있으셨던 건 아닙니다. 병이 난 이유는 피로 누적 때문이었습니다.

한창 수능 준비에 스퍼트를 내야 하는 시기라서, 저는 학교에서 밤늦게까지 공부하곤 했습니다. 그런 저의 생활 패턴에 맞춰주시느라 어머니의 수면시간은 3~4시간 정도밖에 되지 않았습니다. 낮에 주무신다고는 하셨지만, 집안일 하랴, 교회 일 하랴, 쉬실 시간이 그리 많지 않으셨던 탓입니다.

고등학교 2,3학년 동안 우리 어머니는 승용차로 저를 등하교시켜 주셨습니다. 그러나 처음에는 마찰이 많았습니다. 밤에 친구들과 버스를 타고 오는 게 더 좋았던 저는 어머니에게 맹렬히 대들기도 했습니다. 결국은 제가 지고 말았지만요….

어머니는 저와 함께하는 시간을 많이 가지고 싶어서 그러신다며, 눈물을 글썽이셨습니다. 그 모습을 보며 저는 아무 말도 할 수 없었습니다.

특히, 고3이 되어 아침 7시에 등교해서 밤 11시까지 강행군할 때 어머니의 도움은 절대적인 것이었습니다.

고3쯤 되면 부모님과의 대화가 단절되기 쉽습니다. 그러나 어머니와 저는 매일 하굣길에 그날 있었던 특별한 일들을 이야기하면서 집으로 갔습니다. 피곤한 몸을 이끌고 버스에 시달리며 집에 가는 것과 승용차 안에서 과일을 먹고 어머니와 대화하며 집으로 가는 것은 실로 엄청나게 차이 나는 결과를 가져왔습니다.

많은 부모님이 그건 지나친 과보호가 아니냐고 반문하실 수도 있겠지요. 하지만 제가 이 지면을 빌려 확실히 고백할 수 있는 것은, 우리 부모님의 과보호가 없었더라면 저는 결코 지금 이곳에 자리하지 못했을 거라는 확신입니다.

물론, 부모님의 뚜렷한 조력 없이도 혼자 잘 헤쳐나가는 친구들이 많이 있습니다. 그에 비해 저는 책임감이 그다지 강하지도, 자립적이지도 않았기 때문에, 부모님의 과보호가 제겐 절대적인 효과를 발휘한 것입니다. 부모님이 혹시 모를 저의 오락실 출입을 염려하셨을지도 모르겠습니다. 그건 절대로 아니라고 강조하셨지만요!

이젠 저도 성년이 되었고, 이 위치에 와 있는 만큼, 제 나름의 판단력을 가지고 행동하려 합니다. 그러나 지금 우리 부모님은 제 의견을 충분히 인정해주시면서도, 또 다른 방향으로 저를 인도하시고자 합니다. 자립적인 어른이 되기를 원하시는 것입니다.

지금까지도 그랬듯이 우리 부모님의 생각은 항상 저보다 앞서 가십니다. 이 큰 전환의 시기에 저는 부모님의 도움을 받으며 서서히 홀로서기를 익혀 나가고 있습니다. 제가 가고자 하는 길을 부모님의 도움 없이 걸어가리라 굳게 결심하며 용기를 냅니다.

자신의 의견을 당당히 말하게 하라

제가 확고한 인생관을 가지게 된 것은,
어릴 때부터 해온 아버지와의 심야 토론 덕분입니다.

연세대학교 공학계열에 합격한 유한이는 수원에 있는 산부인과 병원에서 태어났다. 공으로 하는 것이라면 뭐든지 좋아하는 취미를 가졌고, 사람들과 이야기하는 것 또한 좋아한다. 부모님과 아인슈타인을 존경한다.

우리 부모님은 두 분 다 교사이십니다. 아버지는 고등학교, 어머니는 중학교. 다른 사람들은 공부 문제를 두고 부모님이 많이 간섭하시겠다, 그렇게 생각들 하지만, 오히려 그 반대입니다.

'공부는 자기 자신을 위해 스스로 방법을 찾아가며 해야 한다'라는 것이 부모님의 지론이십니다. 공부에 관한 무언가를 결정할 때 항상 제 의견을 존중해주시는 이유이기도 합니다. 고1 때 7개월쯤 학원 주말반을 다니다가 인내력과 체력에 한계를 느껴 아버지에게 이렇게 말씀드렸습니다.

"아버지, 저 학원 그만 다니겠습니다."

"아니, 왜 그만 다니려고 하니? 집에서 혼자 공부하려면 벅찰 텐데…. 지금껏 길들여진 생활 습관도 있고. 아버지는 네가 그냥 학원에 계속 다니는 것이 좋을 것 같구나."

아버지의 이 말씀에 더는 대답할 말이 생각나지 않았지만, 그렇다고 전 아버지의 의견에 동의할 수도 없었습니다. 제가 계속 불만스러운 표정을 짓자 아버지는 제게 학원을 그만 다니려고 하는 이유를 설명해보라고 하셨습니다.

"학원에는 제가 무엇이든 얻으려고 가는 것이지, 잃으려고 가는 게 아니잖아요. 온종일 공부에 쫓기는 생활에서 조금 쉴 틈을 갖고 싶어요. 무엇보다도 이대로 학원에 계속 다닌다면 더는 학교 수업이 듣기 싫어질 것 같아요. 수업 시간에 집중하지 못한다면 학원에 다니는 게 다 무슨 소용이겠어요? 학원에 다니기보다는 주말에 제 나름대로 계획을 세워 공부하는 것이 더 효과적일 것 같아요."

그러자 아버지는 의외로 "그래, 네 생각이 맞는 것 같다. 그럼 학원을 그만 다니도록 해. 그렇게까시 말하는데, 네 결징을 믿어줘야지. 네 계획에 맞춰 한번 열심히 공부해보렴" 하시며 제 의견을 존중해주셨습니다.

이처럼 아버지는 어떤 일에서든 제 의견을 똑 부러지게 말하도록 독려하십니다. 제 의견을 확실히 말할 때만 귀 기울여주시고, 그냥 우기거나 투정하는 식으로 말하면 받아들이지 않으십니다. 그러는 사이 저도 모르게 어디서나 제 의견을 주저 없이 말하게 되었고, 제 말에 책임을 지려 노력하게 되었습니다.

그 덕분에 고등학교 2학년 말쯤엔 학생회장 선거에 나갈 수 있었습니다. 비록 떨어지긴 했지만, 아버지의 교육 방법이 저를 이만큼 키워준 거라고 믿습니다. 뒤에서 구시렁거리고 불만만 늘어놓기보다 제 의견을 앞에서 똑바로 말하고, 문제를 해결해나가려는 자세를 갖추게 되었으니 말이에요.

그렇게 자신 있게 학원을 그만두었지만, 리듬이 깨졌는지 공부가 잘 안 되었습니다.
'지금 내가 뭐 하고 있는 거지? 길을 잃은 건 아닐까?'
이런저런 생각 속에서 방황하다, 전 친구에게 고민이 있다며 상담을 요청했습니다.
"야! 나 어떡하냐! 슬럼프에 빠진 것 같아."
"뭐 슬럼프?"
"넌 슬럼프에 빠졌을 때 어떻게 헤쳐나왔냐?"
"글쎄, 기억이 잘 안 나는데…. 근데 인마! 그건 네 슬럼프지 내 슬럼프가 아니잖아! 그러니 내가 슬럼프에서 벗어난 방법을 알려줘도 소용없을 거야. 네가 곰곰이 생각해보고 헤쳐나오는 수밖에 없어!"
"응, 그렇기도 하네."
사실 친구의 말이 맞았습니다. 제가 알아서 제 문제를 해결해야지, 다른 누구한테 대신 해결해달라고 할 수는 없는 노릇이었으니까요. 저는 그동안 제가 어떻게 공부해왔는지, 다른 애들은 어떻게 공부하고 있는지 살펴보았습니다. 그런 후 제 힘에 부치지 않는다고 생각하는 양만큼 공부 계획표를 짰습니다.

계획표를 짜고 보니, 도저히 사람으로서 실천할 수 없는 양이라는 생각이 들었습니다. 그렇게 몇 번씩이나 원점으로 되돌아오곤 했습니다. 결국, 저는 눈앞에 보이는 것부터 닥치는 대로 공부하기 시작했습니다.

그런데 이게 웬일! 무작정 닥치는 대로 공부하다 보니, 어느새 잡생각이 줄어들고 규칙적으로 공부하고 있는 저 자신을 발견하게 되었습니다. 역시, 슬럼프니, 뭐니 해도 마음이 복잡할 때면 다른 생각이 들어설 틈 없이 자신을 밀어붙이는 게 최선인 것 같았습니다.

사실 저는 고2 때까지 그냥 자연계로 대학에 진학해야지 생각했을 뿐 정확하게 진로를 정하지 못하고 있었습니다. 그러다 이제 고3이 되었고, 진로를 어떻게 정할지 심각하게 고민할 시간이 닥친 것입니다.

'과연 내가 가고자 하는 길은 어떤 길이지? 진정 무엇을 하고 싶고, 어디로 가야 하는 거지?'

그제야 저는 '자연계를 선택했으니 공대에 진학해야지. 자동차나 로봇 또는 인공위성을 다루는 학과에 가야지…' 라는 식으로 제 진로를 생각해보게 되었습니다.

그러나 현실은 그게 아니었어요. 막상 대학 학과를 찾아보니, 비슷비슷한 학과명에 어떤 학과를 가야 제가 원하는 공부를 할 수 있을지 알 수 없었습니다. 그래서 친구에게 물어보았습니다.

"넌 어떤 학과에 지원하려고 해? 비슷비슷한 학과명이 많아서 학과명만 보고는 어딜 가야 할지 모르겠어."

"나도 그래. … 왜 이렇게 학과명을 비슷하게 지어놓은 건지 모르겠어. 대학 소개 시 좀 더 구체적으로 학과도 소개해주면 안 되나? 야! 아버지에게 한번 여쭤봐"

"야! 수시 종합전형에 지원할 것도 아니잖아. 수능시험 성적이 나온 후에 제대로 고민해봐야지, 뭐."

"그렇지만 수시도 한번 지원해봐야 하지 않을까?"

수시모집 종합전형의 경우 대학에서는 뚜렷한 진로 목표를 세우고 관련 활동을 꾸준히 해온 학생을 요구하기 때문에 저는 해당이 안 되었습니다.

정말 제 목표가 뚜렷하다면 이 힘든 수험생활도 더 잘 헤쳐나갈 수 있으리라는 깨달음을 얻는 순간이었습니다. 목표와 꿈이 있을 때, 그것을 이루기 위해 더 노력하게 될 테니까요.

고3 수험생은 참 자유롭지 못합니다. 어머니는 제가 집 밖으로 나오기만 하면 한 시간이 멀다 하고 전화를 하십니다.

"엄마, 제가 친구들을 만나거나 좀 늦을 때면 왜 그렇게 전화를 많이 하세요? 친구들과 같이 있는데 그렇게 꼭 전화하셔야겠어요?"

"걱정되어서 그러지. 네가 친구들과 놀고 온다고 하면 아버지는 네가 두세 시간 안에 들어올 거로 생각하신단 말이야."

"친구를 만났는데 어떻게 두세 시간 동안만 놀아요? 제가 다 알아서 할 테니까, 제발 간섭 좀 그만하세요."

이런 문제로 자주 다투다 어머니와 저는 의논 끝에 타협점을 찾게 되었습니다.

"엄마, 제가 지금껏 허튼짓하는 것 보셨어요? 그러니까 제가 어디에서 무엇을 하든 저를 믿으시고, 제발 전화 좀 그만하세요. 대신 걱정 안 하시게 제가 꼭 전화할게요."

사소한 일로 비쳐질 수도 있지만, 이는 어머니와 저 사이에 많은 갈등을 불러온 문제였습니다. 제가 이렇게 말하자 어머니도 아버지처럼 제 의견을 존중해주기로 하셨습니다. 이후 전화 문제로 어머니와 다투는 일은 거의 없어졌습니다. 오히려 친구들이 먼저 "야, 어머니에게 전화해드려야지"라고 챙겨주기까지 할 정도였습니다.

3학년에 올라와서 처음으로 보았던 모의고사 성적표를 받아들었습니다. 형편없는 점수가 적혀 있었습니다.

'내가 과연 잘해나가고 있는 걸까? 아니야, 이건 아니야.' 형편없는 점수에 불안감이 엄습해왔습니다.

저는 야간자율학습 1교시를 마치고 쉬는 시간에 아무도 없는, 어두컴컴한 학교 운동장으로 나갔습니다. 운동장 한가운데에 서서 불이 환히 켜진 학교 건물을 쳐다보았습니다. 제가 지겹도록 공부에 매달리고 있는 그곳을요…. 그러곤 운동장에 철퍼덕 드러누워 하늘을 쳐다보았습니다. 이 학교에 입학하고 지내온 나날들이 주마등처럼 눈앞을 스쳐 갔습니다.

'야! 유한아, 너 지금까지 잘해왔잖아! 이렇게 주춤거리는 것은 네 본래의 모습이 아니야. 넌 매사에 자신감이 넘치고, 네가 하고자 하는 것은 무엇이든 해낼 수 있다고 믿어왔으니까! 이 순간에도 너는 앞을 향해 달려가야 해. 여기서 이렇게 머뭇거릴 수는 없어. 다시 한번 힘을 내자! 아직 죽을 만큼 최선을 다하진 않았잖아! 그래, 미치도록 열심히 공부해보는 거야!'

그렇게 운동장에 누워 마치 친한 친구와 이야기하듯 저 자신과 대화를 했습니다. 그러면서 비로소 저 자신을 제대로 보게 되었고, 어디에서 비롯된 것인지 모르는 힘을 얻게 되었습니다.

그 후 저는 정말 죽음을 각오한 사람처럼 공부에 열중했습니다. 성적이 점점 오르는 것을 확인하고부터는 정말 신바람 나게 공부를 즐겼습니다.

SKY 대학 모두에 수시모집 원서를 냈지만, 전부 떨어졌습니다. 수능시험이 끝나고 대학 지원에 앞서 학과를 결정할 때 아버지는 여기 가라, 저기 가라, 일방적으로 강요하시지 않았습니다. 대신 "넌 어느 학과에 가고 싶으냐?", "왜 그곳에 가려고 생각하는데?", "네 인생에서 가장 중요한 게 뭐라고 생각하니?"라고 물어오셨습니다.

아버지와 저는 밤늦도록 그런 이야기들을 나누곤 했습니다. 때론 격한 논쟁이 벌어질 때도 있었고, 어머니까지 참여한 진지한 토론이 되기도 했습니다. 그러는 동안 저는 아버지와 어머니가 무슨 생각을 하시는지 더 잘 이해할 수 있었고, 그건 부모님도 마찬가지였을 겁니다.

아버지는 평소에도 토론을 즐기십니다. TV를 보다 십 대 가수들이 나오면 어른들이 으레 "저게 뭐냐? 쟤들도 가수냐?"라고 힐문하시듯 하지 않습니다. 대신 "넌 십 대 가수에 대해 어떻게 생각하니?"라고 물어보십니다.

이때 아버지의 의견을 강요하시는 법은 없었습니다. 단지 저를 아버지와 동등한 입장에 두시고 서로 의견을 나누며 이해해가는 과정을 즐기실 뿐이었습니다.

가끔 아버지와 저는 심야 TV 토론 프로그램을 보곤 했습니다. 그런데 그때 느낀 것 한가지는, 토론자이신 교수님들 또는 전문 패널분들이 저와 아버지가 토론하는 방식을 못 따라가는 것 같다는 것이었습니다.

그들은 타당한 논리를 내세우기는커녕 서로 감정만 앞세우곤 했습니다. 우리 부자에게 토론 방식을 한 수 배워야 하지 않을까, 싶을 정도로요. 저는 아버지와 이렇게 의견을 주고받으며 올바른 토론 방법이 무엇인지 확실하게 체득한 것 같습니다.

저는 늘 저 자신과 이야기하고, 부모님과도 이야기합니다. 서로를 잘 알고 있는 만큼, 부모님과 나누는 이야기는 제 인생에 가장 크게 도움이 됩니다. 지금까지도 가끔 인생을 놓고 진지하게 토론을 벌이며 밤을 지새우곤 합니다. 친구들은 '넌 말로는 못 당한다'라고 이야기들 합니다. 제가 이렇게 단단한 인생관을 갖게 된 건 다 어릴 때부터 지금까지 이어져 온 우리 집의 심야 토론 문화에서 비롯되었다고 믿습니다.

(interview)

작가 : "유한 군의 이야기 중에 죽음을 각오한 사람처럼 공부에 열중하자 성적이 오르고, 그 바람에 신바람 나게 공부를 즐겼다는 이야기가 있는데, 어떻게 공부했나요? 신바람 나는 공부 방법이 어떤 것인지 짤막하게 얘기해 줄 수 있을까요?"

유한 : "저의 신바람 공부법의 요체는 '개념노트와 오답노트'를 마련하는 것이었어요. 저는 수능 직전까지 자주 틀리는 개념을 계속 줄여나가면서 개념노트를 보충했습니다. 헷갈리는 개념만 정리해서 수능 전날까지 활용한 것입니다. 그 방법은 매우 유용할뿐더러 시간도 효율적으로 사용할 수 있는 방법이었어요.

오답노트는 부족한 부분을 반성하고, 같은 실수를 반복하지 않기 위해 만드는 노트잖아요. 전 선지 하나부터 문제까지 빠짐없이 꼼꼼하게 모으려고 노력했어요.

이렇게 노트를 만드는 게 시간이 오래 걸린다는 단점도 있어요. 그래서 교과서에 참고서나 문제집의 보충개념 등을 한 번에 볼 수 있게 필기해 시간을 절약했어요. 그러면 교과서만 읽어도 관련 내용이 한눈에 들어와서 크게 도움이 되었고요."

작가 : "아버님이 고등학교 선생님이셨는데 아버님에게 도움을 받지 않았나요? 스트레스도 상당했을 텐데 어떻게 극복했나요?"

유한 : "아버지는 저를 전적으로 믿어 주셨어요. 사실 아버지만의 특별한 노하우가 있지 않을까? 기대를 걸고 여쭤보긴 했으나, 왕도는 없었어요. 그래서 제 나름대로의 방법을 강구해 열심히 공부했습니다. 제 상태는 제가 가장 잘 알기 때문에 저에게 맞는 학습 방법을 찾은 것이 '개념노트와 오답노트' 였습니다. 아버지도 제가 이렇게 공부한다고 하니까 좋은 생각이라며 열심히 해보라고 응원해주셨고요.

　수능시험일까지 시간이 많지 않다 보니, 조급한 마음으로 인해 받는 스트레스가 상당했어요. 조금씩 오르고 있는 성적이, 큰 위안과 견뎌낼 수 힘을 주었지만요. 공부하기가 싫을 때는 산책을 했어요. 처음에는 시간이 아까워 꺼려 했지만 계속하다 보니 그 산책 시간이 제가 편안히 휴식하는 시간이 되었어요. 열심히 공부해서 꼭 연세대에 가겠다는 각오를 다지는 계기도 되었고요. 산책하다 제 목표가 떠오르면 무엇에 홀린 듯 바로 책상 앞으로 향하는 저를 발견하곤 했습니다."

가난하더라도 사랑에 굶주리게 하지 마라

학원에 못 보내 안타까워하셨던 어머니의 마음속에
숨어 있는 깊고 깊은 사랑을 조금씩 알아갑니다.

서울대학교 경영계열에 합격한 종석이는 경기 북부 작은 마을에서 태어났다. 음악을 들으며 산책하는 걸 좋아한다. 그중 살랑살랑 바람결에 날리는 벚꽃 잎을 맞으며 걷는 걸 너무 좋아한다.

학창 시절 12년간 우리 집은 여덟 번 이사하고, 저는 여섯 번 전학했습니다. 그중 고등학교 2학년 1학기 때 서울의 강남구 구룡마을로 이사 온 후, 이곳에 적응하는 것만큼 힘들었던 적은 없었습니다.

서울의 강남이라고 하면 부자들이 모여 사는 곳으로 알려져 있습니다. 그러나 구룡마을은 판자집이 즐비한 빈촌으로, 겨울이면 연탄 봉사활동을 하러 오는 단체가 많은 그런 곳입니다. 서울, 그것도 강남에 이런 달동네가 있다는 것조차 신기하게 받아들여지는 이슈였습니다.

제가 그런 곳에 이사 와서 적응하기가 어려웠던 것은 아니었습니다. 열악한 환경이 익숙한 저에겐 그리 놀랄 일이 아니었으니까요. 다만 학교에서 다른 학생들의 눈초리를 의식해야 한다는 사실이 힘들었을 뿐입니다.

신학기가 되면 으레 써 가는 '학습환경조사서'. 조사서 내용을 비밀에 부친다고는 하지만, 어느 정도 파헤치면 쉽게 내용을 알 수 있을 만큼 관리가 허술한 편이었어요. 학습환경조사서를 써 간다고, 특별히 문서화한다고, 달라지는 것도 없으면서, 왜 그런 문서를 비치하고 있는지 모르겠습니다.

보호자 및 가족란에 아버지 성명이 없으면, 담임선생님은 부모님이 언제 이혼했는지, 아버지와 연락은 하고 지내는지 묻습니다. 가정 경제 상황도 상·중·하로 구분해 표시하는 것 같았어요. 저 같은 경우는 주소를 확인하면 어떤 환경에서 사는지 금세 드러납니다. 이런 사실은 곧이어 아이들에게 퍼지고, 별것도 없는 집의 애가 성적이 오른다며 아니꼬워한다는 말도 들었습니다.

어쩌면 제가 괜한 열등감에 색안경을 끼고 바라보는 건 아닌가 하는 생각을 하기도 했습니다. 우리 부모님이 뭘 하시는지, 부자인지 아닌지에 왜 그렇게 많은 관심을 가지는지 모르겠습니다.

그래서 저는 제가 구룡마을에 산다는 것을 친구들이 알기 전에 먼저 이야기했습니다. 제 말을 들은 친구 덕분(?)에 우리 반 아이들은 물론, 다른 반 아이들도 제가 기초생활수급자 가정의 아이라는 사실을 다 알게 되었습니다.

오히려 그렇게 알리고 나니까 차라리 마음이 편했어요. 누가 뭐라든 저는 공부에만 열중하기로 마음먹었으니까요. 저는 국가 장학금 수혜자였고, 이는 금전적인 부분만이 아니라 정신적인 면에도 큰 도움이 되었습니다. 장학금을 받는다는 사실이 저를 더 열심히 공부하게 했으니까요. '장학금을 받는 만큼 공부를 더 열심히 해야 하지 않겠나!' 라는 각오가 가슴 깊이 새겨졌습니다.

'그래, 열심히 공부해서 꼭 서울대에 가야지!'

막상 고3이 되니까 100미터 트랙에서 달리는 육상선수 같은 마음이 되었습니다. 제 공부 방식이 맞는 건지, 제 공부 내용이 맞기는 한 건지…. 대학에 관한 정보를 올바르게 알고는 있는 건지…. 불안한 마음은 마치 눈을 감고 달리는 기분이었습니다.

솔직히 학원이 모든 걸 해결해주지 못한다는 건 압니다. 그러나 경제적 사정으로 다니지 못하는 저로서는 학원에 다니는 친구들 사이에서 소외감도 느끼고, 조바심도 나는 게 사실이었습니다.

특히, 저보다도 어머니가 안타까워하셨어요. 그럴듯하게 만들어진 학원 광고지를 볼 때마다 어머니는 한숨을 푹푹 내쉬곤 하셨어요. '지금이 아니면 안 됩니다', '몇 점 이상 올려드리겠습니다' 등등, 광고지는 애타는 학부모의 마음을 유혹하는 글들로 도배되어 있었습니다. 어머니는 선뜻 학원에 보내주려니 형편이 안 되고, 그렇다고 고3인 아들을 학원도 안 보내자니 공부가 뒤떨어질까 봐 안타까우셨던 것입니다.

그런 어머니의 마음을 아는 저는 아무 내색도 하지 않았습니다. 오히려 어머니가 저에게 때때로 "넌 왜 학원에 보내달라는 말도 안 하니?"라고 묻곤 했지요. 그래서였을 거예요. 어머니가 부쩍 짜증이 많아지시고 사소한 일에도 화를 잘 내셨던 것은….

매년 3월 초가 되면 뿌려지는 수많은 학원 광고지를 볼 때마다 어머니는 더 민감해지시고, 더 초조해하시고, 불안해하셨습니다. 마치 어머니가 고3생인 것처럼 여겨질 때도 있을 만큼….

고백하건대, 저도 학원에 다니고 싶었습니다. 학원엘 다니면 체계적이고 이해하기 쉽게 공부할 수 있는 장점이 있으니까요. 물론 개인에 따라 다르겠지만, 장점이 있는 건 사실 아닌가요?

그렇지만 경제적, 시간적인 이유로 인해 저는 학원에 다니지 못했습니다. 그래서 친구들을 통해 학원에서 공부하는 교재가 어떤 것인지 알아냈습니다. 그러곤 그 교재를 구입해 공부하거나, 친구의 학원 필기 노트를 베껴 공부하곤 했습니다.

친구들은 대부분 제 부탁을 들어주었시만, 몇몇 친구는 아주 싫은 티를 내보이기도 했습니다. "너도 돈 내고 다녀!"라고 말하는 친구부터 이리저리 핑계를 대며 피해 다니는 친구까지….

학원 교재라는 것이 수강증이 없으면 살 수 없어서 학원에 다니는 친구에게 부탁해야만 교재를 구입할 수 있었기 때문입니다. 내용 정리가 일반 참고서보다 체계적이어서 저는 고3이 되어서는 그렇게 학원 교재를 구입해 공부했습니다.

학원 교재는 답지가 없거나, 그때그때 강의를 듣고 필기해야 하는 부분들이 많았는데, 그때마다 필기 노트를 보여주는 친구들은 드물었습니다. "누구는 교통편을 이용해 학원까지 가서 비싼 수강료를 내고 강의를 듣는데…. 얌체같이 교재만 구해다가 공부하냐"라는 소리를 듣기도 했습니다.

구차하게 느껴졌지만 다른 뾰족한 수가 없었어요. 시간이 부족한 고3생인 만큼 조금이라도 효율적인 교재로 공부하고 싶은 것은 인지상정이 아닐까요? 저는 학원에는 다니지 못했지만, 그래도 친구들 덕분에 학원 교재를 구입하고 친구들의 필기 노트를 베껴가며 공부할 수 있었으니 얼마나 다행이었는지요…. 그렇지만 제 공부 방법에는 한계가 있었습니다. 게다가 수능일이 다가오면서 친구들은 저를 위해 시간을 내주기가 어려워졌습니다.

저는 다른 공부 방법을 찾아야 했습니다. 그때 한 친구가 자신은 정기적으로 컨설팅을 받고 있는데 엄청 효과를 보고 있다며, 대학 입시 교육 전문가인 김기영 선생님을 찾아가 보라고 했습니다. 선생님이 차상위 계층과 기초생활수급자 학생들에게 무료로 입시 및 학습 컨설팅 봉사를 해주고 계시다면서요.

김기영 선생님은 정말 저에게 구세주셨습니다. 선생님은 제 사정 이야기를 다 듣고 나신 후, 제가 수시 전형으로 최상위권 대학에 갈 수 있는 확률은 10%가 안 된다, 그러니 열심히 공부해서 정시모집에 응시하라고 하셨습니다. 학교 내신은 좋은 편에 속하지만 최상위는 아니고, 학교 활동(동아리, 독서, 자율, 봉사)도 부족하다고 판단하신 것입니다.

그래서 저는 선생님이 가르쳐주신 공부 방법에 따라 수능 150일 학습 계획을 새로이 세웠습니다. 얼마 안 남은 수능시험일까지 공부 시간을 늘리는 데는 한계가 있으므로, 주어진 시간을 최대한 효율적으로 활용하는 데 집중했습니다.

먼저 매우 중요한 플래너 쓰기를 시작했습니다. 특히, 수능 100일 전부터는 플래너에 10분 단위로 학습 계획을 기록하면서 놓치는 시간을 최대한 없애려고 했어요. 중간중간 흘려버리는 시간만 줄인다고 해도 공부 시간을 상당히 확보할 수 있는 상황이었으니까요.

그다음은 선생님이 알려주신 '거꾸로 학습법'을 활용해 공부했습니다. 그랬더니 금세 성적이 올랐습니다. 9월 모의고사에서 상위권 성적을 받았고, 수시 전형에는 원서를 내지 않았습니다. 수능 모의평가 결과 정시모집의 상위권 대학에 지원할 수 있는 성적이 나왔기 때문입니다. 수시에 지원했다가 자칫 정시에는 아예 지원할 수 없는 '수시 납치' 상황이 벌어질 수 있다는 선생님의 판단에 따른 조지였습니다.

수능이 끝난 후 저는 아르바이트를 했습니다. 제 손으로 돈을 벌어 조금이라도 등록금에 보태고 싶었기 때문입니다. 농수산물 시장에서 상품 포장하는 일을 했는데, 엄청 힘들었어요. 그런 힘든 일을 해보니, 공부가 제일 쉽다는 생각이 절로 들더라고요.

저는 어려서부터 목표나 꿈을 확실하게 정하지 못했었어요. 어린 나이에 목표를 정한다는 게 쉽지 않은 일임은 당연할지도 모릅니다. 그저 뭐든 열심히 하면 잘살 수 있으리라 믿으며 온 힘을 다해 공부했을 뿐이에요. 제가 무얼 하고 싶은지, 어떻게 살아야 할지, 앞으로도 더 고민해봐야겠지만, 대학에서 다양한 경험을 쌓으며 진로를 결정하려 합니다. 이것이 대학의 경영학 계열에 지원한 이유입니다.

꿈이 없다고 공부하지 않는 것은 바보 같은 짓이라고 생각합니다. 공부하지 않으면 나중에 꿈이 생기더라도 이룰 수 있는 확률이 제한적일 수밖에 없습니다. 공부는 미래의 본인 선택지를 넓혀주는 수단이 될 테니까요. 지금 제 나이에 할 수 있는 가장 중요한 일은 공부가 아닐까요?

> 어머니는 언제나 "너만은 잘살아야 된다. 그 길은 공부밖에 없다."라고 하셨습니다. 제가 여태껏 보아 온 어머니의 모습은 편찮으셔서 누워 계시던 모습, 염려와 걱정으로 짜증 내시던 모습, 그리고 저 하나만 믿고 바라보시며 한숨 쉬시던 모습입니다. 그런 어머니의 모습을 떠올리며 가슴 먹먹해지는 것을 보니, 저도 이제는 철들어가나 봅니다.

{ interview }

작가 : "종석 군은 강남의 유명학원에 다니는 친구들에게서 학원 교재를 구해 공부하다, 김기영 선생님이 알려주신 '거꾸로 학습법'으로 공부했다고 하는데, 선생님의 코칭과 공부 방법을 간략

하게 소개해 줄 수 있을까요?"

종석 : "선생님은 제가 강남 유명학원의 교재로 공부하지 못한 것을 아쉬워하는 이야기를 들으시곤 '너무 걱정하지 마라' 시며, 수능 기출문제 위주로 공부할 것을 권하셨어요.

 선생님은 '학교에서 배운 것이든 학원에서 배운 것이든 자신의 것으로 소화해내는 과정이 꼭 필요하다' 라고 하셨어요. 실력 향상을 위해 중요한 것은 배운 것을 자신의 방식으로 정리하면서 반복하는 공부라고도 하셨습니다. 그리고 여기에는 스스로 문제의식을 가지고 공부하는 내용을 파고들며 끈질기게 노력하는 자세가 밑바탕이 되어야 한다고 강조하셨지요. 어떤 어려운 문제를 만나더라도 스스로 해결하겠다는 오기와 끈기를 가지면 충분히 목표를 이룰 것이라면서 수능 과목별 학습법을 알려주셨습니다.

 저는 후배들에게 이 이야기를 해주고 싶습니다. '사교육이라면 서럽지 않을 정도로 수혜를 입고 있는 강남 학생들을 부러워할 필요가 없을 것 같다. 다만 실력 향상은 스스로 배운 것을 얼마나 소화해낼 의지와 노력이 있는가에 달려 있다' 라고 말입니다.

 시중에 나와 있는 수능 문제집은 기출문제와 비슷한 유형의 문제가 많기 때문에 기출문제만 확실하게 공부해두면 수능 문제집은 의외로 쉽게 풀 수 있습니다. 저는 수능 기출문제집으로 공부하면서 실제 수능시험을 치르는 것처럼 긴장감을 가지고 공부했어요. 그 방법이 훨씬 학습효과가 뛰어났고요. 공부할 때 잡념이 없어지는 데다, 정신을 집중해 공부할 수 있었으니까요."

자녀를 믿고 맡겨라. 자유를 누리는 만큼 책임도 무겁다는 걸 깨닫게 된다

'넌 더 잘할 수 있어' 라는 아버지의 믿음이 때론 저를 자유롭게도 했지만,
그것은 어떤 강요보다 강한 채찍질이었습니다.

> 카이스트 자연과학계열에 합격한 영무는 서울에서 태어났다. 고교 시절 문화유산답사반에서 열심히 활동했다. 체력도 단련할 겸 취미로 농구를 즐긴다. 캐나다와 미국에서 살았던 덕분에 영어 회화는 또래들보다 잘한다.

아버지는 평소 '대기만성'이라는 말씀을 자주 하십니다. 시험 결과가 나쁘게 나와도 크게 야단치시는 법이 없습니다. 시험 성적이 잘 안 나오면 "앞으로는 더 잘 볼 거야, 그지?"라고 하시면서 저를 위로해주셨습니다. 시험을 잘 보았을 때면 아버지는 "우리 영무는 앞으로 더 발전할 거야"라고 말씀해주셨고요.

제 딴에는 잘 본 것 같은데도 아버지 마음에는 흡족하지 않으셨나 봅니다. 그것이 제겐 큰 짐이 되었습니다. 항상 지금보다 더 잘해야 한다는 강박관념에 사로잡힐 정도로요.

어떻게 공부할 것인지도 부모님은 전적으로 저에게 맡기셨습니다. "너 스스로 잘할 수 있는 공부 방법을 찾아봐라. 그리고 나서 공부가 잘 안 된다거나 정 어렵다면 같이 의논해보자" 하시면서요. 이런 부모님의 믿음은 저에게 자유로움을 느끼게도 했습니다. 반면 한편으론 상당한 압박감을 느꼈습니다.

제가 학교에서 공부하고 싶다면 그렇게 하라고 하시고, 학원 보충이 필요하다고 하면 제가 다니고 싶어 하는 학원에 수강 신청을 해주셨습니다. 다른 친구들 얘기를 들어보면 그들의 어머니들은 '어느 선생님이 수학을 잘 가르친다더라, 어느 학원이 괜찮다더라' 하시며 학원을 선택해주시곤 했다고 합니다.

그에 비하면 우리 부모님은 너무 저한테 모든 것을 맡기시는 게 아닌가 하는 생각도 들었습니다. 가끔은 정말 저한테 관심이 없으셔서 저러시는 게 아닐까? 의심하기도 했습니다. "엄마, 나 진짜 엄마 아들 맞아?"라고 물어보고 싶을 정도였습니다.

제가 서울 외곽의 D 고등학교에 입학했을 때, 같은 아파트 위층에 사는 형은 그해 그 학교를 졸업했습니다. 그 형은 저를 잘 모르지만, 오가면서 저는 그 형을 자주 봤습니다. 어머니나 동네 아주머니들 사이에서 그 형은 늘 칭찬의 대상이었습니다. 저는 어쩔 수 없이 그 형의 이야기를 자주 듣게 되었습니다. 그러니 그 형의 일거수일투족이 신경 쓰이는 건 어쩔 수 없었습니다.

"글쎄 저 학생은 비가 오나 눈이 오나 도서관에 다녔다네요."
"그러니까 서울대에 갔겠죠."
서울대라니!! 그 후 그 형은 저에게 딴 세상 사람처럼 보였습니다. 공부를 잘하지 못하는 제게는 그 형의 입시 성공(?)이 대단한 무용담으로 다가왔습니다. 사실, '비가 오나 눈이 오나' 같은 대목은 현실감이 별로 느껴지지 않았습니다. 저에겐 그저 먼 세상 얘기로밖에 들리지 않았고요. 그러나 서울대생이라는 타이틀은 전혀 다른 문제였습니다.

담임선생님은 방과 후 도서실에 남아 학습할 희망자를 신청받았습니다. '나는 그 시간에 '검도'를 해야 하는데….' 그렇게 망설이는 와중에 또 '비가 오나 눈이 오나' 형이 생각났습니다. 그래서 검도는 다음으로 미루고, 저는 그 시간에 공부하리라 작정했습니다. 다른 애들은 모두 거창하게 각오를 다지고, 의지를 불태우며 학습 계획을 세우는 것 같았습니다. 당연하게도 저는 '나만 아무 생각 없이 고등학교 생활을 하는 게 아닌가?' 하는 의심을 갖게 되었습니다.

초등학교 3년간, 중학교 2년간 캐나다와 미국에서 살았던 덕분에 영어엔 어느 정도 자신이 있었습니다. 그래서 방과 후엔 오로지 수학 공부에 집중했습니다. 저에게 맞는 수학 책을 선택해 매일 똑같은 시간에 문제를 풀어나갔습니다. 그러다 보니, 슬슬 지겨워지기 시작했습니다.

'수학은 진짜 재미있어', '난 수학을 제일 좋아해.' 이렇게 아무리 주문을 외우고 최면을 걸어도 별 효과가 없었습니다. 오히려 '지겨운 수학! 지겨운 방과 후 학습!'이라는 말이 제 뇌리에서 떠나지 않았습니다.

  그런데 방과 후 학습을 지켜워하는 건 저만이 아니었어요. 급기야 저는 마음이 맞는 친구들 몇 명과 그 시간에 농구를 했습니다. 선생님의 눈을 피해서 어둑어둑한 운동장을 질주하는 그 기분이란! '역시 혈기 왕성한 우리에게 어울리는 건 수학이 아니라 농구야!' 이러면서 저는 농구 하는 그 시간을 즐겼습니다.

  그러나 선생님 중에는 의외로 날카로운 눈을 가진 분이 계셨습니다. 언뜻 휙 지나가는 주황색 농구공을 발견하신 것입니다. 우리는 방과 후 수업 시간 내내 복도에서 무릎을 꿇은 채 농구공을 들고 있어야 했습니다. 그렇지만 그런 일로 농구를 포기할 순 없었지요. 선생님의 감독이 느슨하다 싶은 날이면 저와 친구들은 어김없이 운동장으로 달려나갔습니다.

  사실 저는 운동하고 난 후면 정신이 맑아져서 공부가 더 잘되었습니다. 고3이 되면서 학교 도서실에서 몰래 빠져나오기가 쉽지 않아, 그마저도 농구를 하기가 어려워졌습니다. 도서실 출입 감독이 심해졌기 때문입니다. 그래서 농구를 한 시간 정도 한 다음 쉬는 시간에 맞추어 도서실에 들어가거나, 방과 후 학습이 끝난 후에 도서실에 들어가거나 했습니다. 이렇게 저는 매일 농구를 즐겼습니다. 그렇다고 공부를 포기하거나 지나치게 게으름을 부렸던 것은 아닙니다.

  고3 초·중반에 이르자, 몰래 같이 농구를 하던 친구들과 저는 농구를 하지 않게 되었습니다. 하루라도 운동을 안 하면 몸이 근

질거렸지만, 이제는 운동할 시간도, 같이 농구 할 친구도 없었어요. 모두 진지하게 대학 입시에만 매달렸기 때문입니다. 그렇게 스트레스가 늘어가는 만큼 뱃살 또한 늘어나기만 했습니다. 성격도 점점 거칠어지는 것 같았습니다.

외로웠습니다. 저는 어디에도 속하지 못하는 아웃사이더 같았습니다. 이런 고독감은 제가 외국에서 살다가 한국으로 돌아왔을 때 느꼈던 그 감정과 같은 것이었어요. 그때 저는 아이들 속에 끼지 못하고 아웃사이더가 되어 아이들 주변을 맴돌았습니다. 고등학교에 입학하면서 아이들 속에 끼려고, 친구들과 함께 어울리려고 그토록 노력했는데…. 3학년이 되면서 그 노력은 물거품이 되어버렸습니다.

저는 다시 혼자가 된 느낌이었습니다. 나 혼자만 유독 스트레스를 더 받는 걸까? 고민이 깊어져만 갑니다. 그러다 결국, 저는 마음을 추스르고 공부에 전념하리라 결심하게 됩니다.

학교 도서실 개방이 저녁 9시까지로 정해지자, 학원을 가는 친구들을 제외하고, 많은 친구가 사설 독서실을 택해 공부를 이어갔습니다.

"어제 PC방에서 게임할 때, 나 혼자 적들을 다 죽였다는 거 아냐."

"야! 우리 독서실에 다니는 김여름이라는 애 진짜 예쁜데, 너랑 연결해줄까?"

이런 말들을 듣고 있노라면, 제겐 독서실에 다니는 친구들이 왠지 재미있는 인생을 사는 것 같았습니다. 솔직히 그 친구들이 부러웠고요. 학교 도서실에서만 공부하는 저는 소외된 인생을 사는 것 같았습니다.

그런 생각을 하고 있을 때, 친구 한 명이 저에게 "야! 영무야. 나랑 게임 한번 할래?"라고 제안해 왔습니다. 저는 귀가 솔깃했습니다. 드디어 저도 PC방이란 곳에 다니게 된 것입니다. 운동도 하지 못하는 상황에서 정말 유일한 탈출구가 아닌가 싶었습니다. PC 게임은 스트레스를 푸는 데 안성맞춤이었습니다. 힘도 안 들고 같이할 친구들도 많아서 좋았습니다.

그런데 학교 도서실 공부를 끝내고 운동하다 오는 데는 너그럽던 부모님이 PC 게임은 펄쩍 뛰며 반대하시는 것이었어요. 매일 두세 시간씩 하는 것도 아니고, 일주일에 두세 번 30분 정도 한다는데도 부모님은 용납하시지 않았습니다. 게임을, 거의 사탄의 유혹쯤으로 받아들이시는 것 같았어요. 저는 부모님의 몰이해가 섭섭하기까지 했습니다.

하지만 특별한 스트레스 해결 방법이 없는 만큼 조금 줄이더라도 게임을 아예 중지할 수는 없었습니다. '이 정도는 혼나지 않겠지?' 그렇게 부모님의 눈치를 살펴가며 PC 게임을 즐겼습니다.

3학년에 올라와 처음 본 모의고사 점수가 400점 만점에 360점이 나왔습니다. 저는 이 점수에 꽤 만족했습니다. 그런데 두 번째 모의고사 점수는 그보다 조금 떨어졌고, 세 번째 본 모의고사 점수는 더 큰 폭으로 떨어졌습니다. 내신 성적 또한 당연히 모의고사 점수보다 떨어졌고요.

'지금까지의 내 공부 방법에 무슨 문제가 있는 건 아닐까?' 저는 심각한 고민에 빠졌습니다. 그동안 제 공부는 학교 수업이 다였습니다. 좀 부족하다 싶은 부분만 단과학원에 다니며 해결했습니다. 학교 도서실을 9시까지 개방하므로, 제 공부도 9시에 끝나는 셈이었습니다. 그래도 공부 시간에는 열심히 집중했다고 자부했었는데, 성적이 계속 떨어지다 보니, 아무래도 공부량이 부족한 건 아닌지 생각해보게 되었습니다.

'그래, 그럴지도 모르겠다' 생각하며, 다른 아이들이 사설 독서실에서 새벽 2시까지 공부한다고 하니, 저도 그때까지 공부해야겠다고 굳게 결심했습니다. 그렇게 며칠간 새벽 2시까지 공부했지만, 습관이 안 된 탓인지 몸이 피곤해서 견딜 수 없었습니다.

공부 습관이 그렇게 쉽게 바뀔 리가 없지! 그러면 도대체 어떻게 해야 할까? 저는 너무 초조했습니다. 성적은 떨어지기만 하는데, 아버지는 여전히 별말씀이 없으셨습니다.

"네가 알아서 해라. 슬럼프는 언제든 있게 마련이다. 넌 분명 더 잘할 수 있을 거다."

이젠 그런 아버지의 말씀이 서운하게 느껴지기까지 했습니다. 계속 떨어지기만 하는 성적 때문에 혼자 끙끙 앓다가, 교육 컨설팅을 받아보기로 했습니다.

그때 만난 김기영 선생님과 상담한 결과, 이전의 학습 패턴을 밀고 나가되 조금만 수정하기로 했습니다. 성적이 안 나와도 '그것이 제 실력이려니' 했고요. '그동안 욕심을 너무 부렸구나!' 하는 생각도 들었습니다. 초조함에 불면증까지 덮쳐 고생하고 있는 제게 그런 자기 성찰은, 마음을 조금 편안하게 해줬습니다.

'그래, 몇 달만 더 참아보자'라고 저 자신을 다독이며, 선생님이 수정해준 단기 마스터 학습 방법에 따라 열심히 공부했습니다.

그러면서 어느새 저는 아버지 말씀대로 스스로 슬럼프를 극복하고 있었던 것 같습니다. 그제야 저는 모든 것을 제 판단에 맡기셨던 아버지가 제게 무심한 게 아니었다는 생각이 들었습니다. 아버지는 저 스스로 노력하는 가운데 길을 찾도록 하신 것이었습니다. 김 선생님이 학습 방법을 알려주셨지만 공부는 저 스스로 하는 것이지, 누구라도 저를 대신해줄 수 없다는 것을 깨닫는 순간이기도 했습니다.

아버지는 늘 저를 믿고 저에게 모든 것을 맡겨 주셨습니다. 그 때문에 힘들거나 실패했을 때도 누구를 원망하거나 투정을 부릴 수 없었습니다. 그에 대한 모든 책임은 전적으로 저에게 있었으니까요. 아버지의 전폭적인 믿음이 저를 더욱 노력하게 만든 채찍질이었던 것입니다.

고3이 되어도 도서실에서 공부하는 많은 친구가 일탈을 꿈꿉니다. 친구란 친하게 지내면서 스트레스를 풀고 서로 돕는 좋은 존재이지만, 공부보다 노는 것을 우선시할 게 뻔해서 거리를 두어야 했습니다. 그러는 저도 많이 흔들렸습니다. 그럴 때면 나중에 하고 싶은 일을 머릿속에 그리며 도서실에 묵묵히 앉아 공부했습니다. 까치가 변압기에 부딪혀 정전되었을 때를 빼곤, 도서실 공부를 빼먹지 않았습니다.

그렇게 습관이 드니까 공부하고 싶지 않은 날도 도서실에 가게 되었습니다. 물론 피곤한 날은 도서실에서 엎드려 자기도 했지만, 그나마 책 몇 장이라도 보게 되는 만큼 도서실 공부를 고수하는 것이 나은 것 같았습니다.

학교 도서실은 함께 공부하는 친구들과 감독하시는 선생님이 계셔서 좋았습니다. 열공하는 친구들을 보며 자극도 받고, 졸면 선생님이 깨워주시기도 했으니까요.

새벽 6시, 편찮으신 어머니가 제 아침 식사와 공부하다 먹을 간식을 준비하고 계셨습니다. 서 있기도 힘드실 텐데…. 어머니는 항상 제 간식으로 빵이나 음료수 대신, 과일과 채소 등으로 구성된 영양식을 준비해주셨어요. 그 간식을 받아 들고 학교로 가는데 코끝이 찡했습니다. 아마 고3 시절이 다 괴로웠을지라도 어머니의 간식만큼은 그리워지지 않을까, 싶습니다.

가끔 저 혼자라는 생각에 힘들어했던 시간이 혼자만의 착각이 아니었나 싶습니다. 이렇게 저를 걱정해주시는 부모님이 계시고, 선생님들 친구들도 있었으니까요.

(**interview**)

작가 : "아버님은 영무 군을 얼마나 믿으셨나요? 믿고 맡기는 게 아버님 나름의 교육 방법이셨나요?"

아버지 : "저는 정작 부모가 챙겨야 할 것은 아이의 성적이나 좋은 학원에 대한 정보가 아니라 '아이의 마음과 생활태도'라고 생각합니다. 그저 남들이 좋다고 하는 것을 따라 하기보다는 아이 스스로 자신의 길을 찾아가도록 기다려주는 부모가 되고자 했지요.

그래서 먼저 욕심을 버리려고 노력했습니다. 아이의 수준이 어느 정도인지 정확히 모르는데 자꾸 어려운 주문을 한다거나 지나치게 참견하면 학습 의욕이 떨어진다고 봤으니까요. 아이를 키우면서 사실 가장 중요하지만 가장 실천하기 힘든 게 아이의 능력을 믿는 것이더라고요."

작가 : "어머니는 영무 군에게 음식으로 사랑을 표현하신 것 같네요."

어머니 : "저는 엄마의 정성이 담긴 음식을 먹고 자란 아이는 절대로 문제아가 되지 않는다고 생각해요. 아이들에게 음식을 해준다는 것은 엄마가 아이들에게 시간과 정성을 쏟는다는 것을 의미하잖아요? 엄마가 늘 사랑하는 마음으로 보살펴주는 아이는 부모를 배신하는 행동을 하지 않는다고 믿어요."

딸을 사랑하고 있다는 걸
느끼게 해주어라

무관심한 듯 저 스스로 하게끔 맡기시면서도
큰일이 있을 때마다 해결사로 나서시는 부모님을 보며
저를 얼마나 사랑하고 계신지 알 수 있었습니다.

연세대학교 공학계열에 합격한 수진이는 서울에서 태어났다. 취미는 애니메이션 보기와 영화 감상하기다. 특기는 잠자기라고나 해야 할까? 그것 말고는 잘하는 게 없는 평범한 여학생이다.

"수진이도 중학생이 되었으니, 이제부터는 스스로 공부하는 방법을 배워야지?"

이렇게 말씀하시며 어머니는 제가 중학교에 입학한 후 혼자 공부하는 습관을 들이도록 독려하셨습니다. 초등학교를 졸업할 때까지는 숙제며 책 읽기, 심지어 잠자리까지 일일이 챙겨주시던 어머니였습니다. 관심을 넘어 간섭이 심하셨던 어머니가 제가 중학생이 되자 확 바뀌신 거예요.

제가 중학교에 다니게 되자 가끔 "힘들지 않니? 엄마가 뭐 도와줄 거 없어?"라고만 하실 뿐, 공부를 비롯한 제 생활에 그다지 간섭하시지 않았습니다. 공부에 관한 한 언제나 제게 맡기시는 쪽으로 달라지신 것입니다. 아마도 초등학교 때의 좋은 공부 습관이 제 몸에 배었으리라 생각하신 모양이에요.

그러나 고1 때까지는 시험 전날 벼락치기로 공부한 것 외에 저는 따로 모의고사나 내신을 대비한 공부를 해본 적이 없었습니다. 그 탓인지 내신이 그리 좋진 못했지만, 어머니가 그렇게 자유로운 분위기를 조성해주셔서 공부를 지겨워하거나 질려 하지 않았던 것 같아요.

고2가 되어서까지도 1년 내내 학교에서는 잠만 잤으니, 제가 너무 태만했던 걸까요? 오히려 '누가 날 좀 다그쳐주지 않나!' 라는 생각이 들 정도였으니까요. 공부도 제대로 안 하면서 성적이 오르길 바라는 것은 도둑 심보겠지요.

저는 고등학교 1학년 때부터 학교에선 잠꾸러기로 통했습니다. 학교에서 자는 게 습관이 되었는지, 쉽게 고쳐지지 않았습니다. 오죽하면 국어 수업시간에 선생님이 "니 진학 왔니? 얼굴 처음 본다"라고 하셨을까요. 수업시간에 엎드려 잠만 자니, 제 얼굴을 보신 적이 없으셨던 것입니다.

그렇다고 집에서 밤늦게까지 공부한다거나, TV를 본다거나, 컴퓨터 서핑을 하느라 잠자리에 늦게 드는 것도 아니었습니다. 저는 밤 12시를 넘겨 자본 적이 없었거든요.

이제 곧 3학년이 되는데 뚝뚝 떨어지는 제 성적을 보려니, 더는 학교에서 자면 안 될 것 같았습니다. 정말 대학에 가지 못할 것 같은 위기의식을 느꼈다고나 할까요? 조금씩 걱정이 된 게 사실이에요. '열심히 공부해야지' 하고 마음을 가다듬어 보지만, 한 번 잠이 오면 제 의지는 여지없이 꺾여버리고 말았습니다.

'설마, 이제 나도 고3인데, 언젠가는 알아서 공부하겠지….' 이런 억지스러운 생각도 자주 해보건만, 하루하루는 여전히 의미 없이 지나가 버리곤 했습니다.

대학 입시에 대한 부담감 때문인지 친구와의 사소한 말다툼에도 화가 나고 모든 게 귀찮게만 느껴졌습니다. 친구들과 부딪치지 않으려고 말도 잘 하지 않고, 친구들이 묻는 것에만 겨우 몇 마디 대답할 뿐이었습니다. 그러는 사이 친했던 친구들과 점점 멀어지고 있다는 느낌이 확 들었어요. 한편으론 오히려 편해진 듯도 했지만요.

그렇지만 온종일 친구들과 몇 마디라도 말을 나누지 않을수록 오히려 화를 더 많이 내고, 허전해하면서 짜증스러워하는 저 자신을 발견하게 되었습니다. '이렇게 사는 게 무슨 의미가 있을까?' 하는 생각이 제 머리를 아프게 했습니다.

갑자기 말이 없어진 제게 친구와 어머니는 어디 아프냐고, 왜 그러냐고 물어오곤 했습니다. 저를 많이 걱정하면서요. '난 왜 이렇게 바보 같을까, 왜 이런 바보 같은 짓을 하는 거지?' 착잡한 기분 속에서도 어머니에게 미안한 마음을 금할 수 없었습니다.

그러던 어느 날, 공부와 관련해 제게 어떤 말씀도 하지 않으시던 아버지가 갑자기 "수진아! 오늘 아빠와 같이 저녁식사 할까?" 하시는 것이었어요. 그렇게 아버지와 밖에서 식사하며, 많은 이야기를 나누었습니다. 저를 걱정하신 어머니가 아버지에게 제 이야기를 하신 모양입니다. 저는 그간의 일과 제 고민을 아버지께 다 말씀드렸습니다.

아버지는 아침에 건설 현장으로 출근하셔서 밤늦게 들어오시곤 했어요. 피곤하신지 언제나 일찍 잠자리에 들곤 하셨고요. 그러시던 아버지가 저를 무척 걱정하시며 독서실에서 공부해볼 것을 권하셨습니다.

아버지의 뜻에 따라 독서실에 다니기 시작했지만, 저는 독서실 문이 닫힐 때까지 꿈나라를 헤매고 있기도 했습니다.

'도대체 난 왜 이렇게 의지가 약한 걸까….'

독서실에 다니기 시작하고 며칠이 지난 때였어요. 아버지가 독서실 문 앞에서 기다린다는 연락을 하셔서 급히 나가려는데 문득 독서실에 가지고 왔던 제 곰 인형이 눈에 띄었습니다. 제가 독서실에 다닌 흔적이라곤 항상 베고 자던, 침 묻은 곰 인형뿐이었습니다.

독서실에서 공부해보겠다고 갖다 놓은 참고서는 모두 고3 초에 사두었던 새것 그대로였습니다. 문제집이라곤 돈 아낀다고 사지 않고, 학교 보충교재도 고2 때 선배들에게서 물려받아 모아둔 것이 전부였고요.

아비지는 그날 "엄마는 네가 독서실에서 열심히 공부하고 있는 줄 안단다. 너를 독서실에 다니게 한 걸 참 잘한 일이라고 아버지를 칭찬도 하고. 그러니 엄마를 실망시키지 말아야지?" 그러시면서 제가 학원에 다니겠다면 적극적으로 지원해줄 테니, 잘 생각해 보라고 하셨습니다. 제가 학원에는 안 갈 거라고 하니까 결국 아버지는 "알겠다. 네 의견이 그렇다면 독서실에서 열심히 공부해 봐" 하셨습니다.

"공부하기 힘들지? 오늘은 그만하고 쉬어" 하시는 어머니를 보면서 '아! 정말 독서실에서 실컷 쉬고(?) 오는 내게 이렇게 말씀하시는 어머니. 내가 심하게 어머니를 배신하고 있는 게 아닐까! 내가 이렇게 한심한 아이라는 걸 아시면 얼마나 상심이 크실까?' 생각하니 마음이 아팠습니다. 제 머릿속이 복잡해지면서 더욱 괴로웠습니다.

모의고사나 중간고사 성적이 형편없는데도 제 공부 방법을 그대로 믿어주시는 우리 어머니…. 다른 부모님 같으면 성적이 왜 그 모양이냐고 다그쳐도 한참을 다그쳤을 텐데, 우리 어머니는 화 한번 내지 않으셨습니다. 그런 어머니를 위해서라도 정말 본격적으로 공부해야겠다는 마음이 간절히 들었습니다.

아버지는 제가 독서실에서도 공부를 잘 안 하고 잠만 자는 것을 아셨는지, 또다시 학원에 다닐 것을 권하셨습니다. 학원을 안 다니겠다고 한 게 학원비 때문이라고 여기셨던 것 같습니다.

그때 저는 아버지에게 학원에 다녀도 제 성적이 특별히 나아지지 않을 것 같아서, 라고 제 속마음을 토로했습니다. 제 이야기를 다 들으시고 난 후 아버지는 "그럼 학원에 안 가는 대신 꼭 만나

볼 지인이 한 분 계시다"라며 저를 데리고 대학 입시 교육 전문가이신 김기영 선생님을 만나러 갔습니다.

선생님은 제게 아버지와 함께하는 등산을 권하셨고, 저와 아버지는 경기도 하남시의 검단산 정상을 오르게 되었습니다. 제 생애 가장 힘든 일이었지만, 얼마나 상쾌하던지요.

그다음 날 아버지와 전 다시 선생님을 만났습니다. 선생님은 "수진아! 산 정상에 오르니 기분이 어땠어?"라고 물으셨어요. 저는 "네, 다리가 무척 아프고 힘들었지만, 정말 새로운 경험이었어요. 무엇이든 다 해낼 것 같은 기분이었어요"라고 씩씩하게 대답했습니다.

그러자 선생님은 "오, 그래? 그러면 됐다. 수진이는 해낼 수 있겠다!" 하시며 등산을 권유하신 이유와 '할 수 있겠다'라고 판단하신 이유를 설명해주셨습니다. 덧붙여 앞으로의 공부 방법에 대해서도 상세히 알려주시고요. 그 후 저는 아버지와 일주일에 한 번은 꼭 산을 올랐습니다.

그러자 신기하게도 잠이 없어지고 공부에 집중하는 시간이 늘어났어요. 선생님이 알려주신 '거꾸로 학습법'으로 공부하니까, 성적도 빠르게 올라갔고요.

평소 같으면 만화책을 보거나 잠잘 그 시간에 제가 문제집을 풀고 있었습니다. 그동안 몰랐던 것을 하나씩 알아가는 과정은 무척이나 짜릿했습니다. 하나하나 배워간다는 게 이런 거구나…, 싶었습니다. 그 결과 기말고사 성적도 전보다 많이 올랐고, 모의고사 성적도 크게 향상되었습니다.

매사 비관적인 저였는데, 이제는 뭐든 할 수 있겠다는 생각이 들었습니다. 어머니도 그런 저를 보시며 마치 세상을 다 얻은 듯한 미소를 지으셨습니다. '저렇게 행복해하시는걸…. 왜 지금껏 어머니에게 미소를 선물해드리지 못했을까! 더 큰 선물을 안겨드려야지….'

제 오른 성적표를 보고 또 보시는 어머니의 모습에 가슴이 미어졌습니다. 정말 순수하게 아무것도 바라지 않고 그저 저를 믿고, 이해해주시는 게 얼마나 큰 힘이 되는지 미처 몰랐습니다.

뒤늦게 안 일이지만, 부모님은 제가 공부를 게을리할뿐더러 잠꾸러기라는 것을 이미 알고 계셨다고 합니다. 그러면서도 저에게 공부를 강요하시거나, 나쁜 습관을 고쳐보시겠다고 저를 윽박지르지 않았던 것이지요.

저 스스로 느끼고 깨닫도록 인내하며 기다려주신 부모님. 제가 공부하지 않으면 안 되게끔 깨달을 때까지 기다리시는 동안 얼마나 속상하셨을까요?

어머니는 어려운 살림에도 불평 한마디 없이 저를 믿고 저에게 모든 것을 맡겨주신 것입니다. 그 마음을 헤아리곤, 저는 그것이 진정한 사랑임을 깨달았습니다.

수능시험이 끝나고 예상보다 좋은 수능 성적표를 받아 들었습니다. 그래서 저는 등록금이 싸다는 이유로 목표하고 있던, 서울모 공립대에 진학하려는 계획을 바꿨습니다. 4년 동안의 사립대 등록금이 얼마나 비싼지, 그리고 그것이 부모님에게 얼마나 부담이 될지 알면서도 저는 연세대를 지망했습니다.

그때 담임선생님이 전화를 해오셨어요. 과외 자리를 구해주겠다고 제안하시려고요. 적지만 제가 번 돈을 학비에 보탤 수 있다니, 얼마나 다행인가 싶었습니다. 아버지의 일터, 어머니가 다니시는 교회 등 여기저기에서도 합격을 축하한다며, 정성을 모아 장학금을 마련해 주셨습니다. 그런 감동을 마음 깊이 간직하며 앞으로도 김기영 선생님에게서 배운 '거꾸로 학습법'으로 열심히 공부해나갈 작정입니다.

의지도 약하고, 남의 탓만 하는 제게 어머니와 친구들은 참 많은 힘이 되어주었습니다. 수능시험이 끝나고 제가 맺은 결실, 대학 입학…. 이제 그동안 몰랐던, 가장 중요한 것을 배워 나가려 합니다. 저를 사랑해주는 사람들에게 저도 무언가를 나누어 주는 사람이 되려 합니다.

결과보다는 과정을 중시하게 가르쳐라

학교 시험을 보고 나면 아버지는 늘 "네가 최선을 다했다면, 그것으로 족하다"라고 말씀하셨습니다.
그 말씀에 전 가벼운 마음으로 시험을 보곤 했습니다.

서울대학교 사범대학에 입학해 훌륭한 교사를 꿈꾸고 있는 윤정이는 대구에서 태어났다. 취미는 책 읽기와 인터넷 서핑이다. 특별히 잘하는 게 없는 윤정이에게 친구들은 "너는 공부가 특기야"라고 말하곤 한다.

'엄마를 신고해 버릴까?'

우리 아버지에 비하면 어머니는 대단한 극성파이십니다. 제가 초등학교 2학년 때였습니다. '틀린 것에 X표를 하시오'라는 시험 문제에서 맞는 것에 O표를 하는 바람에 세 문제 정도를 틀렸습니다.

그때가 여름이었는데, 저는 채점한 시험지를 받은 다음 날부터 며칠간 반바지에 흰색 타이츠만 신고 다녀야 했어요. 어머니가 정신을 딴 데 두고 시험을 쳤다며 저를 꿇어앉히시곤, 제 다리를 푸른 멍이 들도록 틀린 문제 수만큼 회초리로 때렸기 때문입니다. 지금 생각해도 너무 심하지 않으셨나 싶어요. 다리에는 푸른 멍이 거미줄처럼 그어졌고, 그 일 이후 저는 시험 문제만 보면 온몸이 후들거릴 정도로 긴장했었으니까요.

그 일 말고도 공부 때문에 어머니에게 매를 맞은 일은 헤아릴 수 없이 많습니다. 그중에서도 1년에 꼭 두 번씩 성기적으로 매를 맞는 때가 있었어요. 바로 여름방학과 겨울방학 때였습니다. 문제집을 검사해 다 풀지 않은 문제가 있으면, 어머니는 그 문제 수만큼 저에게 매를 때리셨습니다.

그렇다고 어머니가 무조건 매를 드신 건 아니에요. 약간 치사한 듯도 하지만, 제가 갖고 싶은 장난감이나 옷을 사달라고 하면 꼭 공부와 결부시켜 상과 벌을 이야기하신 후 사주시곤 했습니다.

간혹 제가 잘한 일이 있으면 생각지도 않은 자전거를 사주신다거나 외식도 시켜 주시고, 아이들이 좋아하는 킥보드 등을 상으로 사주시기도 했습니다. 어머니의 그런 극성(?)은 제가 중학교에 올라가면서 끝났습니다.

그때 어머니는 "알아서 공부해라. 필요한 게 있으면 말하고. 성적표는 꼭 가지고 와라"라고만 하셨습니다.

저는, 못하는 과목이 많았습니다. 국어, 영어, 수학, 국사…. 과학을 빼놓고는 거의 모든 과목에서 만족할 만한 성적을 내지 못했습니다. 과학을 좋아하는 제가 과학만 열심히 공부한 게 그 원인이 아니었나 싶습니다.

어쨌든 저는 고등학교에 올라와서 영어, 수학 공부에 거의 모든 시간을 투자했습니다. 특히 수학은 저의 공략 대상 1호였습니다. 나름대로 열심히 공부한 결과, 60점 안팎이던 1학년 때의 모의고사 성적이 3학년 2학기 때는 거의 만점 수준에 이르게 되었습니다.

'수학은 문제를 많이 풀어볼수록 실력이 는다' 라는 말에 100% 공감하던 제가 그 효과를 직접 체득한 것입니다. 수학 문제는 거의 거기서 거기입니다. 문제 유형은 같은데, 단지 문제 속 숫자만 달라질 뿐입니다. 여기서 한 가지 주의해야 할 사항은, 모르는 문제나 틀린 문제를 그냥 넘겨서는 안 된다는 것입니다. 그럴 때는 모르는 문제를 물어볼 사람을 빨리 구해야 합니다.

보통 학원에 다니지 않는 아이들의 어머니들은 그 대상으로 학교 선생님을 꼽습니다. 하지만 선생님에게 뭔가를 물어본다는 게 얼마나 거북하고 힘든 일인지, 학생들은 모두 다 압니다. 여기서 강조하고 싶은 것은 꼭 선생님을 해결사로 선택해야 한다는 법칙은 없다는 것이에요.

저는 선생님보다 주위의 친구들과 문제를 해결해보려 노력했습니다. 친구들은 같은 학생 신분이므로 어느 부분이 힘든지, 어느 부분이 이해가 되지 않는지 선생님보다 쉽게 알 수 있기 때문이었습니다.

실제로 선생님에게 문제를 질문해본 학생은 느낄 수 있는 일입니다. 선생님은 다 알고 계신 내용이므로, 학생이 어떤 내용을 묻고 있는지, 질문하는 학생이 어느 부분을 모르는지, 질문의 핵심을 정확하게 파악하지 못하실 때가 종종 있어요. 그렇지만 친구라면 서로 의견을 교환하며 문제를 풀어나갈 수 있고, 모르는 문제 또한 빠르고 쉽게 답을 알아맞힐 수 있습니다.

저는 중학생이 된 이후에 부모님과 직접적으로 갈등을 겪어본 일이 없습니다. 그렇지만 제가 부모님에게 가장 실망했던 때가 있는데, 바로 두 분이 싸우실 때였습니다. 누구나 그렇겠지만, 저는 어머니, 아버지가 서로 헐뜯으며 싸우시는 걸 유난히 못 참아 했습니다. 동생들의 걱정 속에서도 저는 '저렇게 싸우려면 왜 결혼이란 것을 해서 날 낳은 것일까?'라는 얼토당토 않은 생각을 하곤 했습니다.

지금은 좀 우습게 여겨지는 생각이기도 하지만, 저는 여전히 어머니 아버지가 싸울 때가 가장 싫습니다. 부모님도 사람이니까 감정이 격해질 수도 있다고 이해해요. 그러나 자식들 앞에서 서로 욕하며 싸우시는 모습은 정말 보기가 싫은 장면입니다.

부모님의 그런 모습은 저에게 너무 큰 상처가 되었습니다. 때로는 누구 못지않게 자식 교육, 자식 사랑에 대해 열변을 토하시는 분들이 왜 저러실까, 부부싸움이 자식들에게 커다란 상처가 된다는 걸 왜 모르실까, 정말 야속하기도 했어요.

고3이 되면서 슬럼프에 빠진 적이 있습니다. 솔직히 저는 태어나서 열일곱 살이 되도록 친구들과 신나게 놀러 가본 기억이 없습니다. 중학교 2학년 때부터는 TV도 보지 않았고, 지금까지도 뉴스를 거의 안 볼 정도입니다. 게다가 신문도 보지 않았습니다. 거의 세상과 차단막을 치고 살았다고나 할까요?

몇몇 인기 가수의 이름을 외운 것은, 고등학교 2학년 말쯤이었어요. 그런 저를 친구들은 놀라워하고 신기해했습니다. 친한 친구 몇몇은 그런 저를 이해하기도 했지만, 보통 친구들 대부분은 문화와 동떨어져 사는 저를 답답한 아이로 여기기도 했습니다.

그때부터 저는 제 삶에 회의를 느끼기 시작했습니다. 저는 그런 제 삶이 너무 싫었습니다. 공부도 싫었어요. 저도 친구들처럼 방과 후 시간에 '튀기'를 해보고 싶었습니다. 그런데 저 혼자서는 엄두를 낼 수 없는 일이었습니다. 결국, 옆의 친구를 꼬여 저는 처음으로 '튀기'라는 것을 감행해 보게 됩니다. 저에게는 천지개벽할 일이었지요.

그날 저는 친구와 피자도 먹고, 만화방에도 가고, 예쁜 머리핀도 샀습니다. 처음 해본 일탈이라 그런지 정말 재미있었습니다. 그날을 그렇게 보내고 있는데 제 머릿속에 한 생각이 비집고 들어왔습니다. 이런 일탈이 순간적으로는 재미있기도 하겠지만, 결국 제게 별 도움이 안 될 거라는 생각이었습니다. 계속 놀다 보면 끝없이 놀기만 할 것 같다는 생각도 들었습니다. 더 흐트러지기 전에 절 추슬러야겠다는 깨달음이 확 들었어요. 제 방황은 얼마 지나지 않아 끝났습니다.

아무리 굳게 마음먹어도 공부하기 싫다고 투정(?)을 부리는 저 자신을 막을 수 없었습니다. 더 솔직히 말하면, 공부하고 싶을 때가 거의 없었어요.

정말 죽어도 공부가 하기 싫을 때면, 친구들과 대학 진학을 주제로 이야기를 나누곤 했습니다. 친구들은 별 거리낌 없이 진로에 대한 자신의 생각을 털어놓았고, 저도 친구들의 말을 들으며 막연하게나마 제 진로를 생각해보곤 했습니다.

그러는 사이 '이젠 열심히 공부해야지'라는 마음이 다시 깃들었습니다. 친구들과의 대화 외에 제가 열심을 부리려 마음먹는 데 도움이 된 또 하나는 주위 사람들의 격려와 질타였습니다.

부모님과 선생님께서는 항상 "윤정아, 공부 열심히 해서 서울에 있는 대학에 가야지"라고 격려해주셨고, 친한 친구는 제가 조금이라도 해이한 모습을 보이면, "으이구~ 요것아, 공부 좀 해라. 네가 제대로 공부하는 모습 한번 봤으면 좋겠다"라며 저에게 응원 겸 용기를 북돋워 주었습니다.

이처럼 저를 걱정해주는 친구들과 선생님, 그리고 고3이 된 저에게 서로 싸우는 모습을 보이지 않으려고 애쓰시며 조용한 공부 분위기를 만들어주셨던 부모님까지. 제가 공부를 열심히 하지 않을 수 없게 만든 장본인들이었습니다.

시간이 흘러 고3 여름방학이 되었습니다. 그때 아버지가 "넌 어느 대학에 가려고 하니?"라고 물으셨습니다. 제가 지역 국립대 사범대학이라도 들어갈 수 있으면 좋겠다고 염원하고 있을 때였습니다. 그렇지만 아버지가 질문하시는 의도를 뻔히 알던 터라 "연세대요"라고 대답하고 말았습니다. 그랬더니 아버지는 "누구 맘대로? 아빠는 서울대에 보내려고 생각하고 있는데, 네 맘대로 연세대에 가니?"라고 핀잔 비슷하게 속마음을 내비치셨습니다.

우리 3남매가 어릴 때부터 아버지가 쉼 없이 하신 말씀이 있습니다.

"너희들이 어떤 직업을 갖는지는 별문제가 되지 않는다. 다만, 자신의 분야에서 최고가 되도록 노력해야 한다."

아버지는 결과보다는 과정을 중요하게 생각하시는 분입니다. 사실, 부모님들 대부분은 고등학생인 자신의 자녀가 열심히 공부한다는 걸 잘 아십니다. 그러나 결과가 나쁘면, 그 몇 년간의 고생은 아랑곳하지 않고 나무라기부터 하시는 경우가 많습니다.

정말 최선을 다했더라도 수능시험 당일, 그날 하루 운이 나빠서 실력을 다 발휘하지 못할 수도 있습니다. 그래도 시험을 준비하느라, 대학 입시를 준비하느라 수험생은 정말 힘든 시간을 보냅니다. 물론 부모님도 힘든 나날을 보내시게 되지만요.

아버지는 수능시험 며칠 전 저를 부르시더니 "지금까지 정말 수고했다. 시험이 얼마 안 남았지? 시험 준비는 잘되어 가고 있니?"라고 물으셨습니다. 그 질문에 저는 이렇게 애매한 대답만 할 뿐이었습니다. "네, 그런대로요." 저의 이런 대답에 아버지는 다음과 같은 말씀을 해주셨습니다.

"윤정아, 사람은 살아가면서 수많은 일을 겪게 된단다. 그런 일들을 겪을 때 중요한 것은 그 일의 결과가 아니라, 그 일을 해내기 위해 얼마나 노력했는지, 그 과정이 더 중요한 거란다. 아빠가 볼 때 넌 그동안 최선을 다해 공부해 왔어. 만약 너 스스로도 정말 최선을 다했다고 생각한다면 그걸로 만족하자. 이제 남은 며칠만 더 노력하렴. 그리고 시험 결과에 대해서는 승복할 줄 알아야 해. 성적이 좋게 나오든, 잘 안 나오든, 지금까지 네가 흘린 땀의 결과니까, 결과 그대로를 인정하도록 하자. 알았지?"

수능이 얼마 안 남은 시점에 딸에게 이렇게 말씀해주셨던 아버지가 고맙게만 느껴집니다. 시험 결과가 나쁘면, 가장 마음이 아픈 건 수험생 당사자입니다. 그런데도 많은 가정에서 정작 당사자는 따뜻한 위로는커녕, 마치 죄인처럼 풀 죽어 지내는 경우가 많은 것 같습니다.

"우리 열심히 했으니까, 결과를 담담하게 받아들이자!" 아버지가 이렇게 말씀해주셔서 저는 부담감을 훨씬 덜 느끼며 수능시험에 임할 수 있었습니다. 아마 그 덕분에 떨지 않고, 담담하게 시험을 잘 치를 수 있었다고 봅니다.

부모님은 절대 제게 자신의 의견을 강요하지 않았습니다. 부모님의 의견보다는 저에게 다양한 생각과 관점을 갖도록 해주셨습니다. 그래서 보다 넓은 시각으로 제 미래에 대해 고민하며, 학과도 결정할 수 있었습니다. 부모님이 저를 한 인격체로 여기며 지지해준다는 느낌이 제 수험생활에 큰 격려와 버팀목이 되었습니다.

그저 묵묵히 지켜볼 줄도 알아야

부모님은 늘 제가 하는 일을 옆에서 지켜보시며
제 힘으로 처리하도록 이끌어주셨습니다.
그 때문에 스스로 깨닫고 노력하는 기쁨을 느낄 수 있었습니다.

연세대학교 이학계열에 합격한 민선이는 서울에서 태어났다. 고집이 센 편이지만, 그것이 의지와 집념이 강하다는 장점으로 여겨지기도 한다. 취미로 즐겨왔던 바이올린 연주가 이젠 특기가 되었다.

저는 늘 하고 싶은 것도 많고, 무언가를 해보려는 욕구로 가득 찬 아이였습니다. 나름대로 의지도 있고 고집이 센 편에 집념도 강했습니다. 다시 말해 저에게 주어지는 일은 어떻게든 혼자서 다 해결해야만 직성이 풀리는 성격이었어요.

그 때문인지 부모님은 제가 제 일을 제 힘으로 처리하도록 지켜만 보시는 편이었습니다. 공부 또한 어떠한 스트레스도 주시지 않고 스스로 해나가도록 이끌어주셨고요. 이렇게 주위의 강요나 참견에서 벗어나 제 작은 욕심이 이끄는 대로 공부의 필요성을 깨닫게 되었습니다. 그러다 보니 다른 아이들보다 더 능률적으로 공부할 수 있었던 것 같습니다.

저는 공부든, 무슨 일이든 주위의 강요나 억압 속에서 수동적으로 행해져서는 안 된다고 봅니다. 스스로 깨닫고 노력하는 자세로 임할 때 진정한 성취와 능률을 이룰 수 있다고 생각합니다. 그렇기 때문에 저는, 자녀의 일거수일투족을 지켜보며 안타까워하거나 조바심 내는 부모님의 마음을 충분히 이해합니다만, 아이들을 강제로 공부하게 만들지는 말아 달라고 감히 부탁드리고 싶습니다.

그런 부모님의 모습은 아이들에게 공부의 필요성을 느끼게 하기보다 짜증과 스트레스만 줄 뿐이니까요. 그보다는 아이들이 자신의 앞날을 생각해보고 제 힘으로 헤쳐나갈 수 있는 환경을 조성해주는 게 중요하다고 봅니다. 여기에서 부모님의 역할은 그저 묵묵히 자기 아이를 믿으며 지켜보는 거라고 생각합니다.

고2가 끝날 무렵, 학교 선생님들이 고3으로서 감당해야 할 압박감을 느끼도록 저희를 밀어붙이기 시작했습니다. 사태의 심각성을 느낀 저는 은근히 스트레스를 받게 되었습니다.

'아! 정말 열심히 공부해야겠네….'

그러던 어느 날, 머리가 심하게 아파 왔습니다. 그때껏 머리가 그렇게 아픈 것은 처음이었습니다. 마치 뒤통수의 피가 거꾸로 솟는 듯한 느낌이랄까요? 그런데 이상한 것은, 그렇게 온종일 머리가 아프다가도 밤에 집에만 오면 언제 그랬냐는 듯 두통이 말끔히 사라지는 것이었습니다.

처음에 저는 단순히 학교 난방으로 인한 문제라고만 생각했습니다. 그런데 날이 갈수록 제 머리는 더욱 아파 왔고, 급기야 몸에서 힘이 빠져나가기 시작했습니다. 계단을 오르기가 힘들 정도였지요. 이상한 생각이 든 저는 어머니와 함께 병원에 가서 여러 가지 검사를 받아 보았습니다. 결과는 '정상'이었어요. 정말 미칠 노릇이었습니다. 이렇게 힘든데 정상이라니….

의사 선생님은 고3이 시작되는 데 따른 압박감 때문이라는 진단을 내리셨습니다. 저는 '이제부터 시작이구나…' 싶었습니다. 이제 겨우 시작인데 이렇게 힘들어해서는 안 된다고, 이겨내야 한다고 마음을 다잡으며 정말 정신력으로 버텼습니다.

그렇게 공부해나가다 저는 한 가지 사실을 깨달았습니다. 집중해서 공부할 때는 힘들지 않다가도, 잠시 긴장을 풀고 쉴 때면 힘들게 느껴진다는 것을요.

저는 그때 '힘들다고 힘들어만 해서는 결코 고3이 짊어져야 할 압박감을 털어낼 수 없다'는 걸 깨달았습니다. 차라리 피할 수 없는 그 압박감을 이용해 성적 향상의 토대를 마련하자 마음먹었습니다. 너무 많이 긴장하면 스트레스를 받겠지만, 적당한 긴장감은 오히려 제 공부에 활력소가 되어주었으니까요.

누구나 그렇듯이 고3이 되면 신경이 예민해질 대로 예민해져서 부모님의 작은 간섭에도 곧잘 짜증을 내곤 합니다. 이때 가장 중요한 것은, 자녀에 대한 부모님의 이해라고 생각합니다. 물론 부모님도 자식 걱정으로 편할 날이 없으시겠지만, 당사자만큼 힘든 사람이 또 있을까요?

저는 주로 어머니와 다툼이 많았습니다. 그럴 때마다 짜증을 내는 저 자신이 싫었습니다. 힘들어하는 저를 이해해주시기보다 화만 내시는 어머니가 더 답답했습니다. 그럴 때면 '학교에서 온종일 시달리고 이젠 집에서도 시달리는구나' 라는 생각에 어머니가 야속하게도 느껴졌습니다.

고2 때까지는 스트레스를 주지 않고 지켜보시기만 하던 어머니가 제가 고3이 되자 달라지셨습니다. 제 모의고사 성적에 민감해지시고, 학원엘 다녀야 하지 않겠느냐고 참견을 하시기도 했습니다. 어머니의 생각에 제 성적이 좀 부족하게 느껴지셨는지, 조바심을 내시며 염려하는 마음을 내비치셨습니다.

그렇지만 자신이 처한 형편을 가장 잘 아는 사람도, 그로 인해 가장 힘든 사람도 당사자가 아닐까요? 혼자서 외로운 싸움을 하는 아이들을 그냥 묵묵히 지켜봐 주시고, 사랑으로 감싸주시는 그런 부모님이 우리에겐 절실히 필요할 텐데요.

물론 부모님에게 그런 상황을 묵묵히 지켜보시는 것이 쉬운 일만은 아닐 것입니다. 자꾸 간섭하고, 이끌어주고 싶은 게 부모님의 마음일 테니까요. 그러나 그럴 때일수록 자녀가 스스로 자신의 앞길을 헤쳐나갈 수 있도록 지켜봐 주는 지혜가 필요하지 않을까요?

여름방학이 되어 학교에서 자율학습을 할 때였습니다. 아침부터 저녁까지 계속 같은 자리에 앉아 공부하다 보니, 지겹기도 하고 지치기도 했습니다. 하지만 공부를 손에서 놓으면 불안했기 때문에 책상 앞을 떠나지 않았습니다. 책 내용이 머리에 잘 들어오지도 않고, 공부하고 싶은 마음이 생기지도 않는데 말이지요.

공부해야 한다는 건 알지만 마음대로 되지 않아 불안함과 답답함 속에 갇혀 있을 때, 아버지와 함께 대학 입시 전문가이신 김기영 선생님을 만나 상담하게 되었습니다. 선생님과 이야기하면서 고3 학생 대부분이 슬럼프를 겪는다는 사실을 알게 되었고, 많은 힘을 얻을 수 있었습니다.

아버지의 선배 되시는 분의 자녀가 서울대에 합격하기까지 여러 모로 멘토가 되어주셨다는 선생님이 제게 들려주신 말씀 한마디는 제 나태함을 일깨우기에 충분했습니다.

"20년 후의 내가 지금의 나를 본다면 무슨 생각을 하겠는가?"

이 말씀은 저에게 현재의 제 모습을 똑바로 바라볼 수 있게 해주었습니다. 지금의 이 시간이 정말 되돌릴 수 없이 아까운 시간이라는 것을 깨닫게 해주었습니다. 그때부터 저는 다시 마음을 가다듬고 공부에 전념했습니다. 나태해졌다 싶을 때면 항상 선생님의 이 말씀을 떠올리며 마음을 다잡았습니다.

선생님은 얼마 남지 않은 수능 때까지의 공부 계획도 저와 함께 철저하게 세워주셨습니다. 선생님은 "지금 민선이는 각 과목을 그냥 공부하는 것이 아니라, 시험공부를 하는 것"이라고 하셨습니다. 저는 그 말씀에 전적으로 동의하면서 시험공부 계획을 잡아나갔습니다.

먼저, 과목별로 무엇을 공부할지 정한 다음, 그것을 얼마의 기간 안에 끝낼지 계획했습니다. 그러고 나서 그 기간 안에 그것을 끝내려면 하루에 얼마만큼 공부해야 하는지 계산했습니다. 그런 다음 매일 공부를 시작하기 전에 계획한 공부량을 따로 만든 노트에 자세히 적었습니다. 예를 들어, 국어는 무슨 문제집 20~30p, 사회는 교과서 50~60p… 이런 식으로요. 그리고 하루의 공부를 끝낸 부분은 하나씩 노트에서 지워나갔습니다.

이렇게 해보니, 제가 하루에 최대로 공부할 수 있는 양을 알 수 있었습니다. 또한, 제가 하고자 마음먹은 것을 제대로 끝낼 수 있었습니다. 만약 이런 식으로 계획을 세우지 않고, 그냥 막연하게 오늘부터 이 문제집을 풀기 시작해서 빨리 끝내고 다른 문제집을 풀어야지 했다면, 어떻게 되었을까요? 문제집 한 권을 끝내기가 결코 쉽지 않았을 것입니다.

특히 저는 선생님이 일려주신 '단기간에 성적을 올리는 집중공부법' 중 '한 권의 문제집을 마스터하기 전에 다른 문제집 풀이는 꿈도 꾸지 마라' 라는 가르침을 철저히 이행했습니다.

우리는 흔히 한 문제집을 한 번 풀어보곤 다른 문제집을 집어 듭니다. 안 빈 본 책을 다시 보면 지루한 느낌이 드는 것도 사실이고요. 또한, 이 책의 풀이만으로 충분히 공부했다고 할 수 있을까, 의심하며 얼른 다른 책을 보게 됩니다.

그런데 선생님은 처음 선택한 문제집을 마스터할 때까지 끝까지 밀어붙이는 게 중요하다고 하셨습니다. 그러려면 그 문제집을 다시 풀어보아야 한다고 하셨고요. 그 말씀에 따라 한 문제집을 2회독 하니까 처음 볼 때보다 2분의 1로 책 내용이 쉽게 여겨졌습니다. 3회독은 1회독 때보다 3분의 1로 쉬워졌고요.

이렇게 한 권의 책을 마스터한 후 다른 문제집을 보니까 술술 풀렸습니다. 그래서 저는 한 권의 책을 최소 5회독 할 것을 권하고 싶습니다. 이때 정말 가져서는 안 되는 습관이 있다면, 문제집을 대충대충 보는 것입니다. 꼼꼼하게 책 한 권을 보면 여러 문제집을 풀지 않아도 됩니다. 누구나 마음이 급해지면 한 책을 대충 풀고 다음 책으로 넘어가게 되는데, 이건 진짜 금물입니다.

수능시험이 끝나고 나서 느낀 것이지만, 어느 과목이든 잘 만들어진 문제집 두 권 정도만 마스터하면 수능 대비는 충분한 것 같습니다.

어느 날 어머니가 저를 평소보다 늦게 깨우셔서 지각할 뻔한 일이 있었습니다. 어머니 탓도 아니고, 그래서도 안 되지만, 저는 왜 늦게 깨웠느냐고 어머니에게 짜증을 냈습니다.

알고 보니 어머니는 저를 위해 새벽기도회에 가셨다가 너무 피곤해 잠시 엎드려 눈을 붙이신다는 게 그만 깊이 잠드신 것이었습니다. 그래서 늦게 집에 돌아오게 되어 저를 제 시간에 깨우지 못한 것이었습니다. 나중에 이 사실을 안 저는 어머니에게 너무 죄송했습니다. 그렇게 피곤한 중에도 저를 위해 기도회에 다녀오시는 어머니를 보며 부모님이 제게 얼마나 소중한 존재인지 새삼 깨달았고요.

그런 제 마음을 지금까지 한 번도 어머니에게 제대로 표현해드리지 못한 것 같아, 많이 아쉬움을 느낍니다. 저는 성격상 부모님에게 애교를 부리며 고마움이나 미안함을 잘 표현하지 못합니다. 그러한 마음을 속에만 담아두기보다 겉으로 표현해야 더욱 값지다는 것을 알면서도 말이에요.

이제 마음먹습니다. 가끔이라도 부모님의 사랑에 감사를 표현해야겠다고. 별것 아니라고 생각될 수도 있겠지만, 그럴 때 부모님은 저를 더욱 믿게 되시지 않을까요? 저에 대한 근심과 걱정을 조금이나마 내려놓게 되시지 않을까요? 그렇게 헤아려 봅니다.

한 번의 노력으로 꿈을 이룰 수는 없다고 생각합니다. 마찬가지로, 한 번의 실패로 꿈을 포기할 수도 없습니다. 작게, 천천히, 그리고 꾸준히 노력할 때 좋은 결실을 거둘 수 있다고 생각합니다. 이제부터 좀 더 많은 사람, 더 넓은 세상을 알아가며 제 꿈을 이루고 싶습니다.

잘못을 꾸짖기보다 깨닫게 하라

제가 잘못했을 때 아버지는 그 자리에서 꾸중하시기보다
다음 날 조용히 제 잘못을 깨우쳐 주셨습니다.
그때 아버지의 깊은 뜻을 더 잘 헤아릴 수 있었습니다.

연세대학교 사회과학계열에 합격한 수현이는 멕시코에서 태어났다. 운동을 무척 좋아해서 중학교 때까지 육상선수로 활약하기도 했다. 중학교 때부터 시작한 승마도 잘하는 편이다.

아버지가 멕시코에서 직장생활을 하셔서 저는 그곳에서 태어났습니다. 우리나라에 처음 온 것은, 다섯 살 때였어요. 그리고 다시 초등학교 4학년 때 미국으로 건너가 6년 반을 살았습니다.

그런 후 고등학교 1학년 2학기부터 한국 생활을 시작했어요. 그런 만큼 제겐 영어가 더 편하기는 합니다. 지금 다니는 대학의 한국말 수업을 알아듣는 게 어려울 정도니까요.

우리나라에 다시 돌아와 고등학교에 들어간 그 당시 저는 한국 학생들은 다 모범생이고, 모두 공부를 잘하는 줄로만 알고 있었습니다. 그러나 제가 실제로 겪은 한국의 고등학교 현실은 그렇지가 않았어요. 온종일 딱딱한 의자에 앉아 공부만 해야 하는 규칙 아닌 규칙이 있었거든요. 숨 막히도록 갑갑한 그 규칙은 겉으로는 지켜지는 듯 보이지만 그 내면을 들여다보면 전혀 그렇지 않았습니다.

제가 고등학교 1학년 2학기 첫 수업에 들어갔을 때 아이들은 선생님이 수업하고 계신데도 엎드려 자기도 하고, 딴짓을 하기도 했습니다. 그런 모습들에 저는 정말 놀라고 말았습니다. 지금껏 제가 생각해온, 그리고 경험해온 교실의 풍경과는 너무나 달랐으니까요. 게다가 선생님이 뭘 물어보아도 아이들은 묵묵부답으로 일관할 때가 많았습니다. 수업시간에 딴짓하는 학생에게 선생님이 "너, 뭐 해?"라고 물어보아도 고개만 숙인 채 아무 말도 하지 않았습니다.

수업시간은 선생님이 칠판에 쓰시는 분필 소리만 들릴 정도로 조용했습니다. 아이들은 아무도 선생님에게 질문하지 않았고, 선생님도 아이들에게 거의 질문하는 법이 없었어요. 그 모든 것들이 저에겐 너무나 이상했습니다. 그때껏 제가 다녀본 외국 학교에서는 선생님이 무슨 질문을 하면 꼭 대답해야 했으니까요. 이런 식으로 선생님을 무시하는 학생을 본 적이 없었습니다.

한편, 선생님들은 무척 권위적이셨어요. 다 그런 건 아니었지만, 선생님들은 학생들에게 무엇을 진솔하고 다정하게 가르쳐주려 하시기보다, 강압적이고 위압적으로 보이기를 원하는 것 같았습니다. 제가 다녔던 외국 학교에서는 학생들이 선생님을 따르고 존경하는데, 우리나라에서는 전혀 그렇지가 않았습니다. 몇몇 상위권 학생들을 제외하면, 아이들 대부분은 선생님들을 싫어하거나 무관심으로 일관했습니다.

저는 그런 학교 분위기에 적응이 잘되지 않았습니다. 아니, 사실 적응하고 싶지가 않았어요. 뭔가가 마음에 안 들었던 탓이지요. '학교란 게 정말 이런 건가!…' 라는 생각뿐이었습니다. 학생들은 선생님의 말씀을 귓등으로 듣거나 딴짓에 딴생각만 하는 것 같았어요. 마치 서로 말하려고도 들으려고도 하지 않고, 벽에다 대고 소리만 지르는 것처럼요.

여고도 이러니, 남자 고등학교는 과연 어떨까? 다른 학교 분위기도 다 그런지 궁금했습니다. 그래서 한 친구에게 학교에서 잠만 자면 공부는 언제 하느냐고 물어보았지요. 친구에게서 공부는 학원에 가서 하면 된다는 대답이 돌아오더군요. 수업시간에 공부하는 척하는 아이들도 대부분 학원 숙제를 하는 것이라는 이야기에 놀라움을 금치 못했습니다.

제가 한국말이 서툰 것도 큰 고민이었습니다. 친구들의 대화에 낄 수 없었기 때문입니다. 서로의 관심사도 무척이나 달랐고요. 반 친구들 대부분은 연예인을 좋아했습니다. 저는 미국의 인기 있는 몇몇 가수 이외에는 아는 한국 연예인이 없어서 친구들 이야기에 참여할 수도 없었습니다.

또한, 제가 모르는 말(은어)이 친구들 사이에서는 무척 흔하게 쓰이는 것이었어요. 저는 처음에 '따' 가 뭔지도 몰랐어요. 그런

데 한 친구가 "야! 외국에도 '따' 있냐?"라고 물어 제가 "'따'가 뭐야"라고 되묻자 친구들은 그것도 모르냐는, 어이없다는 반응을 보일 뿐이었습니다.

그러니 친구들의 관심사에 낀다는 것은 논의 밖의 일이었지요. 고민이나 다른 이야기를 나누려고 해도 말이 잘 안 통해 속 시원히 내 마음을 나누며 가까워질 수 없었습니다.

외국에 있을 때 저는 공부를 잘한 편이었습니다. 그러나 우리나라에 오고 나서는 시험을 봐도 성적이 잘 나오지 않았습니다. 한국 교육 방식에 잘 적응할 수 없었던 탓이었겠지요.

특히, 외국에서 공부하다 온 아이에 대한 편견들이 저를 괴롭혔습니다. 외국에서는 너무 쉽게 공부한다고 생각하는 사람들이 많았으니까요.

선생님들은 외국에서 살다 온 아이들은 무조건 버릇이 없다고 인식하고 계셨습니다. 외국에서 살다 온 만큼 재기 대학 입시 때 특별전형을 준비하자, 그것도 못마땅해하는 아이들이 많았습니다. 누구는 뼈 빠지게 공부해서 겨우 대학에 가는데, 너는 외국에서 몇 년 살고 왔다고 쉽게 좋은 대학에 들어가느냐는 식이었습니다. 그러나 사실을 알고 나면 그렇게 말하지 못할 거예요. 최근엔 특별전형의 경쟁률도 높아서 특례 학원을 따로 다녀야 할 정도니까요.

외국에서는 쉽게 공부한다는 편견은 정말 무엇을 모르는 데서 비롯된 것입니다. 외국에서는 실력에 따라 반을 나눕니다. 그리고 잘하는 반 아이들을 따라잡으려면 정말 공부를 열심히 해야 합니다. 그런데 무턱대고 공부도 안 하고 놀기만 하다 온 것처럼 취급하니, 속이 상했습니다.

우리나라 사람들은 정말 편견이 심한 것 같아요. 조금만 다르거나 특별해도, 그걸 인정해주고 이해해주기보다 밀어내고 배척하거나 짓밟으려는 경향이 강한 것 같습니다. 여하튼 이런저런 이유로 제 고1,2학년의 학교생활은 고난의 연속이었습니다. 참 마음고생을 많이 한 시기였지요. 매일 부모님에게 다시 외국에 보내달라고 울며불며 애원하기도 했을 만큼요. 그렇지만 부모님은 제 의견을 받아주지 않으셨습니다.

아버지는 "넌 한국 사람이니 너의 뿌리를 알아야 하지 않겠니?… 또, 인생은 네가 원하는 대로 흘러가는 게 아니야. 이런 힘든 고비도 넘겨 봐야 큰사람이 되는 거야"라며 계속 우리나라 고등학교에 다니라고 말씀하실 뿐이었습니다.

그 당시에는 아버지의 그런 말씀을 잘 이해할 수 없었어요. '왜 이렇게 나를 이해해주시지 않는 걸까?…' 이런 유의 질문들만이 제 머릿속을 꽉 채우고 있었을 뿐이었어요. 지금 생각해보면 아버지의 말씀이 옳았습니다. 저는 한국 사람이니, 한국에서 교육 받는 것은 당연한 일이지요. 한국 사람이 한국말도 잘 못하고, 한국에 대해 전혀 모르면 안 되니까요….

아버지는 절대로 그 자리에서 화를 내시거나, 소리를 지르시는 법이 없으십니다. 제가 잘못했을 때도 아버지는 그땐 아무 말씀도 하시지 않습니다. 그러곤 다음 날, 조용하고 차분하게 저에게 말씀하십니다. 제가 무엇을 잘못했는지…. 아버지의 그런 말씀을 듣고 있노라면 정말로 내가 잘못했구나, 깨닫게 됩니다.

제가 친구 집에서 놀다가 새벽에 집에 들어간 일이 있었어요. 그때도 아버지는 새벽까지 저를 기다리시고도 그날엔 별말씀이 없으셨습니다. 다음 날 조용히 저를 불러 앉히신 아버지는 "수현아! 네가 이렇게 엄마와 아버지를 실망시켜서야 되겠니? 엄마가 무척 걱정했단다"라고 말씀하셨을 뿐입니다.

만약 제가 새벽에 들어간 날, 그 자리에서 아버지가 소리를 지르시거나 바로 화를 내셨다면, 저는 잘못했다고 생각하기보다 같이 화를 내며 아버지에게 대들었을지도 모릅니다. 하지만 아버지는 절대로 감정을 담아 나무라시는 법이 없으세요. 화를 내시기보다 제가 이해하고 깨달을 수 있게 조용히 타이르십니다.

그럴 때면 저는 더 죄송한 마음이 들고, 아버지의 생각과 마음을 더 잘 이해하게 됩니다. 언제나 그랬지요. 그래서 저는 아버지에게 감정적으로 대들거나 같이 싸워본 적이 없습니다. 언제나 다음 날, 차분하게 아버지와 이야기를 나누면서 제 잘못을 스스로 깨달았습니다.

힘들었던 고1,2학년을 마치고 고3을 무사히 보낼 수 있었던 것은, 고3 담임선생님과 단짝 친구들 덕분이었습니다. 친구들은 저에게 많은 힘이 되어주었습니다. 우리는 모두 일곱 명이었는데, 우리 스스로 '○○한강 시스터즈'라고 이름 붙이고 우정을 나누었습니다.

 외국에서 살다 온 ○○여고 친구들과 우리를 잘 이해해주는 친구 두 명이 단짝이 되었습니다. 다들 같은 처지여서 그런지 서로 많은 위안과 의지가 되었어요. 특히, 외국에서 공부하다 온 아이들에 대해 별로 안 좋은 생각을 갖고 계신 선생님들과는 달리, 고3 때 담임선생님만큼은 우리를 잘 이해해주셨습니다.

 별로 특별한 이야기를 하지 않아도, 친구들은 그저 함께 있는 것만으로도 힘이 되었어요. 우리는 많은 시간을 함께하며 열심히 공부했습니다. 한번은 학교 옥상에서 생일 케이크에 촛불을 켜고, 사진도 찍고, 그곳을 뛰어다니며 장난을 쳤던 적이 있습니다. 그때의 그 모습들이 마치 영화의 한 장면처럼 제 가슴속에 아로새겨져 있습니다.

 고3 때 담임선생님은 정말로 중요한 것들, 성실히 생활하고, 자기 할 일을 열심히 하는 것을 중시하셨습니다. 외국에서 살다 와서 힘들어하는 여러 문제를 잘 이해해주시고, 많이 격려해주셨어요. 선생님의 '문학' 수업은 잠자고 있던 다른 친구들도 깨어나 듣게 할 만큼 재미있었습니다.

 대학에서는 경영학을 공부하려고 합니다. 어렸을 때부터의 제 꿈이 국제 변호사가 되는 것이었거든요. 대학을 졸업하면 미국의 로스쿨에 다닐 계획입니다. 한국에서는 법학이 사법 위주라 제게는 안 맞는 것 같아서요. 저는 어렸을 때의 경험 때문인지 다양한 사람들을 만나 이야기하고 일하는 것이 즐겁습니다.

사실 저는 책보다 다양한 사람들과의 만남 속에서 배운 것이 더 많다고 생각합니다. 다양한 문화적 배경과 사고를 지닌 사람들 사이에서 더 넓어지고, 깊어지는 저 자신을 발견해 나가려 합니다.

우리나라에서는 소개팅이나 미팅 같은, 인위적 만남을 많이들 가지는 것 같아요. 그리고 그것들이 꼭 한국적인 문화의 특색인 양 치부되기도 하고요. 저는 그런 것이 싫습니다. 그보다는 더 자유스러운 분위기에서 저와 마음이 통하는 그런 사람들을 만나고 싶습니다.

제가 어렸을 때부터 부모님은 여자라고 다소곳이 살림만 하며 지내려고 하지 말라고 하셨습니다. 그보다 더 넓은 세상을 볼 줄 알아야 한다고 하시면서요. 아버지는 생활적인 측면에서는 엄한 편이시지만, 중요한 결정은 모두 제게 맡기실 만큼 저를 믿어주십니다. 부모님은 저에게 늘 이런 사람이 되라고 하세요. 'Be the best person I can be!' 제가 할 수 있는 최대한의 노력으로 제가 될 수 있는 최고로 훌륭한 사람이 되라는 것이지요. 그건 바로 제가 되고 싶어 하는 저의 모습이기도 합니다.

'해라' 하기보다 '왜 해야 하는지' 깨닫게 하라

꾸벅꾸벅 졸면서까지 저를 기다려주시는 어머니의 모습에
더 열심히 공부해야겠다는 마음이 들어 더 높이 목표를 정했습니다.

연세대학교 자연계열에 합격한 선영이는 서울 영등
포에서 막내로 태어났다. 수다 떨기와 채팅이 취미였
지만, 이제는 차분히 일상을 보내고 있다. 대학생이
되면서 더 높은 목표를 세워 정진하고 있다.

며칠 청소를 안 했더니 제 방이 완전히 돼지우리같이 되어 버렸습니다. 침대 위에는 옷들이 몇 겹씩 널브러져 있어 누울 자리도 없었어요. 책상 위에도 책들과 다른 물건들이 수북이 쌓여 있었고요. 방바닥엔 머리카락이며, 먼지들이 발에 밟힐 정도로 깔려 있었습니다.

'엄마도 너무 하시지. 내가 청소를 안 한다고 끝까지 그대로 놔두시다니….'

결국, 그날 저는 제 방 청소를 시작했습니다. 제가 청소를 시작하니까, 그제야 어머니가 싱긋 웃으시면서 청소를 도와주셨습니다. 힘들었지만, 청소를 하고 나니까 기분은 상쾌했습니다.

그러고 보면 어머니는 진짜 고단수이신 것 같아요. '청소해라'라는 잔소리 한번 안 하시고 저를 청소하게 만드셨으니까요.

아니, 막상막하라 할까요?…

 저는 왜 친구 문제로 항상 이렇게 고민하는지 모르겠습니다. 제일 힘이 되어주는 존재도 친구지만, 저를 제일 힘들게 하는 존재도 친구입니다.
 친구 은정이와 심하게 싸우고서 말도 안 하고 지낸 지 두 달이 다 되어 가고 있었습니다. 엄청 더웠던 그때 그날, 우리는 서로 '끝'이라고 부르짖으며 헤어졌었습니다.
 '나쁜 계집애….' 시작은 별것 아니었지만, 그동안 은정이한테 서운했던 것, 불만스러웠던 것들이 한꺼번에 터져 나왔습니다. '어디서부터 잘못된 걸까! 내가 먼저 사과해야 하나….' 그러나 먼저 운을 떼기가 어려웠습니다. 친구 생각에 공부는 공부대로 잘 안 되고, 괜히 신경질만 났습니다.
 제가 두 달 가까이 우울하게 지내는 게 마음에 걸리셨는지, 어머니가 웬 쪽지와 사진을 책상 위에 올려놓으셨습니다. 처음엔 '엄마가 왜 이런 괜한 데까지 신경을 쓰시지?'라고 생각했어요.
 그런데 사진을 보자 마음이 달라졌습니다. 그건 은정이와 둘이서 중학교 때 찍은 사진이었습니다.
 둘이서 팔짱을 꼭 끼고 찍은 사진과 함께 '선영아! 용기를 내봐'라고 쓴 어머니의 쪽지가 놓여 있었습니다. '엄마도 참….' 그런데 지금 필요한 게 정말 용기인 걸까?
 어머니 말씀대로 용기를 내야 할 것 같아서 저는 사진 속의 은

정이를 보며 여러 번 사과하는 연습을 했습니다. "미안해 은정아, 미안해 은정아."

그런데 일이 꼬이려고 그랬는지, 친구들이 마련해준 화해의 자리가 엉망이 되어 버렸어요. 정말 1년 중 가장 비가 많이 온 날이 아니었나 싶습니다. 우산을 썼는데도 무릎까지 차오르는 빗물에 속옷마저 젖었습니다. 게다가 약속 장소도 서로 엇갈려 화해는커녕 만나지도 못했습니다.

그날의 비 때문에 은정이와 저는 감기가 심하게 걸려 콜록거리다가 양호실에서 만나게 되었습니다. 서로 열 때문에 빨개진 얼굴로 콜록거리는 모습이라니! 제가 생각했던 화해의 모습은 정녕 아니었지만, 그동안 엄청 심각하게 고민하던 일이 순식간에 저 너머로 사라진 것 같았습니다.

어머니의 쪽지가 힘을 발휘했다고 해야 할까요? 하여튼 그 후로 우리의 우정이 더욱 두터워진 건 사실입니다. 역시 어머니는 우리 세대는 갖지 못한 삶의 지혜를 갖고 계신 것 같았어요.

초등학교 때부터 일절 잔소리하지 않으시고 저를 지켜보시기만 하셨던 어머니…. 그간 관심이 없는 듯 처신하시면서도 저의 모든 문제를 꿰뚫어 보고 메모를 남겨 저의 힘을 북돋워 주신 것입니다. 어머니의 쪽지는 이래라저래라 하는 잔소리보다 더 강하게, 왜 그렇게 해야 하는지를 제게 깨닫게 해주었습니다.

이렇게 고3 때 저는 친구 관계가 인생에서 매우 중요하다는 것을 가슴 깊이 깨닫게 되었습니다. 사실 저는 친구 관계가 양날의 검과 같다고 생각해요. 수험생활 동안 친구는 도움이 될 때도, 해가 될 때도 있었습니다. 그렇지만 공부 등 학창 생활의 고민을 잘 들어 주는 친구의 존재는 정서적으로 안정감을 느끼게 해줍니다. 또한, 부모님 말고 같은 고민을 공유하고 있는 친구와 서로 터놓고 얘기하다 보면 입시 스트레스와 중압감이 어느 정도 해소되곤 했습니다. 이는 공부에 더욱 집중할 수 있는 계기가 되어 주었지요. 어머니가 은정이와의 사이를 다시 이어주려고 하신 이유를 알게 해준 대목입니다.

그러나 친구 관계라는 게 마음먹은 대로 되는 것만은 아니었습니다. 다른 친구와의 관계를 적절히 조절하지 못해 사이가 틀어진 경우도 있었습니다. 그로 인한 감정 소모로 공부에 집중력이 떨어지기도 했고요. 공부 의욕이 있는 친구들을 만나면 시너지가 배가 되었지만, 간혹 공부에 집중하지 않는 친구는 공부에 방해가 되기도 했습니다.

이는 제가 공부에 방해가 되는 친구와는 수험생활이 끝난 후 진정한 친구 관계를 이어가기로 마음먹은 배경입니다. 잠시 사이가 나빠지더라도 신경 쓰지 않으리라 각오하면서요.

고등학생이 되면서 제가 도서관에 꾸준히 다니게 된 건 어머니의 정성 때문입니다. 매일같이 오랜 시간 의자에 앉아 있다 보면, 온몸이 뒤틀리기도 했습니다. 이렇게 3년을 지내야 한다고 생각하니, 벌써 다리가 저리고 엉덩이가 묵직해 오는 것 같았습니다.

이 때문에 '고3 동안 커지는 건 엉덩이뿐'이라는 말이 생겨났나 봅니다.

어머니는 이런 제게 '공부해라'라는 잔소리 대신 달콤한 상을 주셨습니다. 도서관에서 돌아오면, "뭐 먹고 싶은 거 없니? 뭐 맛있는 거라도 만들어줄까?" 하시며 평소와는 확실히 다른 모습을 보이셨습니다.

'내가 달라지면 엄마도 달라진다는 걸 보여주시려는 걸까?' 제가 도서관에 다니기 전엔 "밥에 국 있으면 됐지, 무슨 맛있는 거…" 하시던 어머니였으니까요.

그날도 도서관에서 열공하고 맛있는 밤참을 기대하며 집에 돌아왔는데, 거실에 계신 부모님의 모습에 그만 눈물이 났습니다. 다른 날보다 좀 늦게 와서인지 두 분이 TV를 켜놓은 채 소파에서 꾸벅꾸벅 졸고 계셨습니다. 저를 기다리시다 그런 모습을 보이신 것이었습니다. 저는 한참 동안 그런 어머니, 아버지의 모습을 쳐다보았습니다. 왠지 그 모습을 가슴에 그대로 새겨야 할 것 같은 마음에 말입니다.

'나 때문에 주무시지도 못하고…. 이제 더욱더 열심히 공부해야겠다.'고 마음을 다잡았습니다.

만약 어머니가 '공부해라'라는 말을 입에 달고 사시는 잔소리꾼이었다면, 저는 그렇게까지 열심히 공부하지 않았을지도 모릅니다. 우리 부모님은 무슨 일이든 언제나 제가 열심히 할 수밖에 없는 환경을 만들어주셨습니다. 정말 열심히 해야겠구나…, 하고 저 스스로 느끼게 만드셨습니다. 정말 우리 어머니, 아버지는 나름대로 자녀 교육의 고수라 할 수 있지 않을까요?

고3이 되었지만, 저는 공부 부분을 다른 아이들보다 덜 힘들게 받아들였던 것 같아요. 그때만 해도 수능이라든지, 온종일 책상 앞에 앉아 공부하는 게 저와는 상관없는 일이라고 생각했으니까요. 현실감이 부족했다고나 할까요?
담임선생님이 "선영이는 몇 시까지 공부하니?"라고 물어보셨을 때도 충분히 공부하고 있다고 생각한 저는 "10시까지요"라고 자랑스럽게 대답했을 정도니까요. 저는 그 정도의 노력에도 제가 꽤 공부를 잘하는 편이라고 생각했었습니다.
"어허, 그래? 그렇게 해서 좋은 대학에 갈 수 있겠나! 그 정도로는 안 될 것 같은데…."
평소 별로 말이 없으시던 선생님이 이렇게까지 말씀하시다니…. 저는 머리를 한 대 얻어맞은 듯 충격을 받았습니다. 그리고 그날 내내 선생님의 그 말씀을 진지하게 생각해 보았습니다. '정말, 이 정도로 공부해서는 좋은 대학에 갈 수 없는 건가?'
담임선생님의 그 말씀은 안이한 제 공부 태도를 다시 돌아보는 계기가 되었습니다. 그리고 제 진로도 부모님과 구체적으로 상의해 보게 되었습니다. 공부 시간도 10시에서 11시까지, 11시에서 새벽까지, 점점 늘려나가게 되었습니다.
친구들은 고3이 되면서 많은 양의 공부를 소화해내느라 힘들어했습니다. 책상 앞에 오래 앉아 있지를 못했습니다. 저는 그 과정을 이미 도서관에서 겪었기 때문에 고3이 되어서는 덜 고생한 편이었습니다.

벌써 모의고사를 두 번 봤는데도 성적은 오르지 않고 그대로였습니다. 성적에 대한 불안감에 잠을 설쳐 너무나 피곤했습니다. 고2 때까지 열심히 공부했는데도 왜 성적이 안 오르는 걸까? 부모님은 고민에 빠진 저에게 너무 부담 갖지 말고 '페이스만 잘 유지하면 된다'라고 말씀해 주셨습니다. 그러면서도 은근히 눈치를 주시는 것 같아 저는 숨이 막혔습니다.

저는 저 자신을 이렇게 격려했습니다. '다음번엔 잘할 수 있을 거야. 아직은 내가 공부에 올인 하지 않은 상태니까.' 저는 이 말을 수없이 되뇌곤 했습니다. '내 능력이 부족한 게 아니야! 난 더 잘할 수 있어….' 스스로를 위로하는 말이었지만, 제겐 이런 다짐이 큰 힘이 되었습니다. 그러면서 늦은 밤까지 뜬눈으로 저를 기다려주시는 부모님을 생각했습니다.

저는 공부해야겠다는 제 의지를 다잡기 위한 특단의 조치로 학습플래너를 택했습니다. 학습 계획을 구체적으로 나열하고 실천 여부를 명확하게 기록했습니다. 학습 계획을 죽 벌여놓아 보니, 과목별 균형을 맞추는 데 많은 도움이 되었습니다. 더불어 학습 순서가 명확해지면서 중간에 낭비되는 시간을 줄이고 집중력을 유지할 수 있었습니다. 특히, 목표 달성에 따른 성취감과 자신감을 고취하는 데 큰 도움이 되었습니다.

별이 총총 뜬 새벽, 곧 날이 밝을 시간에야 저의 고단한 하루가 끝났습니다. 고3 생활이란 게 원래 이런 걸까? 회의가 들기도 했습니다. 하루에도 불안과 희망이 몇 차례씩 교차하곤 했습니다. 저는 그때까지도 저 자신을 위해서 공부한다는 생각이 그리 들지 않았습니다. 아직 어려서였을까요? 아님 철이 들지 않아서였을까요?

그처럼 힘들어하는 제 모습을 보시고 부모님은 "네 힘닿는 데까지 열심히 공부했다면, 후회하지 말아라. 건강이 먼저니까 너무 무리하지 말고." 이렇게 걱정과 무서움(?)이 뒤섞인 말씀으로 저를 격려해주시곤 했습니다. 어머니가 매일 제 방을 청소해주신 것은 어머니의 바람을 담은 기도였습니다.

(interview)

직가 : "어머니는 선영 양이 고등학교 때 정성스럽게 뒷바라지를 하셨는데, 자녀 교육을 위해 특별히 생각하신 것은 무엇인가요?"
어머니 : "선영이가 저렇게 열심히 공부하는데 엄마로서 어떤 도움을 줄 수 있을까! 하는 생각을 많이 했습니다. 아이들 가정교육이란 게 그때그때의 상황에 따라 은연중에 이루어지는 것인 만큼 이렇다 하게 내세울 수 있는 방법은 없었어요. 다만, 서두르지 않고 아이 입장에서 이해해주려 노력하고, 아이가 꿈을 이룰 때까지 믿고 격려하면서 희망의 끈을 놓지 않았을 뿐입니다."

어릴 때의 꿈을 격려하고 키워주어라

검사가 되고 싶다는 내 어릴 때의 꿈. 아버지는 그 꿈을 지켜주셨고,
잘 펼쳐나갈 수 있도록 격려하고 이끌어 주셨습니다.

> 서울대학교 사회과학계열에 합격한 서은이는 충남 천안에서 태어났다. 검사가 되는 것이 목표이므로, 대학에서 사회학을 전공한 후 서울대 로스쿨에 입학할 계획이다. 내세울 만한 특기는 없지만, 어떤 상황에서도 당당히 자신을 지키도록 해주는 자신감이 가장 큰 재산이다.

저를 아는 제 주변 사람들은 제가 승부욕에 불타는 무시무시한 아이이거나, 공부에서 삶의 의미를 찾을 만큼 공부를 좋아한다고 생각합니다.

특히 제 궁극적인 목표가 검사이고, 서울대에 합격했다는 사실 때문에 무슨 천재쯤으로 생각하기도 하는데, 제가 아는 저는 전혀 그런 사람이 아닙니다.

저는 승부욕도 별로 없고, 저보다 공부 잘하는 친구에게 경쟁심 같은 걸 느껴본 적도 없어요. 그뿐만 아니라 공부하는 걸 좋아하는 편도 아니에요. 이렇게 남달리 잘하는 것 없는 제가 서울대에 합격할 수 있었던 건 모두 부모님이 제 어릴 때의 꿈을 믿고 키워주신 덕분입니다.

중학교 2학년 때 저는 '검사'가 되고 싶다는 마음을 품었습니다. 무슨 커다란 계기가 있었다거나 한 것은 아니에요. 검사가 무슨 일을 하는 직업인지도 잘 알지 못했으니까요. 그저 나쁜 사람들을 벌주는 검사가 멋있게 보였고, 다른 어떤 것보다 중요한 직업이라고 생각했을 뿐입니다.

제가 부모님에게 검사가 되고 싶다고 하자, 부모님은 기특한 결심을 했다고 하시며 기뻐하셨어요. 그때쯤이면 다른 친구들도 의사가 되고 싶다거나, 시인이 되고 싶다는 등 여러 가지 꿈을 가졌으리라 생각합니다.

그런데 어른들은 그걸 '네 장래희망이 뭐니'라는 질문에 대한 답으로만 여길 뿐, 정작 그 아이의 꿈을 진지하게 받아들이지는 않는 것 같아요. 그러고는 고2, 또는 대학 지원이 임박해서야 '어느 대학에 갈래?'라는 질문을 던지며 학과 결정을 재촉하시곤 하지요. 거기에 호응해 아이들은 어릴 적의 꿈 같은 건 깡그리 잊어버린 채, 그저 점수에 맞추어 경쟁률이 낮은 학과에 자신의 인생을 걸어버리고 맙니다.

제가 대학에 지원할 때까지 제 어릴 때의 꿈을 지킬 수 있었던 것은, '검사가 되고 싶어요'라고 말한 그 순간부터 제게 쏟은 아버지의 관심과 격려 덕분입니다.

아버지는 제게 검사가 되기 위해 법학전문대학원(로스쿨)까지 졸업하려면 우선 공부를 열심히 해야 한다고 하시며, 어떻게 공부해야 하는지 그 방법도 진지하게 알려주셨습니다.

학교 시험 성적표가 나오면 누구보다 세심하게 분석해주셨고, 새해가 시작되고 방학에 들어갈 때면 학습계획표를 같이 짜주셨습니다. 그리고 그 계획표를 제대로 실천하고 있는지 챙기는 것도 아버지의 몫이었습니다. 때로는 아버지의 그런 관심과 채근이 귀찮기도 하고 부담스럽기도 했어요. 그렇지만 아버지의 그런 관심에 힘입어 저는 제 꿈을 지켜나갈 수 있었습니다.

만약 아버지가 그렇게까지 관심을 기울여주지 않으셨다면, 저는 제 꿈을 잃어버린 채 하루하루를 의미 없이 살았을지도 모릅니다. 그리고 대학 입시 원서를 쓰면서 '어릴 땐 검사가 되고 싶었는데…' 이렇게 때늦은 후회를 했을지도 모르고요.

아버지는 이처럼 저와 함께 공부 계획표를 짜고, 제가 공부하는 걸 지켜보시면서도 잔소리는 일절 하시지 않으셨어요. 대신 공부할 수밖에 없는 환경과 분위기를 만들어 주셨습니다. TV도 안 보셨고, 온 식구가 자신만의 책상을 가지도록 배려하셨습니다.

그 책상에서 어머니는 일본어 공부를 하셨고, 아버지는 영어 공부를 하셨습니다. 온 식구가 자신의 책상 앞에 앉아 공부하는데, 제가 TV를 본다거나 놀 수 있었을까요? 아버지의 이런 고단수 작전(?)은 공부하라는 윽박지름보다 훨씬 효과적이었습니다.

고등학교 2학년 때까지 저는 학생부종합전형을 대비한 학교 활동과 논술 공부를 하며 대학 입시를 준비했습니다. 게다가 내신 관리와 수능 시험 대비도 하려니 참으로 벅찼습니다.

그러나 맞닥뜨린 고3 생활은 늘 같은 생각과 같은 행동을 반복하는 도돌이표와 같았어요. 지겹도록 반복되는 생활의 연속이었지요. 4월이 되자 그마저도 공부하기가 싫었습니다. 너무 지쳐버렸다고나 할까요?

'그냥 좀 성적이 떨어져서 그런 거겠지…. 시간이 지나면 괜찮아지겠지!' 이렇게 막연히 스스로를 위로해봤지만, 소용없었습니다. 수학 문제를 봐도 풀리지 않고, 국어의 지문을 읽으려고 하면 잠부터 쏟아졌습니다.

그렇다고 공부를 안 하는 것도 아닌데…. 공부해도 나아지는 게 없는 것 같아 초조하기만 했습니다. 성적은 성적대로 떨어지고…, 아버지에게 죄송한 마음만 들었습니다. '어서 시간이 흘러갔으면 좋겠다. 어서 수능 시험을 봐버렸으면 좋겠다.' 이 같은 잡생각만 히게 되었습니다.

드디어 여름방학이 되었습니다. 고3들은 여름방학 때 가장 많이 공부하거나, 가장 많이 공부를 포기하기도 한다고 합니다. 예전에는 수험생활 끝머리에 다 와서 왜 공부를 포기하나 싶었지만, 막상 고3 여름방학이 되니 제 심정이 바로 그러했습니다.

무더위를 무릅써야 하는 데다 잠이 쏟아지곤 하는 여름 날씨가 증오스럽기까지 했어요. 보충수업 시간은 그야말로 수면시간이 되어가고 있었고요. 5시간 중 3~4시간은 책상에 엎드려 잠만 잤습니다. 그리고 보충수업이 끝난 후 집에 와서도 잠만 퍼 잤어요. 무기력할뿐더러 짜증만 나는 시간이었습니다.

그래도 불안한 마음에 딴 공부는 몰라도 논술 공부는 열심히 했습니다. 그나마 여름에 그 정도라도 힘내어 공부하는 걸 위안으로 삼으면서요.

9월 초 개학하면서 수시모집 원서 제출이 시작되었습니다. 수시는 붙기만 한다면 참 좋지만, 떨어지면 여러 가지로 비참한 상황이 연출되는 입시 제도 같아요.

먼저, 심한 패배감에 젖어 수능을 망칠 수도 있습니다. 사실 선배들 중에서 이런 경우를 많이 보았습니다. 두 번째는 각종 서류를 작성하는 데 들인 정성이 모두 도루묵이 된다는 점입니다. 또한, 보통 1~2주간 꼬박 자료 준비에 매달려야 해서, 그만큼 공부가 밀릴 가능성이 있습니다. 입시 제도가 바뀔 때마다 상황은 다르지만, 아무튼 공부와 관련 없이 허비하는 시간이 많은 건 사실입니다.

저는 그런 수시에 꼭 합격해야만 했습니다. 내신 성적이 아주 높은 것도 아니고, 그렇다고 수능 점수가 월등하지도 않아 정시에서 상위권 대학에 합격할 자신이 없었기 때문입니다.

다행히 논술 준비를 해놓았던 만큼, 논술전형과 종합전형 두 전형을 택해 대학에 지원했습니다. 저는 서울대를 비롯해 고려대, 연세대 등 상위권 대학에만 지원하려고 했습니다. 그런데 부모님의 판단은 그게 아니셨나 봐요. 서울대는 안 될지도 모르니까, 좀 낮추어 지원하자고 하셨습니다. 그토록 제 꿈을 믿고 지지해주셨던 부모님이지만, 성적 앞에서는 어쩔 수 없으셨나 봅니다.

그즈음 저는 더 단단해져 있었습니다. 이제 와서 어릴 때의 꿈을 포기할 수는 없다고, 강하게 마음먹고 있었습니다. '그동안 아버지가 어떻게 지켜오신 내 꿈인데….'

그때 서울대에 다니는 사촌 오빠가 입시 때 받은 컨설팅이 합격에 많은 도움이 되었다며, 대학 입시 전문가이신 김기영 선생님을 소개해줬습니다. 저는 아버지와 함께 선생님을 만났습니다. 서울대 합격 고수라고 소문난 선생님은 서울대와 고려대, 연세대에만 원서를 내되, 종합전형과 논술전형에 중복지원하라고 권하셨습니다. 학교에서나 교육청 입시설명회 상담 때 아무도 서울대 지원에 동의하지 않으셨는데, 유독 선생님만 서울대 지원을 적극 권하신 것이었어요.

또한, 선생님은 종합전형에서는 면접이 매우 중요하므로 잘 준비할 것과 논술전형은 수능 최저 기준 통과가 꼭 필요하므로 남은 기간 수능과 면접을 병행해 준비하라고 일러주셨습니다.

서울대는 학부에 법학과가 없고 로스쿨에서 법학을 전공해야 합니다. 제가 거기에 맞춰 고등학교에서 진로에 걸맞은 활동을 했으니, 사회과학계열에 지원하면 합격 가능성이 있다고 선생님은 말씀하셨습니다. 아버지와 저는 희망에 부풀어 선생님의 조언대로 서울대에 원서를 제출했습니다.

여기서 잠깐 긴박했던 면접 이야기를 하려 합니다. 서울대 수시

종합전형 1단계를 통과한 저는 면접을 보러 갔습니다. 다른 사람들은 차례를 기다리는 동안 무지 떨린다고들 하는데, 저는 그리 떨리지도 않았습니다. 그저 빨리 끝내고 집에 갔으면 좋겠다는 마음뿐이었어요. 무리하게 서울대에 지원한 만큼, 합격하지 못하면 재수해야지, 하는 생각이었기 때문에 덤덤했던 것 같아요.

드디어 제 차례가 되어 첫 번째 방에서 면접을 치르게 되었습니다. '왜 검사가 되길 원하나요? 여자가 검사직을 잘 수행할 수 있다고 생각하나요? 그 이유가 뭔가요? 설득력 있게 말해보세요.' 면접관님은 마치 저를 공격하려고 작정한 것 같은 어조와 눈빛으로 계속 저를 몰아붙였습니다. 간신히 면접을 끝낸 저에게 면접관님이 나가 보라고 하시는데, 정말 '떨어졌구나' 싶었어요.

두 번째 면접실에서는 질문지에 대해 생각할 시간을 갖고, 답하는 형식으로 면접이 진행되었습니다. 저에게 주어진 질문의 요지는, '우리가 부모님으로부터 상속받을 때 재산뿐만 아니라 빚도 함께 상속받게 되니, 그 빚을 갚아야 한다. 그런데 이것이 행복추구권에 위배된다는 주장이 있다. 이에 대한 사견을 밝히고, 대책을 말해보라' 라는 것이었어요.

면접관님은 제 말꼬리를 붙잡으며 계속 질문해오셨습니다. 그러다 보니 우리의 문답에는 내용상 진전이 없었습니다. 면접관님은 제가 제 말에 얼마나 책임감을 느끼는지 알아 보려고 하시는 것 같았어요. 그렇게 면접시간이 다 지나가 버렸습니다.

면접실 밖으로 나오니, 어머니가 기다리고 계셨습니다. 저는 어머니를 붙잡고 울음을 터뜨리고 말았습니다. 마치 면접관님들한테 우롱당한 듯한 기분이었습니다.

　서울대 면접을 본 다음 날이 제 생일인데도 저는 미역국을 못 먹었습니다. 고려대 면접 날이었기 때문입니다. 면접 문항은 '10년 후에 어떤 사람이 되어 있을 것 같은가?'와 '여성 고용쿼터제에 대해 어떻게 생각하는가?' 등이었습니다. 제가 생각해도 이 질문들에 정말 멋지게 대답한 것 같았어요. 그런데 결과는 불합격이었습니다.

　저는 연세대, 고려대, 논술전형은 다 떨어지고, 서울대에 합격했습니다. 선생님에게 어떻게 제 합격 가능성을 점치셨는지 여쭤보니까 그냥 '허허' 웃기만 하셨어요. 그러시더니 "만약 서울대 학부에 법학과가 있었다면, 학교 활동이 부족하다고 느껴질 수도 있다. 그러나 학부에 법학과가 없고 대학원에 가야만 법학을 전공할 수 있는 만큼, 고교에서의 법학 관련 활동이 다소 부족하긴 했어도 1학년 때부터 일관성 있게 꾸준히 노력한 점이 좋게 평가받았던 것으로 본다"라고 말씀하셨습니다.
　또한, 가장 중요한 것은 '서은 양이 꿈을 이루려 열심히 노력해 왔고, 아버지의 무던한 뒷받침이 합격을 쟁취하게 해준 힘이었을 것'이라고 힘주어 말씀하셨어요.
　부모님의 관심과 정성 그리고 하나님의 은혜로 제가 큰 선물을 받았다고 믿습니다.

지금 헛되이 보내는 이 시간이
시험을 코앞에 둔 시점에서는 얼마나 절실하게 느껴지겠는가?
Just before the examination,
how desperate would you feel the time you are wasting now.

불가능이란 노력하지 않는 자의 변명이다.
Impossibility is the excuse made by the untried.

< 하버드 성공비결 명언 중에서 >

지은이 칼럼

자녀 지도를 위한 부모교육

자녀들의 가장 큰 고민은 '공부'

우리나라 청소년들의 가장 큰 고민은 바로 '공부 문제'입니다. 자녀의 공부 문제로 속을 썩이는 부모들도 가만히 자신의 청소년기를 되돌아보면, 역시 '공부 문제'로 많이 힘들어 했다는 걸 알 것입니다. 그러면 실제로 우리 청소년들은 '공부 문제'로 인해 얼마나 고통받고 있을까?

저는 월간지인 《고교생 학부모》를 발간하면서 '성적이 떨어져 고민하는 아이들'이라는 제목으로 중·고교 청소년들의 '공부 문제'를 다룬 바 있습니다.

그 내용을 살펴보면 성적으로 인한 아이들의 고민이 무척 심각하다는 것을 알 수 있습니다. 성적이 떨어졌을 때 어떻게 대처하는지 물어보자, 남학생들은 그로 인한 스트레스를 친구들과 어울려 놀든,지, 술이나 담배, 일부 학생은 약물에까지 손을 대며 푼다고 말했습니다. 그도 아니면 신경질을 내는 등 스트레스를 주위의 애먼 사람들에게 발산해버린다고 했습니다.

여학생들은 홀로 고민하거나 극단적 행동을 시도하는 등, 성적 저하로 인한 스트레스를 방법만 다를 뿐 남학생들과 마찬가지로 심각하게 겪는 것으로 나타났습니다.

반면, 부모님과 대화가 잘 통하거나 부모님의 격려를 받은 학생들은 공부 계획을 다시 세워보거나 성적이 떨어진 원인을 나름대로 분석하는 등, 긍정적이고 적극적으로 문제에 대처하는 모습을 보였습니다.

이렇게 성적이 떨어졌을 때 학생들은 속상한 마음을 누구에게 털어놓을까? 설문조사에 의하면, 역시 친구가 38%로 가장 많이 속마음을 털어놓는 상대였으며, 그다음 부모님이 18%, 형제자매가 15%로 나타났습니다. 학교 선생님 또는 상담 선생님에게 고민을 털어놓는 학생은 1.8%와 1.0%에 지나지 않았습니다.

한편, 성적이 떨어졌을 때 공부 내용이나 방법을 의논하는 대상으로는 친구 28%, 형제(친척 포함) 19%였습니다. 반면, 부모님과 의논하는 경우는 16%, 학교 선생님이나 학원(과외) 선생님과 의논하는 경우는 각각 8%, 4%에 그쳤습니다.

이와 같은 결과가 어른들, 특히 부모들에게 시사하는 바는 무엇일까? 많은 부모가 자신만큼 자녀를 잘 알고 사랑하는 사람이 없다고 생각합니다. 그리고 실제로도 자녀를 헌신적으로 뒷바라지합니다. 그런데 정작 자녀들은 부모보다 친구를 더 편하게 생각합니다. 또한, 부모보다 친구들에게서 더 많은 도움을 받고 있습니다. 이런 말을 들으면 부모는 일단 섭섭하겠지만, 자녀가 왜 부모보다 친구를 이야기 상대로 선택하는지 진지하게 생각해봐야 할 것입니다.

많은 부모가 자녀의 성적이 떨어지면 자녀가 바르지 못한 친구와 가깝게 지내면서 공부를 멀리하고, 그 결과 성적이 떨어졌다고 생각하는 경향을 보입니다. 그러나 실제로는 그 반대인 경우가 많습니다. 즉, 친구 때문에 성적이 떨어진 경우보다 (물론 그런 경우도 있지만) 성적이 떨어진 후에, 아니면 공부가 힘들어지기 시작하면서 친구와 어울리는 경우가 더 많다고 보는 것이 타당할 것입니다.

성적이 떨어지면 누가 가장 힘들고 속상할까? 당연히 학생 본인입니다. 그리고 그렇게 속상하고 힘들 때 누구와 이야기하고 싶어 할까? 당연히 자신을 가장 잘 이해해주고 자신의 고민을 잘 받아주는 사람일 것입니다.

이는 어른에게도 마찬가지로 적용되는 사안일 것입니다. 직장에서 승진하지 못했을 때, 사업이 잘 안 풀릴 때, 또는 시부모와 갈등이 있을 때 어른들은 누구에게 전화를 걸고, 누구를 만나서 속마음을 털어놓을까? 대개 본인과 처지가 비슷하거나, 위로받을 수 있는 상대일 것입니다. 자신보다 더 잘났거나 똑똑한 친구는 선뜻 택하게 되지 않을 것입니다.

물론, 본인의 일이 잘 풀리고 즐거운 일이 있을 때면 보란 듯이 그런 친구와도 만나려고 할 것입니다. 왜 그럴까? 사람은 누구나 '인정받는 맛'에 살기 때문입니다. 그런 마음은 어른이나 청소년이나 똑같습니다.

자녀의 성적이 떨어졌을 때 부모는 자녀를 위로해주어야 합니다. 시험을 망치고 싶거나 성적이 떨어지는 것이 목표인 학생은 이 세상에 아무도 없습니다. 그런데도 부모들은 이 역할을 잘 못하고, 또 안 합니다. 자녀들이 자신을 위로해주는 친구를 찾아나서는 이유이기도 합니다.

이들에게 필요한 것은 '성적이 왜 그 모양이냐?'라는 질책이 아니라 '성적이 떨어져서 참 속상하겠구나!'라는 따뜻한 위로의 말일 것입니다. 그런 다음 자녀와 함께 왜 성적이 부진한지 따져보고 '어떻게 하면 성적을 올릴 수 있을까?' 같이 고민하면서 효과적인 공부 방법을 모색해봐야 할 것입니다.

여기서 중요한 것은 '자녀와 함께하는' 것입니다. 부모가 본인 나름으로 판단해서 '너 그래서는 안 되겠다. 오늘부터 이렇게 해라'라고 일방적으로 지시하는 것은 별로 효과적인 방법이 아닙니다. 성적이 오르지않을 때 자신의 노력이 부족했음을 인정하기보다 부모 탓을 하는 경우가 더 많아집니다.

부모가 자녀에게 줄 수 있는 것은 용기, 격려, 칭찬

학습부진, 쉬운 말로 공부를 못하는 '일반적인' 이유는 무엇일까? 저는 오래전부터 '공부는 습관(習慣)'이란 말을 강조해왔습니다. 일반적으로 공부를 못하는(또는 안 하는) 것은 '공부하는 습관'을 들이지 못한 탓입니다.

먼저 학습(學習)이라는 용어를 설명해보겠습니다. 학습이라고 할 때의 습(習)자를 들여다보면 이것이 깃 '우(羽)'자와 흰 '백(白)'자가 합쳐진 것임을 쉽게 알 수 있습니다. 그렇다면 이렇게 전혀 무관한 듯 보이는 글자가 모여서 '익히다'라는 뜻의 한자말이 된 유래는 무엇일까요?

이것이 궁금하신 분들은 까치든 비둘기든 또는 참새든 어떤 새라도 좋으니, 둥지에 있던 어린 새가 날기 위해 처음으로 날갯짓하며 파닥거리는 장면을 떠올려보십시오.

그때 언뜻언뜻 보이는 '하얀 솜털'을 글자로 형상화한 것이 바로 '습(習)'자입니다. 한문을 만든 고대 중국인들은 무언가를 배우고 '익히는' 과정이 어린 새가 날갯짓을 배우는 과정과 본질적으로 같다고 본 것입니다. 처음부터 날 수 있는 새는 없습니다. 그리고 처음부터 능숙하게 나는 새도 없습니다. 중간에 날갯짓을 포기하는 새도 없습니다. 부단한 연습을 거쳐 결국은 모든 새가 다 날게 됩니다. 이와 같은 과정 자체가 바로 '학습'의 본질인 셈입니다.

우리나라와 같은 교육체제에서 공부는 원하든 원하지 않든 간에 학생들에게 주어진 숙명과도 같은 것입니다. 재미있어서 하고, 재미없어서 안 하는 성질의 것이라 할 수 없습니다. 따라서 성적 부진의 이유로 '공부에 흥미를 못 느껴서'라든지, '공부가 적성에 안 맞아서'라고 항변하는 것은 올바른 자세가 아닙니다. 대신 '공부하는 습관'이 안 들어서라고 표현하는 것이 올바르다 하겠습니다. 중요한 것은 일단 '책상 앞에 앉는 습관'과 '책을 펴는 습관'을 기르는 것입니다. 이렇게 습관이 들다 보면 성적이 오르고 자연히 공부에 대한 흥미와 목표가 생깁니다.

그러면 왜 학생들은 공부하는 '습관'을 들이지 못하는 걸까? 한번 다음과 같은 장면을 상상해볼까요. 어떤 학생이 모처럼 공부해야겠다고 결심하고 책상 앞에 앉아 책을 폅니다. 그런데 책의 첫 문장부터 도대체 무슨 말인지 알 수가 없습니다. 답답하기 짝이 없겠지요. 그러나 '습관'이 중요하다는 이야기를 들은 터라 꾹 참고 계속 읽어나갑니다. 그런데 읽으면 읽을수록 더 모르는 말만 나옵니다. 그러다 어느 순간부터 눈은 책을 보고 있지만,

머릿속에는 살며시 잡생각이 떠오르기 시작합니다. 손으로는 의미 없는 낙서를 하기 시작하면서요.

이런 현상이 왜 일어날까? 한마디로 기초실력이 부족하기 때문입니다. 좀 더 전문용어로 말하자면 '선행학습의 결손' 때문입니다. 지금 공부하려고 하는 내용을 '너무' 모를 때는 집중도 안 되고, 의욕도 안 생길뿐더러 좌절감만 쌓이게 마련입니다. 따라서 공부를 시작할 때는 무조건 책만 펴놓을 것이 아니라, 자신의 공부 수준이 어느 정도인지를 먼저 파악해야 합니다. 그리고 거기에 맞춰 학습 계획을 세우고 공부해야 합니다.

그러면 자신에게 맞는 공부 수준이란 어떤 것인가? 공부라는 것이 원래 재미없는 것이지만, 그나마 공부가 좀 되는 때가 있다면, 공부하는 문제가 알쏭달쏭할 때입니다. 알쏭달쏭하다는 것은 현재 아는 것은 아니지만, 이미 알고 있는 지식을 바탕으로 조금만 머리를 더 쓰면 곧 알 수 있을 것 같은 상태입니다. 그럴 때만 사람은 그 문제를 풀어보려는 의욕을 갖게 됩니다. 또한, 자신의 노력으로 그 문제를 풀어내면 지적 희열도 맛보게 됩니다.

유명한 교육 심리학자 피아제는 이것을 '최적의 불일치(Optimal Discrepancy)'라고 했습니다. 학습자가 가지고 있는 기존의 지식과 새로 학습할 내용 간의 사이가 너무 가깝지도, 또 너무 멀지도 않고 적절해야만, 학습이 가능하다는 뜻입니다.

그러나 안타깝게도 우리나라에는 이처럼 이상적인 상황에서 공부하는 고등학생이 그리 많지 않은 것 같습니다. 대부분 어느 순간 학교 진도를 놓치고, 그 이후에는 부실한 기초 위에 언제 무너질지 모르는 벽돌을 쌓듯이 '무작정' 공부하곤 합니다.

따라서 지금 공부에 어려움을 느끼는 학생이라면 주저 없이 자신이 '최초'로 진도를 놓쳤던 부분으로 돌아가야 합니다. 그것이 중학교 1학년 과정이든, 2학년 과정이든 개의치 말고 바로 그 부분부터 공부를 시작해야 합니다.

그렇다면 이때 부모가 할 역할은 무엇인가? 바로 자녀가 하루하루 그날의 목표를 달성할 때마다 그런 방식을 지속하도록 격려하고, 성취감을 느낄 수 있게 충분히 칭찬해주는 것입니다.

제가 수많은 학부모와 학생들을 상담하며 지도하는 과정에서 이와 같은 학습 방법을 적용함으로써 열등생이었던 학생들 대부분이 우등생이 되었습니다. 특히, 학생 개개인에게 맞게끔 '공부 습관'을 바꾸어준 결과, 수백 명의 학생이 서울대를 비롯한 명문대 진학에 성공했습니다. 물론, 여기에는 자녀가 올바른 공부 습관을 들이고 이행해나가도록 물심양면으로 지원을 아끼지 않은 부모의 역할이 한몫했습니다.

자녀와의 대화, 왜 어려운가?

"청소년 시절 나와 아버지는 거의 대화를 나누지 않았다. 그리고 지금 부모가 된 나 또한 청소년이 된 아들과 거의 이야기하지 않는다. 나와 아버지는 이야기하지 않아도 서로가 무슨 생각을 하고 있는지 짐작했고, 대개는 그것이 맞아떨어졌다. 어쩌면 그래서 굳이 이야기할 필요가 없었는지도 모른다. 반면, 나와 아들은 서로의 생각이 너무 다르다는 것을 알기 때문에 서로 이야기하지 않는다. 대화가 없다는 점은 같지만, 그 이유는 이처럼 다르다."

이 이야기는 몇 년 전 어느 신문의 논설위원이 쓴 칼럼 중의 일부분입니다. 당시 그 글의 주제가 무엇이었는지, 그리고 왜 그와 같은 자신의 이야기를 꺼냈는지는 정확히 기억나지 않지만, 자녀와의 대화를 주제로 이야기할 때면 저는 어김없이 이 대목을 떠올립니다. 왜냐하면, 그와 같은 고백 속에는 오늘날 자녀와의 대화를 어려워하는 부모의 모습이 솔직히 드러나 있을뿐더러, 자녀와의 대화를 어렵게 만드는 원인을 짐작하게 하는 단서가 숨어 있기 때문입니다.

위의 인용 글은 상당한 시간이 지난 지금에도 우리 사회의 많은 부모, 특히 아버지들의 심정을 이해하고 대변하는 것 같습니다.

지금 우리 부모들은 자녀와 대화가 부족하다고 느낍니다. 또한, 자녀와의 대화가 필요하다는 사실도 잘 알고 있습니다. 그러면서도 정작 자녀와 대화하지 않거나(혹은 하지 못하고), 심지어는 겁을 내며 피하려고 듭니다. 도대체 무엇이 겁나고 무엇을 피하고 싶은 것일까?

한마디로 자신과 생각이 다른 자녀, 그리고 그것을 거침없이 이야기하는 자녀의 태도가 겁나고(화도 나고) 피하고 싶은 것입니다.

많은 학부모와 상담하다 보면 "아이와 대화가 안 돼요", "어떻게 하면 대화가 통할까요?"라고 하소연하는 분들이 의외로 많습니다. 그런 부모들은 대체로 위와 같은 사실을 인식하지 못하거나, 알면서도 인정하지 않으려는 분들입니다.

그렇다면 과연 이런 부모가 자녀와 대화를 잘하도록 해주는 방법이 있기는 한 것일까? 대답은 물론 '있다' 입니다. 그러면 그 방법은 무엇일까? 궁금한 분들은 우선 다음과 같은 질문에 스스로 답해보시기 바랍니다.

첫째, 자녀가 말하는 시간보다 내가 말하는 시간이 더 긴가?
둘째, 대화란 '좋은 말로 뭔가를 가르치는 것' 으로 생각하는가?
셋째, 미리 결론이나 해답을 가지고 자녀와 대화할 때가 많은가?

넷째, 자신이 할 말이 있을 때만 대화하려고 하는 편인가?

다섯째, 자녀를 사랑하긴 하지만, 굳이 말로 표현할 필요는 없다고 생각하는가?

위의 질문에 '그렇다'가 많은 분은 자녀와 대화가 잘 안 통할 가능성이 큽니다. 어쩌면 부부간, 혹은 친구들간의 대화에도 어려움을 겪을 가능성이 큽니다. 대화에 대해 잘못된 신념을 가지고 있기 때문입니다. 대화란 대등한 관계에 있는 사람이 서로의 생각을 주고받는 것입니다. 따라서 진정한 대화는 수직적 관계가 아니라 수평적 관계에서 가능합니다.

부모와 자녀 간에 대화가 잘 이루어지지 않는 근본적인 이유는, 부모가 자녀를 대등한 관계의 대화 상대로 인정하지 않기 때문입니다. 부모는 어디까지나 자신이 자녀의 위에 있다고 생각합니다. 그렇다면 윗사람이 아랫사람에게 하는 말들로는 어떤 것들이 있을까? '지시'와 '질책' 그리고 가끔은 양념으로 넣는 '격려'가 다일 것입니다.

이때 윗사람이 제일 싫어하는 것은 무엇일까요? 아랫사람이 자신과 다른 의견을 굽히지 않고 주장하는 것일 겁니다. 이를 싫어하는 정도가 아니라 당혹감을 느끼거나, 심지어는 분노를 느끼기도 할 것입니다. 특히, 우리와 같은 유교문화권에서 이런 경향이 강합니다.

'상명하달(上命下達)'이나 '일사불란(一絲不亂)'에 익숙한 윗사람은 그래서 아랫사람이 자신과 다른 생각을 내세우는 것을 받아들이기 힘들어합니다. '나와 생각이 다르구나'라는 생각보다 '네가 어떻게 감히 나한테 이럴 수 있어!' 하고 흥분부터 합니다. 그러니 아랫사람이나 자녀가 대화를 피하려고 할 수밖에요.

대화는 상대방이 나와 생각이 다를 수도 있다는 것을 전제로 합니다. 상대의 생각이 나와 다르다고 느낄 때, 우리는 상대와 대화하지 않으려 합니다. 하지만 그때는 대화를 끝내는 시점이 아닙니다. 진정한 의미의 대화를 시작해야 하는 시점입니다. 대화의 목적은 상대를 진정으로 '이해'하는 것이기 때문입니다.

이제 이상의 논의를 바탕으로 자녀와 효과적으로 대화하는 방법을 제시해보도록 하겠습니다. 스스로 생각하기에 자녀와 대화가 잘 안 된다고 느끼는 부모라면, 다음과 같은 몇 가지만 실천해도 커다란 효과를 볼 수 있을 것입니다.

• 첫째, 자신이 하고 싶은 말이 있더라도 꾹 참고(한번 실천해보면 이것이 얼마나 어려운 일인지 알 수 있을 것입니다) 자녀의 말을 '끝까지' 듣기만 합니다. 특히, 자녀가 자신의 마음에 안 드는 말을 하

더라도 일단은 참고 들어 주어야 합니다. 무언가 '좋은 말'을 해 주고 싶어 조바심이 날 때일수록 더 말을 아끼도록 합니다.
• 둘째, 대화의 결론을 끌어내려고 조급하게 서두르지 말아야 합니다. 자녀의 생각이 나와 다를 때는 서로의 의견을 충분히 이야기하는 데 만족하고, 서로 좀 더 생각을 정리한 다음 다시 이야기하는 것이 좋습니다.
• 셋째, 부모 자신의 생각 또는 느낌을 솔직하게 표현해야 합니다. '너 왜 또 늦게 들어왔어?'라고 말하기보다는 '네가 늦게 들어와서 엄마가 얼마나 걱정했는지 알아?'라고 말입니다.
• 넷째, 자녀가 이해할 수 없는 말을 주장할 때, 부모 편이 아니라 자녀의 편에서 생각해봅니다. '어떻게 이럴 수가 있나?'라고 생각하기보다 '그럴 수도 있지' 혹은 '나름대로 무언가 이유가 있을 거야. 왜 그럴까?'라고 생각해보는 것입니다.

이렇게 자녀의 이야기를 다 들어 주기만 하면 어떻게 자녀 교육을 하냐고 걱정하시는 분들이 계실지도 모릅니다. 그런 분들을 위해 마지막으로 한 가지 사실을 상기시켜 드리고자 합니다.

'동서고금을 막론하고 법이 엄격한 사회에서 일탈 행동이 더 많이 일어났고, 고지식한 부모 슬하의 청소년이 문제를 더 많이 일으킨다.'는 사실을….

자녀의 성공은 부모가 자녀의 기를
언제 살려주느냐에 달려 있다

지은이가 아는 분 중 경제적으로 넉넉하지는 않지만 그래도 중산층이라고 할 수 있는 한 분이 15년 전 미국 이민을 감행했었습니다. 그런데 그분이 최근에 다시 한국으로 역이민을 왔습니다.

그분은 한국에 있을 때 좋은 직장에 다니면서 안정된 생활을 누렸습니다. 삼 형제의 아버지인 그분이 이민을 떠나려 한다고 할 때, 제가 "왜 이민을 가려고 하나요?"라고 물어보았습니다. 제 물음에 그분은 "이 나라에선 자녀를 제대로 교육할 수가 없어요!"라고 아주 간단히 대답하더군요.

그분의 둘째 아들은 음악, 특히 기타에 푹 빠져 있었습니다. 그분은 이들이 공부는 안 하고 기타만 치고 있어 너무 답답하고 화가 치밀어 아들의 기타를 때려 부수었다고 합니다. 하지만 아들은 용돈을 절약해서 다시 기타를 샀다고 해요. 그분은 또 아들의 기타를 때려 부수었고…. 이렇게 아들의 기타를 세 대나 부숴 버렸다고 합니다.

그 집은 고3이 큰아들을 비롯해 줄줄이 대학 입시를 앞두고 있었습니다. 공부… 학원, 또 과외…로 이어지는 하루하루는 팽팽한 긴장감이 맴도는 날들이었다고 합니다. 거기에 비례해 돈 또한, 끊임없이 들어가고 있었고요. 그래서 내린 결론이 미국 이민이었다고 합니다.

그런 그분이 아이들을 다 키우고 나자 더는 미국에서 살 이유가 없어져, 이민 생활을 접고 15년 만에 한국으로 돌아왔다고 합니다.

지은이가 "그때 그 둘째 아들은 어떻게 되었습니까?"라고 물어보았더니, 그 아들은 지금 컴퓨터를 이용해 소리를 제조하는 전문가가 되었다고 하네요. 저는 그분께 "그것 보세요. 아무리 기타를 때려 부수어도 결국엔 음악인이 되지 않았습니까! 그때 그 아들을 좀 더 이해하고 신뢰하며 기다려 주었다면 더 좋을 뻔하지 않았나요?"라고 통을 놓았더니, 그분은 유구무언이었습니다.

한 번쯤은 대학 입시 지옥이 없는 나라로 떠나기를 꿈꾸는 이 땅의 학부모들

이 이야기는 우리에게 몇 가지의 시사점을 던져 줍니다. 먼저, 이 땅의 모든 학부모와 자녀가 입시라는 열병을 앓고 있는 현실입니다. 아무리 대학 입시 제도가 바뀌어도 자녀를 키우는 순수한 재미는 아이들이 학교에 들어가면서 줄어들기 시작해, 중학교 3학년쯤 되면 거의 사라져 버리게 됩니다.

이는 아이들 편에서도 마찬가지일 테고요. 부모의 사랑을 먹으며 마음껏 뛰놀고 읽고 쓰며 꿈꾸는 생활은 초등 고학년이 되면서 시나브로 시나브로 사라져 갑니다. 점점 공부 스트레스만 쌓여 갈 뿐입니다. 엄마, 아빠와 화기애애하게 대화하며 안기고 기대고 싶지만, 그건 마음일 뿐, 느는 것은 짜증과 분노뿐입니다. 이런 힘듦 속에서도 잘 참고 견뎌내는 아이들은 결국 공부에서도 이기고 대학에 들어가게 됩니다.

이 땅의 모든 학부모는 누구나 한 번쯤 대학 입시 지옥이 없는 다른 나라로 떠나기를 꿈꿉니다. 그러나 삶의 터전을 옮긴다는 게 워낙 엄청난 일인지라, 그중 소수만이 이민을 택합니다. 실제로 영어에 자신이 있고 새로운 환경에 대한 두려움보다 호기심이 많고 적응력이 높은 사람들이나 생활력이 강한 사람들 말입니다. 돈이 많은 학부모는 자녀를 중·고등학교 때부터 미국이나 캐나다로 유학을 보내버리기도 합니다. 이러지도 저러지도 못하는 학부모는 형편껏 아이를 학원에 보내거나 과외를 시키거나 하고요.

미래를 꿈꾸며 인생을 모험할 나이에
집과 학교, 학원으로 뺑뺑이 도는 청소년들

이렇게 학부모들이 쏟아부은 사교육비의 총액이 정부 추산 20조여 원이나 된다고 합니다. 그중 12조 원가량이 학원비와 과외

비로 들어갔고, 8조 원가량이 책값과 학용품비로 쓰였다고 합니다. 한편, 국가가 부담한 공교육비의 총액은 18조 원 정도입니다. 공교육비보다도 사교육비가 더 많이 드는 나라, 이런 나라가 우리나라인 것입니다. 그리고 이것이 우리 교육의 현주소입니다. 교육이 우리 온 나라의 골칫거리가 된 지 오래이고요.

이렇게 법석을 떨어도 공부 잘하고 대학에 잘 들어가는 고교생은 극히 드뭅니다. 절대다수의 아이들은 억지로 공부하거나 공부하는 척하면서 황금 같은 청소년기를 낭비해버립니다. 너무나 많은 아이가 자아를 발견하고 미래를 꿈꾸며 인생을 모험할 나이에 집과 학교, 학원을 뺑뺑이 돌며 자신의 꿈을 죽이고 있습니다.

공부 문제로 아이들과 싸우다 지친 학부모들은 결국 아이의 미래를 포기하는 경우가 많습니다. 자녀들이 고등학교를 마치고 나면 대학에 들어가든 재수를 하든 자녀를 다 키웠다는 듯 홀가분해합니다. 자녀 교육에서 해방된 기분에 휩싸이는 것입니다.

이제 다 함께 생각해봅시다. 이것이 정도인가? 이 길밖엔 다른 길이 없는가? 뻔한 결과가 빚어지리라 내다보면서도 이렇게 실패를 향해 달음박질치고, 아이의 기를 죽이고, 돈을 낭비해야 하는가? 교육이 그렇게 속수무책으로 방치될 일인가? 하는 문제를 말이지요.

이제는 변하는 대학 입시 제도에 맞춰 부모도 변해야 하는 시대

해마다 3, 4월이 되면 다음 해 입시 제도가 어떻게 변한다는 기사가 나옵니다. 그러면 고교생 자녀를 둔 학부모들은 가슴을 조이며 새 입시요강을 품에 꼭 안고 달리기를 시작합니다. 3년마다 한 번씩 큰 폭으로 바뀌는 대입 전형방법은 다음 연도에 변경이 가능한 범위 내에서 또 소폭 바뀝니다.

입시 제도가 어떻게 바뀌든, 지금은 누구나 대학에 들어갈 수 있는 시대이기도 합니다. 그러나 문제는 이제껏 그래 왔던 것처럼 아무 대학이나 들어가려 해서는 안 된다는 것입니다.

앞으로 어떤 대학에 들어가 무슨 공부를 해서, 어떤 전문인이 될지 자신의 미래 직업을 잘 따져보아야 합니다. 좀 더 심도 있게는 이런 교육을 받고 어떤 인간으로 살아갈 것인지 심사숙고해야 한다는 것입니다. 지금은 고등학교 시절부터 앞으로의 진로를 잘 설계해야 하는 시대입니다.

그러려면 무엇을 전공해서 어떤 직업인이 되어 어떻게 살고 싶은지, 대학 학과를 구체적인 분석 과정을 거쳐 선택해야 합니다. 이런 시대적 요구에 맞추려면 학부모는 자녀에게 무조건 공부, 공부만 강요하던 폐습을 버려야 합니다. 대신 자녀의 진로를 개방적이고 진취적으로 전망하는 자세를 가질 필요가 있습니다.

자녀의 성공은 부모가 자녀의 기(氣)를
언제 죽이고 언제 살리는가에 달려있다

 명문대학에 들어가야 한다는, 여전히 어려운 숙제와 씨름하고 있는 자녀들이 있습니다. 그들의 부모가 과연 그들을 잘 교육시킬 수 있는 방법은 무엇일까요? 학부모는 자녀 교육 문제로 방황하지 않고 자신의 삶을 즐기며, 고교생 자녀 또한 공부에 치이지 않고 자신의 삶을 즐길 수 있는 나라에서 산다면 얼마나 좋을까요? 그중 고교생 자녀가 스스로 진로를 고민하면서 꿈을 이루려 대학에 들어간다면 얼마나 좋을까요?

 이쯤에서 지은이가 그 해법을 한 가지 처방하고자 합니다. 공감하시는 분이 많으리라 여겨집니다.

 먼저, 학부모는 자녀의 기(氣)를 꺾지 말고 살려주어야 합니다. 그렇다고 처음부터 기를 살려주어선 안 되겠지요. 처음엔 기를 잘 잡아주는 데 전념해야 합니다. 태어나서 여섯 살이 될 때까지 아이는 아주 활발한 성장발달 과정을 겪게 됩니다. 이 시기의 아이는 무서운 것도 없고 못 하는 것도 없습니다. 참을성도 없고 남에 대한 배려도 없습니다. 아이의 기는 꺾으려 해도 꺾이지 않고 끊임없이 샘솟습니다. 그러므로 이 시기에 부모들은 자녀의 기를 바로잡아주어야 합니다. 예로부터 세 살 버릇이 여든까지 간다고 했으니까요.

기를 바로잡아주려면 엄격한 부모가 되어야 합니다. 자애로움은 엄격함이 동반되어야 비로소 빛나는 법입니다. 이렇게 어릴 때 잘 잡힌 기는 평생 아이의 삶을 풍요롭게 만들어 줍니다. 그러다 아이가 학교에 들어가면, 이제는 아이의 기를 살려주고 키워주어야 합니다. 아이는 학교라는 새로운 공간에서 집중적인 교육을 받으며 성장발달을 이루게 됩니다.

이 시기의 아이에겐 안으로부터 솟아 나오는 기보다 밖으로 소모되어 버리는 기가 더 많게 됩니다. 그러므로 이때부터 자녀의 적성과 관심, 성취 수준을 잘 파악해 기를 마음껏 펴고 자라나도록 이끌어야 합니다.

학부모는 시야를 조금 먼 곳에 두고 멀리 바라보는 훈련을 해야 한다

그런데 안타깝게도 너무나 많은 학부모가 초등학교서부터, 아니 이미 유치원에서부터 자녀를 각종 학원으로 뺑뺑이를 돌립니다. 우리 사회의 많은 학부모가 수십 년 전부터 이렇게 아이를 길러 왔고, 또 성공적으로 대학에 보내기도 했습니다. 이런 자녀 교육 방법이 오늘날 공식화되고 있습니다. 하지만 이는 끊임없이 아이의 기를 꺾는 교육 방법입니다.

그런데도 아이의 기를 꺾는 이런 교육이 초·중·고등학교 12년 동안 계속 이어집니다. 그리하여 고등학교를 졸업하면 아이들은 모두 기진맥진하고 맙니다. 학부모 또한, 거의 탈진 상태가 됩니다. 이렇게 해서 대학생이 된다고 해도 자녀에게는 더는 공부할 기(氣)가 남아 있지 않습니다.

대학생들이 공부를 안 하는 이유입니다. 게다가 대학 공부란 스스로 하는 것이어서 아무도 공부하라고 강요하지 않습니다. 여기에서 강요된 타율적 공부에 철저히 적응되어버린 아이들의 문제가 터져 나옵니다.

스스로 공부하거나 삶에서 모험이라곤 해본 적 없는 아이들은 대학생이 되어서야 비로소 방황하거나 슬럼프에 빠져 우울증을 앓기도 합니다.

그러므로 학부모는 자녀를 기르면서 조금 시야를 먼 곳에 두고 멀리 바라보는 훈련을 해야 합니다. 지금 당장 아이의 성적을 올리려 조바심내지 말고, 아이의 가슴속에서 무엇이 용솟음치고 있는지 가늠해 보아야 합니다. 더불어 아이의 관심과 소질을 찾고 이해해보려 노력해야 합니다.

이 아이가 커서 서른 살쯤 되면 어떤 사람이 될까? 또는 우리 아이는 이쪽에 관심이 많고 소질도 있으니까, 앞으로 이 분야에서 대성할 거야. 이러한 마음으로 자녀를 받아들이고, 품어주고, 격려하며, 기다려 줄 수 있어야 합니다.

이러한 교육이 펼쳐지는 곳이라면, 아이들의 기는 펄펄 살아 계속 커갈 것입니다. 부모와 대화하는 것이 즐겁고 삶이 신명 날 것입니다.

우리 주변에는 이렇게 아이를 키운 학부모가 꽤 많습니다. 부모님들이 잘 아는 서태지가 그랬고, 이상협이 그렇습니다. 특히 이상협은 '칵테일'이라는 소프트웨어를 발명해 컴퓨터 천재로서 세계적인 명성을 날렸던 젊은이입니다.

그가 쓴 《나이도 몰라요, 학벌도 몰라요》라는 책을 보면, 그의 고등학교 성적은 체육을 제외하곤 모두 최하위권이었습니다. 그럼에도 불구하고 그의 부모는 컴퓨터에만 매달려 있는 아이의 관심과 소질을 이해하고 믿고 키워주었습니다.

이렇듯 무엇을 하든지 자신이 좋아하는 일을 하는 젊은이는 결코, 탈선하지 않습니다. 건강하게 자기 자신의 삶을 영위하는 사람으로 성장합니다. 그리고 부모는 어느덧 책임 있게 자신의 인생을 책임질 수 있게 설계하고 이끌어나가는, 믿음직한 어른으로 성장한 자녀를 발견하게 될 것입니다.

갈수록 다양해지는 청소년 문제와 부모의 역할

교육은 학생, 학부모, 교사라는 세 주체, 그리고 학교, 가정, 사회와 상호작용하며 이루어집니다. 그중에서 가장 중요한 것은 가정교육이고, 부모님들은 온갖 정성을 다해 자녀를 뒷바라지하며 키웁니다.

'가정보다 더 나은 학교는 없고, 부모보다 더 영향력이 큰 교사는 없다'라는 말이 있습니다. 그렇듯이 가정은 교육의 장으로서, 부모는 교사로서, 자녀가 유능한 사회인의 역할을 다하도록 필요한 지식과 기술을 배우게 해야 합니다.

그러나 하루가 다르게 변화하는 현대 사회는 매우 복잡하고 다양한 특징을 지니고 있습니다. '10년 후의 생활 설계'란 이미 옛말이 되어 버렸고, 바로 내일도 내다볼 수 없는 게 현실입니다. 이에 학부모와 교육 관계자들은 청소년을 어떻게 지도해야 할지, 당혹해하고 있습니다.

인터넷 등의 채널에서 쏟아져 나오는 정보의 홍수 속에 기성세대의 가치관만으로는 풀어나갈 수 없는 청소년 문화가 한쪽에 위치합니다. 또한, 무서우리만치 증폭하고 있는 청소년의 탈선이 사회 문제화되고 있는 현시점에 자녀 교육에 일차적 책임을 지고 있는 학부모의 역할이 더없이 요구되는 실정입니다.

시대적 변화에 가장 빠르고 민감하게 반응하는 청소년 자녀들.

그들이 지금 무엇을 생각하며, 어떻게 내일을 설계하고 있는지 부모님들은 그들과 대화해보셨나요? 또한, 자녀가 일탈을 넘어 탈선의 길을 가고 있는 건 아닌지, 잘 살펴보고 있으신가요? 그 무엇과도 비교할 수 없는 교육의 요체는 바로 자녀에 대한 관심과 사랑입니다.

초등학교 때까지는 집안의 귀염둥이로, 사회에서는 보호의 눈길 속에 있다가 어느 날 갑자기 요주의 인물로 취급받는 청소년기의 아이들. 그들은 내적으로 감당하기 어려운 변화를 겪으면서 사회적으로도 존중받지 못하는 혼란기를 경험하게 됩니다. 이 시기를 어떻게 겪어내느냐는 그들의 성격, 정서, 가치관 등을 형성하는 데 결정타가 될 것입니다.
　부모님의 청소년기 때와는 너무나 다른 문화와 환경에서 자라나는 오늘날의 우리 자녀들. 그들을 이해하고 고민을 함께 나누며 도움을 베풀어야 합니다. 사실 지금의 청소년들은 기성세대의 가치와 충고를 한 톨도 수용하려 하지 않습니다.
　그렇지만 정작 가장 큰 고민이 학교 성적이라는 통계 자료를 볼 때면, 아직 학생이라는 신분으로 인해 받는 우리 아이들의 고통과 교육 현실을 아프게 느낍니다.

청소년 자녀와 대화를 잘하고 있으신가요?

길거리에서 마주치는 요즘 청소년의 옷차림, 행동거지, 말투, 사고방식, 예의범절 등은 기성세대의 청소년 때와 판이합니다. 부모님들은 그런 요즘 자녀들을 이해하려고 노력하지만, 청소년들의 변화 속도를 따라가지 못하는 듯합니다.

과거에는 학교 교육이 마치 교육의 전부인 양 여겨지기도 했습니다. 그런 만큼 학교에 교육적 책임을 묻곤 했던 것이 사실입니다. 그러나 점차 가정교육이 한 개인의 삶에 미치는 영향이 커지면서, 가정의 교사라고 할 수 있는 부모의 역할에 더욱 초점이 맞춰지고 있습니다.

왜냐하면, 가정이 제공하는, 신체적, 지적, 정서적, 사회적으로 안정된 기반 위에서 자녀가 비로소 정상적인 학교 교육을 받을 수 있기 때문입니다. 또한, 자녀의 적성과 능력을 가장 잘 파악하고 있는 사람도 다름 아닌 부모이기 때문입니다. 학부모들은 자녀가 올바른 진로를 선택할 수 있도록 지도하는 막중한 책임을 지게 됩니다.

걱정스러운 건 아직도 자녀를 지도하는 데 권위를 앞세우며 자신의 가치관이나 견해를 주입하려 하는 부모가 많다는 것입니다. 부모와 자녀의 관계는 주종관계가 아닌, 컨설턴트와 고객의 관계와 같습니다.

유능한 컨설턴트는 상담을 통해 자신의 견해, 지식, 경험 등을 고객과 함께 나눕니다. 또한, 설교하거나 강요하지 않고 고객이 생각하는 바를 말하고 제안하게 합니다. 자신의 생각을 드러내면서도 이를 받아들이거나, 거부하는 결정은 고객에게 맡깁니다.

매일 잔소리를 되풀이하거나 주의, 설득, 지시, 애원, 설교, 욕설, 심지어 협박까지 하는 부모도 있습니다. 따지고 보면 이는 결국 부모가 원하는 걸 자녀에게 강요하려는 심산 아닐까요? 오늘날의 청소년들은 이런 부모의 고객이 되려고 하지 않습니다. 심지어는 부모 그늘을 박차고 나가 비행 청소년이 되기도 합니다.

자녀에게 실격당하지 않는 유능한 컨설턴트가 되고 싶은가요? 그러려면 부모는 우선 자녀의 인권과 자유를 인정해야 합니다. 즉, 자신의 자녀를, 독립된 인생을 살고 독립된 생활을 하는, 독립된 인격체로 대우하는 것이 전제되어야 합니다. 그래야 부모와 자녀 사이에 비로소 자녀를 올바른 길로 인도할 수 있는 대화 채널이 형성될 수 있습니다. 부모는 자녀의 컨설턴트로서 자녀의 문제를 해결해주어야 합니다. 이를 위해 자신이 현재 보유한 경험과 지식을 활용하는 방법 이외에 정보 수집을 해야 합니다. 그리고 수집한 유익한 자료와 정보에 기초해 자녀들이 직면한 문제를 해결해주고 그들의 발전과 성장을 도모해야 할 것입니다.

내 자식에게 느끼는 콤플렉스

"씩씩했으면 좋겠어요. 사내놈인데도 여자아이처럼 입을 가리고 웃질 않나, 사람들 많은 곳에만 가면 창피해서 얼굴이 빨개지지를 않나. 도대체 이 험한 세상을 어떻게 헤쳐나가려고 하는 것인지 걱정이 많이 됩니다. 운동도 시켜보고 캠프도 보내보고 했는데 고쳐지지가 않더라고요. 학교에서도 별명이 '계집애'라고 하네요. 이제는 남자답게 당당했으면 좋겠어요."

— 인천시 계양구 고2 남학생 자녀를 둔 김선자 학부모 —

"자식 앞에서 이런 말 대놓고 하기는 뭐하지만, 제발 공부 좀 잘했으면 좋겠어요. 내 친구들 자식들은 다 좋은 대학에 가고 반에서 1, 2등 한다는데…. 그런 얘기들을 들을 때마다 속이 상해요. 다른 부모들에게 이 엄마 콤플렉스 느끼지 않게 아이가 공부 좀 잘했으면 좋겠어요."

— 서울시 송파구 고2 여학생 자녀를 둔 장태희 학부모 —

"사고 좀 치고 다니지 않았으면 좋겠습니다. 솔직히 학교로, 경찰서로 쫓아다니는 것도 이젠 지치고 창피합니다. 착한 놈인데 어쩌다 그렇게 되었는지…. 다른 집 자식들처럼 공부는 잘하지 못해도 좋으니까, 그저 학교와 집만 왔다 갔다 하는 평범한 학생이었으면 좋겠습니다."

— 경기도 평택시 고2 남학생 자녀를 둔 박준석 학부모 —

"동생들과 그만 좀 싸웠으면 좋겠어요. 나이가 더 많으면 이제는 어느 정도 동생들을 이해하고 다독거려 주어야 할 텐데, 이놈의 계집애는 나이만 먹었지 동생들과 뭐든지 똑같이 하려고 그래요. 이제는 장녀답게 집에서 더는 동생들과 싸우는 모습을 보이지 않았으면 좋겠습니다."

— 서울시 성동구 고3 여학생을 자녀로 둔 정소영 학부모 —

"다른 집 아이들처럼 돈을 아껴 썼으면 해요. 우리 집 애들은 금 나와라 뚝딱, 하면 어디에서 돈이 무한정 나오는 줄 알아요. 가뜩이나 애들 아버지 월급이 줄어서 걱정인데 아이들한테 들어가는 돈은 자꾸 늘어만 가니…."

— 대전시 유성구 고1, 고3 자매를 둔 우진숙 학부모 —

"난 내 아들놈이 남들처럼 최선을 다하지 않는 것 같아 속상합니다. 공부를 비롯해 뭐든지 마음만 먹으면 열심히 할 놈인데 그런 모습을 볼 수 없는 게 속상해요. 다른 집 자식들처럼 뭐든지 적극적으로 열심히 했으면 좋겠어요."
— 경기도 수원시 고2 남학생 자녀를 둔 김영수 학부모 —

"아이에게 친구가 많이 없는 게 아쉬워요. 그놈은 맨날 집에 틀어박혀 공부만 하니까 친구가 없는 것 같아요. 물론 다른 부모들 편에서 보면 배부른 소리 한다고 할 수도 있겠지만, 공부 이외에 다른 아이들과 어울려 노는 것도 중요하잖아요. 다른 아이들이 친구네 집에 놀러 가는 모습을 보면 부러워요."
— 서울시 서초구 고2 남학생 자녀를 둔 하민희 학부모 —

"아직 어려서 그런가, 부모를 위하는 마음이 많이 부족한 것 같아 섭섭할 때가 종종 있어요. 다른 집 자녀들은 부모님 생일날이다, 결혼기념일이다, 하면서 그날 하루 손수 음식을 차린다든지 선물을 준다든지 한다는데 우리 집 자식은 여자아이인데도 그런 게 없네요. 그런 점들이 아쉽고도 서운해요."
— 부산시 해운대구 고1 여학생 자녀를 둔 이미숙 학부모 —

"동네 사람들에게 싹싹했으면 좋겠어요. 아이들이 동네 어르신분들에게 인사를 잘 안 하다 보니, 직접적이지는 않지만 다른 사람을 통해 "그 집 자식은 왜 그래?"라는 얘기를 듣거든요. 이제 어른들에게 꼬박꼬박 인사해 칭찬받는 아이들이 되었으면 좋겠습니다."
— 충청남도 천안시 고3 남학생, 고1 여학생 자녀를 둔 조태희 학부모 —

"어느 부모나 다 똑같지 않겠어요? 자기 자식이 최고이기를 바라고 무엇이든 다 잘하기를 바라는 마음은요. 그런 점에서 저는 자식에게 아쉬운 마음이 없어요. 그저 무슨 일이나 열심히 최선을 다하기만을 바랄 뿐입니다."
— 충청북도 청주시 고3 남학생 자녀를 둔 최진선 학부모 —

에필로그

부모에게는 자녀의 작은 것을 크게 만들고, 큰 것을 작게 만드는 신비한 능력이 내재되어 있습니다. 그러나 이러한 능력은 현명한 판단 아래 올바로 실천하는 부모만이 발휘할 수 있습니다.

자녀들은 지금 작은 상태입니다. 부모의 역할에 따라서 그들은 큰 세상을 향해 나아가기도 합니다. 반대로 자신의 능력을 크게 펼칠 수 있는 자녀가 작은 그 상태에 머물기도 합니다.

세상 어느 부모든 자녀를 훌륭히 키워내고 싶어 합니다. 그러면 오늘날, 이 시점에 자녀를 잘 키워내려면 어떻게 해야 할까요? 이런 질문에 대한 답은 정말 간단합니다. 바로 자녀 교육에 있어 결정적인 역할을 맡는 부모가 모범적인 생활 태도를 보이면 됩니다. 가정교육이 그만큼 중요하다는 말이겠지요.

이처럼 부모의 역할에 따라 자녀 인생의 모든 것이 결정지어지는 셈입니다. 아직 미완의 상태인 자녀에게 부모라는 나침반은 꼭 필요합니다. 그 어떤 누구와 이야기하고 어떤 좋은 말을 듣는다고 해도 최종 결정은 부모의 몫이니까요.

제가 운영한 대입 학원에서 공부한 재수생들의 이야기를 잠시 해보겠습니다. 그들은 그 힘든 초·중·고교의 과정을 겪었으면서도 좀 더 나은 대학에 진학하고자 재수의 길을 선택한, 우수한 학생들이었습니다. 그들이 자신의 미래를 위해 그런 힘든 길을 마다하지 않은 데는 부모의 조언이 결정적인 역할을 했습니다.

그들은 어려서부터 공부를 잘한 편이었고, 그렇게 잘 자라준 데는 부모의 헌신이 대단히 크게 작용했습니다. 그런데도 이들 학생의 부모들은 하나같이 이렇게 후회했습니다. '왜 진즉 아이와 대화 시간을 더 많이 갖지 못했을까?', '왜 조금 더 모범적인 모습을 아이에게 보이지 못했을까?' 라고 말입니다. 자녀의 고생을 덜어주지는 못할망정 더 힘든 재수의 길을 가게 한 게 마치 자신의 탓인 양 미안해하면서요.

물론 이들 중에는 대학 입시 때 전공을 잘못 선택한 학생도 있었습니다. 명문대학에 속하는 좋은 대학에 합격했으나 더 나은 대학에 진학하고자 하는 학생도 있었습니다. 그런가 하면 부모의 욕심 때문에 학원을 찾은 학생도 있었습니다. 하지만 어떤 경우든 부모에겐 자식이 애처롭게 여겨지기 마련입니다.

저는 대학 입시 교육 전문가로 30여 년 일하면서 수많은 학생과 학부모를 만나 그들의 이야기를 들었습니다. 여기 수록된 이야기는 SKY 대학에 진학한 학생들의 공부 열의와 그들 부모의 성공적인 자녀 교육 사례들입니다. 그들의 적나라한 경험담이 초·중·고교생 자녀를 둔 부모들에게, 피부에 와닿는 성공적인 자녀 교육 지침이 되리라 믿어 의심치 않습니다. 감사합니다.

고통이 없으면 얻는 것도 없다.
No pain, no gains

피할 수 없는 고통은 즐겨라.
You might as well enjoy the pain that you can not avoid.

< 하버드 성공비결 명언 중에서 >